中国数字公益传播
十大创新案例（第二辑）

主　编　张殿元　黄小川
副主编　王齐欣　许凯豪

上海交通大学出版社
SHANGHAI JIAO TONG UNIVERSITY PRESS

复旦大学义乌研究院全球传播全媒体中心年度成果

图书在版编目（CIP）数据

中国数字公益传播十大创新案例．第二辑 / 张殿元，黄小川主编；王齐欣，许凯豪副主编．-- 上海：上海交通大学出版社，2025. 6. -- ISBN 978-7-313-32751-2

Ⅰ．G219.2

中国国家版本馆CIP数据核字第20259DK275号

中国数字公益传播十大创新案例（第二辑）

ZHONGGUO SHUZI GONGYI CHUANBO SHIDA CHUANGXIN ANLI (DI-ERJI)

主　　编：张殿元　黄小川
副 主 编：王齐欣　许凯豪
出版发行：上海交通大学出版社
地　　址：上海市番禺路951号
邮政编码：200030
电　　话：021-64071208
印　　制：上海颛辉印刷厂有限公司
经　　销：全国新华书店
开　　本：710mm×1000mm　1/16
印　　张：22.75
字　　数：324千字
版　　次：2025年6月第1版
印　　次：2025年6月第1次印刷
书　　号：ISBN 978-7-313-32751-2
定　　价：68.00元

序言
迈向新关系：数字公益与营销共益

数字技术革命深刻改变了企业、品牌与消费者的关系结构，这种改变在公益传播领域的表现尤为突出。传统公益传播主要表现为单向的信息传递，以组织为中心主导议题设置及话语表达，公众在这一传播生态中，多为被动的信息接收者角色。然而，随着数字媒介的发展与社交平台的普及，公益传播从传统的“告知式”向强调互动的“参与式”模式转型。在此过程中，公众不再局限于被动接收信息，而是积极投身其中，其角色也从旁观者逐步演变为共建者。与此同时，公益实践也由离散化、阶段性的项目干预，逐步发展为系统性、协同化且可持续的社会价值共创模式，实现从短期行动到长效机制的跨越。在公益传播与企业社会责任战略（CSR）的融合趋势下，企业不再将公益仅视为社会责任的外在要求，而是将其整合为价值认同构建与品牌情感联结的战略路径。数字公益使企业有机会围绕社会议题与消费者建立更深层次的互动关系，从而形成基于情感信任、价值认同与共同愿景的品牌联结机制。这不仅有助于提升品牌的社会形象与消费者忠诚度，更进一步推动企业社会责任从单一履责模式走向更具协同性与内生动力的治理形态，最终实现人文精神与商业利益的融合发展。

数字技术所带来的放大效应促使当代公益实践呈现出多元且复杂的发展态势：一方面，数字公益相关的新概念不断涌现，推动行业热度持续上升；另一方面，也伴随着对公益价值的简化评估与工具化理解等认知偏差，导致实践层面出现“阴阳两虚”的现象。明宏伟指出，破解这一困境的关键，在于建立一种基于数字经济本质的科学公益观。数字公益不应被视为技术工具的简单叠加，而应依托经济学原理，从数字经济的底层逻辑出发，构建涵盖价值创造、资源配置与效率评估的系统性理论框架，并据此推动组织管理、项目运营、筹资模式与人才体系的全面变革。从经济学出发来剖析公益发展规律并探讨数字公益，自然也应该是在数字经济的宏大背景之下——首先是“经济”的，其次是“数字”的，最后才是“公益”的。[①]因此，以经济思维为纽带，在数字时代中形成的公益营销，打破传统公益与营销的边界，使公益不再是营销的“附加价值”，而是成为企业战略的“原生基因”之一，而公益营销也从功能层面的竞争上升为价值观层面的竞争，品牌在构建消费关系时，也必须回应消费者的社会身份认同与精神价值追求。消费者不再仅是物质需求的响应者，更是具有价值观诉求与社会身份认同的行动主体。正如菲利普•科特勒在《营销革命3.0：从产品到顾客，再到人文精神》中所指出，现代企业的使命已从“创造利润”拓展为“创造共享价值”。[②]

Nohria和Ghoshal首次提出了共享价值的概念，强调企业的成功与社会福祉之间并非孤立存在。[③]当企业在价值主张中兼顾社会利益时，其社会责任便具有战略意义。因此，一直以来，共享价值被视为一种更加可持续的企业社会责任战略实施方式，强调企业通过解决社会问题来创造经济价值，同时为社会带来积极影响。企业活动是诸多社会、环境和经济问题产生的原因，而创造共享价值是使企业合法化的最佳契机，即企业可借此将社会责任与经营业务相融合，实现经济效益与社会价值相互促进。[④]这种模式将社会问题视为商业机会，通过将社会需求嵌入企业核心业务，形成价值增量。在共享价值导向逐渐成为企业主流战略思维的阶段，社会责任不仅体现为道义层面的承诺，更成为企业实现可持续竞争力的核心驱动。企业将其纳入营销战略框架，不仅有助于提升品牌声誉与增强社会信任，还能通过创新机制与资源整合，直接促进经济绩效，这不仅突破了传统CSR“道德负担”式的角色定位，也彰显了社会责任的商业功能和竞争属性，成为企业主动塑造社会价值与商业利益协同发展的有效路径，在这一过程中，公益传播已不再是成本投入，而逐步演化为企业可持续发展的声誉资本与战略资产。

在共享价值式战略企业社会责任范式下，公益传播不再是对外部压力的被动回应，

---

① 明宏伟.数字公益：数字经济时代的公益蓝海［M］.北京：清华大学出版社，2024.

② 菲利普·科特勒.营销革命3.0［M］.北京：机械工业出版社，2011.

③ Nohria N, Ghoshal S. Differentiated Fit and Shared Values: Alternatives for Managing Headquarters Subsidiary Relations［J］. Strategic Management Journal, 1994, (6): 491–502.

④ Porter M.E., Kramer M.R. The Big Idea: Creating Shared Value［J］. Harvard Business Review, 2011, (1): 1–2.

而是企业基于对社会情境与现实问题的深入理解，结合自身核心业务属性与战略目标，主动推进能够与其经济活动或市场运作形成协同效应的议题。这一转向标志着企业社会责任已从以往基于利益相关方压力的应对式管理活动，演化为助力企业战略目标实现、提升竞争优势的关键工具。然而，尽管战略式企业社会责任强调将经济与环境价值创造性融入企业业务体系，其根本目标仍是服务企业的经济竞争力，而非单纯追求社会或环境价值的实现。共享价值易存在企业刻意粉饰、测量标准模糊的“伪共享”问题，对此，肖红军和阳镇提出了共益式战略企业社会责任，即在传统战略性企业社会责任的基础上，追求企业多重使命导向、利益相关方构成以及利益相关方综合价值创造的多重均衡与共益，通过实现组织使命共益、利益相关方共生共益与综合价值创造的均衡发展，共益式企业社会责任最终旨在为企业自身、其商业生态系统以及所联结的社会生态圈创造融合经济、社会与环境三重维度的综合共享价值。[①] 在此框架下，公益逐渐摆脱了作为企业道德义务或形象工程的单一定位，而被系统嵌入企业的价值链与生态网络中，使其成为驱动品牌长期竞争力、强化利益相关方关系网络、提升社会系统韧性的核心资产。这一资产既体现于有形的社会影响指标，也深植于品牌信任资本、消费者情感认同，以及企业未来商业模式的适应性与扩展潜力之中。

数字公益与营销共益的战略融合，体现了数字时代商业文明的实践转型。当企业真正由工具理性迈向价值理性、由利润导向转向意义共建，其所创造的不仅是品牌认同，更是推动社会进步的系统性力量。未来的企业竞争力，终将取决于其是否具备成为“社会价值共同体”中可信赖节点的能力与愿景。在方法论层面，数字公益中数据分析能力与人文叙事能力形成了互补的关系。一方面，数字工具能够精准识别公益场景与受众需求，使营销策略从“消费者洞察”拓展至“社会价值洞察”；另一方面，以关系为导向的叙事框架赋予技术行为人文意义，使公益传播超越“可量化”的衡量指标，转化为能够引发情感共识和文化共鸣的传播体验。这种跨方法的整合降低了公益实践的参与门槛，解决了“便利性”“透明性”“持续性”等问题，不仅为公益落地提供了互动场域，同时为营销注入价值导向与伦理内核，避免其滑向“公益工具化”的路径依赖。在数字时代，传统的线性关系模式正逐步被以技术为支撑的网络化关系结构所取代，各类利益相关方围绕特定价值主张

---

① 肖红军，阳镇.共益式企业社会责任：企业社会责任范式的新探索[J].学术月刊，2024，56(05)：58-69.

在数字空间形成聚合，通过资源互补与协同互信，共同构建起动态联结的价值网络。这一新型关系体系不仅打破了原有的信息壁垒与角色界限，更推动了价值创造过程从单向输出转向多元共创，实现了更加高效、公平且可持续的价值协同创造与合理分配。未来社会的可持续发展也将愈发依赖于此类多元主体协同驱动的价值共创机制，进而推动社会向更加公正、可持续与系统协同的方向演进。

本书精选十个具有代表性的前沿案例，涵盖生态环境保护、残障群体关怀、文化遗产传承等多个关键公益议题，系统探讨了数字公益如何助力企业营销实践，并推动多方协作与共益传播生态的构建。全书共分为十章，每章结构统一，依次包括案例回顾、理论解析与深度访谈三个板块。编者不仅梳理了各案例的具体实施过程，更尝试从理论层面提炼其背后的关键经验与策略。同时，为帮助读者更深入理解案例的全貌，每章最后一部分特设案例相关品牌方或执行团队的访谈内容，力图挖掘更具深度与温度的传播故事。编者希望通过企业数字公益实践案例研究，呈现企业、公众、平台及其他社会主体在社会价值引领下，如何通过公益营销实现资源共享、认知共建与行动协同。通过这些案例的梳理与剖析，期望勾勒出一个技术支撑、责任纽带、共益导向并重的生态型价值体系的未来图景。

目录 CONTENTS

Chapter 1

第一章

奥妙 × 天与空："塑料雪山"

在全球生态环境危机日益严峻的当下，塑料污染已成为亟待解决的重大环境问题之一。海洋、河流、山脉等自然生态系统正遭受着塑料垃圾的侵蚀，其对生物多样性、生态平衡及人类健康的潜在威胁与日俱增。在此背景下，企业在环境保护领域的责任与担当愈发凸显，诸多企业积极投身于环保公益行动，探索创新的解决方案与传播模式。奥妙（OMO）作为联合利华旗下的知名清洁品牌，长期关注环境可持续发展议题。2021年，奥妙携手天与空广告公司，基于对三江源地区塑料污染现状的深刻洞察，创造性地推出了"塑料雪山"公益项目。该项目以极具震撼力的艺术装置为载体，通过别出心裁的创意设计与多元立体的传播策略，成功吸引了社会各界的广泛关注。"塑料雪山"项目打破了传统公益活动的传播范式，将环保理念与艺术创作深度融合，以一种极具冲击力的视觉呈现方式，促使公众重新审视塑料污染问题。从用收集而来的塑料瓶构建起雄伟壮丽却又令人触目惊心的"雪山"景观，到通过社交媒体、线下展览等渠道广泛传播，这一项目在引发公众情感共鸣的同时，也为品牌与消费者之间搭建起了一座沟通环保理念的桥梁。本章将深入剖析"奥妙 × '天与空'：'塑料雪山'"这一公益项目，从项目的缘起、创意构思、执行过程到传播效果评估等多个维度展开系统研究，旨在挖掘其背后的创新逻辑与实践价值，为后续相关环保公益项目的开展提供有益的借鉴与参考，助力推动社会各界在环境保护领域的深度合作与协同创新。

第一节　案例复盘：“奥妙塑料雪山”——环保艺术行动

在社交媒体已经嵌入日常生活的今天，企业社会责任营销的方式愈发多样。具有环保公益性质的绿色广告也愈发被企业公益传播项目所青睐。2021年，奥妙联合天与空广告在青海三江源拾起雪山脚下的塑料瓶构建起一座塑料雪山，并在9月于上海外滩复刻了一座塑料雪山，从三江源的源头到三江源的源尾形成公益展览的闭环。这座塑料雪山不仅吸引了公众至线下参观打卡，也在社交媒体平台中引起广泛关注与讨论。奥妙作为日化用品品牌，正如公益片《不怕脏的人》中的口号一样，“把污渍留给自己，把圣洁留给自然”“奥妙守护世界的洁净，也守护无惧污渍的你”，此次公益传播活动无不体现着日化品牌自身的产品特性，传递着品牌的价值观，为企业树立了良好的口碑。

一、营销案例概况

（一）项目背景

三江源地区是世界上海拔最高、面积最大、分布最集中的湿地生态系统，也是中国最重要的水资源涵养地和生态功能区。它是长江、黄河、澜沧江的发源地，雪山融化的水汇聚成源头河流。

但随着当地旅游业开发和经济发展，来往人口增多，“白色垃圾”成为当地环境治理的一大难题。仅2021年，3 973万游客来到青海朝圣看雪山，每天产生2万多个塑料瓶。由于高原面积广，垃圾零散，只能靠人力一个一个地收集。塑料垃圾正在侵蚀雪山、污染三江源，影响中国人赖以生存的母亲河。

奥妙和绿色江河发起的“守护三江源，共创洁净未来”行动，号召人们投身公益行动，帮助清理三江源的塑料垃圾。这次公益行动包括在三江源地区捡拾垃圾，宣传保护生态意识，深入了解当地牧民生活中的垃圾收运情况，积极探讨高原生态地区的包装废弃物的解决方案等。青海和上海两地的"塑料雪山"实际上是该行动常规行程之外的一个更具艺术性表达的活动。此外，奥妙通过再生利用，将回收的塑料垃圾制成减塑包装。

这次活动从正面展现了三江源地区为环境保护做的事情，并号召游客"不乱丢垃圾"，号召游客"请带走一袋垃圾"，号召自驾游客"随车带走垃圾"，让三江源地区重新变成"净土"。

图1　公益行动在三江源展开
（图源：天与空广告）

（二）痛点洞察

根据"绿色江河"公益组织的数据，他们曾在三天时间内，捡到近16万件垃圾，仅塑料瓶就有63 602件，食品、饮料包装及其他生活物品包装占比高达97%，主要来自卡车司机和游客。

"奥妙塑料雪山"项目旨在传达一种理念洁白的雪山不应该被白色垃圾

图2 昆仑山下的“塑料雪山”
（图源：天与空广告）

覆盖。游客来到雪山净化心灵，却留下肮脏的塑料瓶。而雪山上因污染融化的水，形成众多河流的源头，这种随手丢弃的行为，会造成巨大的伤害。在玉珠峰下，不需要另一座白色的山。

（三）项目实践：从昆仑山玉珠峰到外滩

“奥妙塑料雪山”项目由上海天与空有限公司策划，它的执行时间是2021年9月1日到2021年10月13日。

“垃圾堆成的雪山”艺术装置大事件在青海和上海两地开展。此案例提出“把带来的塑料瓶带走，是见雪山的基本礼仪”的旅行态度。它既是品牌宣传，同时也是一次影响公众旅行行为的社会营销行动。

策划团队邀请装置艺术家和志愿者一起，在昆仑山玉珠峰，用在三江源地区捡来的塑料垃圾堆成一座垃圾塑料“雪山”。用艺术的构思和艺术化的表现，把“绿色江河”公益组织捡来的白色垃圾进行二次利用，让“塑料雪山”和远处真实的雪山形成强烈对比。

图3　外滩的"塑料雪山"
（图源：天与空广告）

为了影响更多人，2021年9月，团队把来自三江源的垃圾搬到上海，邀请艺术家查宋刚在BFC外滩枫径复刻了一座"塑料雪山"，进行为期两周的展出。在城市的高楼大厦中间，通过直观的视觉对比提醒每个人，减少塑料制品的使用和丢弃，激励大众投身公益行动。

团队选择消费者最常使用的媒体平台微博、微信和小红书等作为宣传阵地，通过先锋公益人士引起首播讨论，鼓励KOL（Key Opinion Leader）、KOC（Key Opinion Consumer）及普通平台用户在上海和青海同步进行塑料雪山打卡行动，进一步影响消费者，引发更大范围的传播，引起广泛的社会关注。

二、项目意义

（一）关注协调社会问题，实现社会公益价值

迪尔凯姆认为在现代社会，尽管"表面上看去每个个人都是自由自在

的”，但由于“城市的形成和发展，人口流动的增加，交通、通信的发展”等，社会分工已经成为一种必然和必需。随着社会分工的日益明确以及社会生产力的发展，社会资源的分配逐步失衡，人们扮演着不同的社会角色，履行着不同社会职能的人们集体良知碎裂化，个人主义由此取代了原来的集体主义，功利主义等思潮的出现蚕食着社会发展的协调内核，一系列的社会问题应运而生，例如阶级贫富差距拉大、工业化下的环境污染与破坏等。

2020年9月22日，我国提出“中国二氧化碳排放力争于2030年前达到峰值，努力争取在2060年前实现碳中和”。次年，国务院正式发布了“1+N”政策体系中的“1”——《关于完整准确全面贯彻新发展理念　做好碳达峰碳中和工作的意见》文件。随着双碳目标的提出及ESG（环境Environmental、社会Social和公司治理Governance）的广泛讨论与落地，各行业争相推出绿色发展转型举措，“可持续发展”成为企业传播中的一项重点工程，ESG营销作为品牌ESG战略的营销得到落地实践。

在哈贝马斯看来，复合社会可以通过一定的制度和道德规范来建立理性的统一性，从而实现社会的整合。奥妙此次和绿色江河共同发起的“守护三江源，共创洁净未来”行动响应ESG营销的热潮，关注环境保护议题，号召人们投身公益活动，帮助清理三江源的塑料垃圾。这一公益传播行为在一定程度上能够呼应国家制定的“双碳目标”，唤起人们对于环保议题的关注，倡导积极的绿色价值观念，通过直观的视觉呈现提醒人们减少使用和丢弃塑料制品，引发更多人积极的情感认同，从而解决社会问题，最终实现社会的良性互动。

（二）树立负责任的企业形象，提高企业声誉度

中国公共关系协会学术委员会副主任陈先红提出，在当下，公共领域已经不是人们进行理性争辩的场所，而是一个用图像和热情的回应来表达情感诉求的、密集的、不断变化的、重叠的“野性公共网络”（wild public networks）的集合，因此，“创造共享价值”（creating shared value, CSV）受到欢迎，它强调企业努力提高自身竞争力的同时，要改善其经营所在社区的经济和社会条件，企业领导者与利益相关者进行建设性对话以有效地创造共

享价值比其说服工作更重要。[①]

一方面，积极开展公益活动成为企业创造共享价值，与公众进行建设性对话的方式之一，不仅体现在集团的企业文化中，例如腾讯发起并倡导的"99公益日"，甚至贯穿到产品的设计当中，例如vivo在其产品中为便利残障群体设计并优化"无障碍功能"。

另一方面，各企业进行的公益传播也成为企业向外界传递积极履行社会责任信号，传达品牌价值观念的重要途径。心理学家理查德·E.派蒂（Richard E. Petty）和约翰·T.卡乔鲍（John T. Cacioppo）的"精细加工可能性模型"指出，情感体验是说服人们态度改变的有效路径。公益广告成为品牌宣传的最佳媒介，不仅能够唤起人们的情感，如喜爱、感动、恐惧等，使之留下深刻印象，甚至产生认同，还有可能让公众与品牌产生情感联结，并按照公益事件的倡导采取相关行动。此前在腾讯公益、腾讯广告发起的"我是创益人"大赛中，代理商TOPic和Loong创作公益作品《没有尽头的朝圣》，请来《冈仁波齐》的主演们重新演绎影片，重复着当年的动作，每走几步，就会弯腰捡起垃圾瓶，以这种形式呼吁更多人通过捐款参与西藏生态保护，让去过西藏的游客进行反思，让没去过的人能够继续保留向往。根据腾讯广告的数据，该作品在短短三天内的朋友圈互动广告率达到16.7%，共收到50.7万元捐款。而奥妙本次发起的"守护三江源，共创洁净未来"行动不仅塑造着负责任的企业形象，同时，所拍摄的公益片《不怕脏的人》以"把污渍留给自己，把圣洁留给自然""奥妙守护世界的洁净，也守护无惧污渍的你"等为口号，体现着奥妙自身的产品特性，传递着内嵌的价值观，也为企业树立了良好的口碑。

三、项目创意要素提炼

（一）意象符号创造与强对比冲击

虽然三江源地区的"白色污染"问题屡次被媒体报道，捡垃圾的志愿

① 陈先红，秦冬雪. 2020年西方公共关系学术前沿［J］. 新闻与传播评论，2021，74（06）：105—115.

者也受到一定的社会关注，但是对于大部分公众而言，它们还是空洞的概念。如果想要把“三江源”“白色垃圾”和“环境保护”用一个纽带连接起来，就需要找到沟通的机会点。而这个机会点就是“雪山”。

策划者运用人们心中的圣洁与垃圾形成强烈对比，创造了意象符号——塑料雪山。用徒步捡到的一个个塑料瓶，搭建了一座巨型“塑料雪山”，提醒路过的游客停止随意丢弃，并成为公益新景点。很多前去打卡拍照的用户都用到了“震撼”一词。随手丢弃瓶子对于游客而言是日常生活中的小事，他们并不能切实感受到这一行为对于环境的影响。当积少成多、堆积成山的塑料瓶呈现在大众眼前时，他们才能受到震撼，意识到自己也是促成“雪崩”的其中一片“雪花”，体会到必须一个一个地捡起塑料垃圾的环境维护人员的辛苦。

同时，该策划运用反差对比，产生了很好的警示效果。青海的“塑料雪山”和昆仑山绵延起伏的雪山远观上去差不多，但走近会发现两者截然不同。圣洁与肮脏、自然与人造对比鲜明，更加具有视觉冲击力。上海外滩的“塑料雪山”和矗立的写字楼则从另一个维度塑造了“反差感”：繁华的城市生活只是表象，它的背后潜藏着人们每日生产出来的堆积如山的白色垃圾以及常被忽视的繁重的垃圾处理工作。

（二）纪实设计与情感渗透

“守护三江源，共创洁净未来”行动拍摄了公益片《不怕脏的人》以致敬清理垃圾“不怕脏”的当地人民和志愿者们。如果说视频让观众遥想到几千公里之外的三江源，那么青海和上海的两座“雪山”则把现实危机真实地呈现在社会大众眼前。纪实性的雪山设计使视频观众得以走近这群“不怕脏的人”，进而引发群体性的情感共鸣。

此外，“塑料雪山”的策划符合企业调性，它将奥妙的产品特性与品牌价值诉求融入公益倡导行动。“把污渍留给自己，把圣洁留给自然”“奥妙守护世界的洁净，也守护无惧污渍的你”等口号深入人心，不仅是因为其内嵌的价值观得到认可，也得益于品牌价值观与公益理念的紧密融合。

图4　公益片《不怕脏的人》海报
（图源：天与空广告）

（三）实现闭环，从艺术回归产品

"呼吁不是目的，行动才是"，一切公益传播行动应以能否助力改变最终的行为为核心。这次的营销并没有止步于"塑料雪山"的展出，它后续配套产品的研发、推出同样极具创意。奥妙的一系列措施，比如推广奥妙减塑包装产品和这次活动紧密挂钩，使得"塑料雪山"项目更加完善，让保护环境真正落到实处。

奥妙以本次三江源行动为契机，打通了"塑料回收—清洗处理—循环再造—消费使用"的产业闭环。清洁回收、再造处理让那些原本被丢弃在三江源生态环境中的塑料瓶，再获"新生"。奥妙品牌在上游包装生产商金发科技及下游客户华润万家的共同助力下，推出了一款奥妙三江源限定款环保洗衣液产品。该产品的包装由三江源捡拾回收的塑料瓶子打造而成。

四、营销效果与反馈

据"奥妙塑料雪山"项目的复盘资料，在传播方面，本次公益营销传播项目共计受到100余家媒体发布报道，线上渠道总曝光量达6.4亿，线下事件总流量65万。项目发布的宣传片《不怕脏的人》播放量超过600万次，微博话题#不怕脏的人#阅读量达2.1亿，讨论量达12.4万。在产品销售推动方面，奥妙在上游包装生产商金发科技及下游客户华润万家的共同助力下，推出了一款奥妙三江源限定款环保洗衣液产品。该产品的包装由三江源捡拾回收的塑料瓶子制作而成，产品在华润万家销售。活动期间，奥妙推出的三江源环保限量版产品在各大商超卖出2万瓶。由于产品销售相关资料暂时无法获取，故下文将主要从传播的角度，对此次“奥妙塑料雪山”项目进行营销效果与反馈的复盘。

（一）营销项目前期传播效果与反馈

奥妙品牌的母公司联合利华秉持着“让可持续生活成为常态”的使命。2010年，联合利华启动了“联合利华可持续行动计划（USLP）”，致力于在实现企业业务发展的同时减少对环境的影响。联合利华于2020年9月推出“洁净未来”项目，旨在倡导行业的绿色转型，帮助人们实现可持续的生活。

“奥妙塑料雪山”项目属于奥妙“守护三江源，共创洁净未来”公益环保项目的一个组成部分。在“塑料雪山”线下事件落地及《不怕脏的人》线上TVC传播之前，“守护三江源，共创洁净未来”计划前期活动在线上平台的传播，可被视为是对于“塑料雪山项目”营销传播的预热。

2021年7月15日至19日，奥妙与公益机构“绿色江河”联手，在青海省三江源地区与包装行业上下游联合发起了奥妙“守护三江源，共创洁净未来”的环保行动。行动旨在更好地了解中国母亲河流域的生态状况，提高消费者对环境保护的认识，并以实际行动促进联合利华公司“洁净未来”的可持续发展战略，为实现我国的碳中和目标作出贡献。7月16日，活动团队第一站抵达三江源纪念碑，在214国道捡拾废弃包装，并协同绿色江河志愿者开展包装废弃物调研；7月17日，活动团队来到了长江南源头当曲，了解脆弱生态地区的包装废弃物问题以及解决方案；7月18日，活动团队抵达了万里长江第一镇唐古拉山镇；7月19日，绿色江河志愿者与奥妙“洁净未来”活动志愿者共同沿着青藏公路捡拾垃圾。

在“守护三江源，共创洁净未来”的环保行动开展期间，奥妙的官方微博“@成长有奥妙”分别于7月17日、7月19日和7月20日各发布与活动相关的微博1条。这三条微博的转发、评论和点赞都相对来说比较少，总数分别为28、15、129，引起的讨论也相对较少。此外，联合利华集团的官方微信公众平台“联合利华中国”也于8月12日发布活动总结推文《守护三江源，共创洁净未来》，阅读量为3 830次。

可以说，作为一项主要由奥妙品牌方志愿者与合作公益机构绿色江河志愿者参与的公益行动，“守护三江源，共创洁净未来”的活动在传播上声量甚小，为“奥妙塑料雪山”项目营销效果带来的助力并不明显。它为“塑料雪山”事件营销效果带来了帮助，主要是为项目的洞察提供了现实的支撑。

（二）营销项目期间传播效果与反馈

1. 引爆期

2021年9月3日，奥妙官方微博“@成长有奥妙”携手公益组织绿色江河发起“守护三江源，共创洁净未来”公益行动，并发布TVC短片，发起微博话题#不怕脏的人#。当日，奥妙官方微博“@成长有奥妙”发布了两个视频，分别为14点23分发布的《不怕脏的人》，以及17点18分发布的《塑料雪山》。两个视频的观看量分别为615万次和648万次。同日，奥妙邀请艺术家查宋刚打造的“塑料雪山”装置亮相上海BFC外滩金融中心。当日释出两则线上物料，且线下也上线了项目中非常重要的装置，因而可以认为，9月3日是奥妙为“塑料雪山”项目设置的重要节点与引爆期。

（1）品牌官方微博。为了具体了解宣传片《不怕脏的人》的用户反馈，笔者抓取了该条微博评论区中的有效评论，并制作成词云统计图，如图5所示。从图中不难发现，“垃圾”“奥妙”和“保护”等内容出现频次颇高，这说明宣传片完成了品牌与本次营销传播项目核心内容的绑定，形成了一定的公众认知，即公众认同“奥妙关注垃圾，关注环保”这一理念。此外，例如“致敬”“感动”等具有积极意向的情感词汇也占比较高，这反映出消费者对于本次活动的认同与支持，初步树立了奥妙热心环保的品牌形象。

图5 《不怕脏的人》评论词云图

（图源：笔者）

同样地，对于另一支视频宣传片《塑料雪山》发布之后引起的受众反馈，笔者也抓取了该条微博评论区之中的有效评论，进行词频统计分析。根据词云图的内容，可以看到“爱护”“人人有责”和“环保”等词汇出现的频率相对较高，这体现出用户对于本次活动中“保护环境”的核心理念的认同。但相比于对宣传片的评价，用户侧重于对于“塑料雪山”这一事件及其衍生概念的反馈，而对于品牌相关概念的理解则涉及得较少。

图6 《塑料雪山》评论词云图

（图源：笔者）

（2）媒体报道。本次营销期间，“@中国日报”于2021年9月3日晚19点，以“三江源保护”为核心议题，并“@”营销项目发起方奥妙及绿色江河NGO的官方微博账号，结合微博话题词条“不怕脏的人”与上文提及的宣传视频《不怕脏的人》发布微博，获得转发11次，评论8条，点赞110条。如图7所示，8条评论中有4条为能够显示具体文字内容的有效评论。可以看出，这4条评论的内容全部聚焦于环保意识、三江源保护的主题，反映出该条微博所引起的效果与反馈主要集中在对于受众环保观念的唤醒，即本次“奥妙塑料雪山”项目希望传达的核心洞察所立足的深层理念。

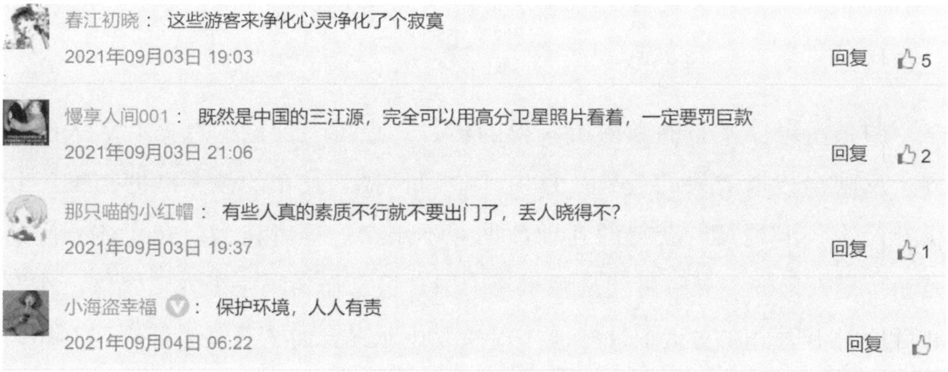

春江初晓：这些游客来净化心灵净化了个寂寞
2021年09月03日 19:03　回复　5

慢享人间001：既然是中国的三江源，完全可以用高分卫星照片看着，一定要罚巨款
2021年09月03日 21:06　回复　2

那只喵的小红帽：有些人真的素质不行就不要出门了，丢人晓得不?
2021年09月03日 19:37　回复　1

小海盗幸福：保护环境，人人有责
2021年09月04日 06:22　回复

图7 《中国日报》评论区
（图源：新浪微博@中国日报评论区）

“@三联生活周刊”同样于9月3日18点46分发布了一条与该营销传播项目相关的微博，从微博话题词条“不怕脏的人”引入，讲述三江源保护的议题，并“@”营销项目发起方奥妙及绿色江河NGO的官方微博账号，指出该项目旨在“借助品牌的力量去让更多人看见”，并提及“奥妙将坚持把可持续理念贯彻到产品中去”，同样也发布了宣传视频《不怕脏的人》。该条微博获得转发163次，评论123条，点赞392次。如图8的词频统计所示，该条微博所获得的反馈同样侧重于与“环境保护”相关的概念传达上。但是关键词“奥妙”的出现频率也相对较高，体现了奥妙品牌与环保理念的绑定。

图8 《三联生活周刊》评论词云图

（图源：笔者）

两条由媒体发布的微博所获得的转发、点赞、评论的数据有较大的差异，反映出传播效果的差异。且由《中国日报》发布的该条微博被推广到了热门上，但是其所获得的互动数据并不出众。笔者认为，在媒体方面的营销传播效果的差异，可能是源于《中国日报》作为国家级外宣媒体，在发布微博时不适合在文案中过多地体现商业化元素，而《三联生活周刊》作为一份综合性新闻和文化类杂志周刊，其自由度与灵活度可以更高——在《中国日报》的微博文案侧重于呼吁大众减少垃圾遗留、共建三江源绿色生态环境，呼吁人们参与环保行动，而《三联生活周刊》的微博文案则提及了奥妙的可持续理念；《中国日报》的微博中没有提到“塑料雪山”线下事件，而《三联生活周刊》则介绍了青海、上海两地的“塑料雪山”打卡点。

2. 发酵期

2021年9月3日，奥妙品牌方放出了线上物料，并上线了位于上海的线下事件——塑料雪山装置，该营销传播项目正式启动。塑料雪山装置线下事件于9月3日至12日期间于上海BFC外滩金融中心展出，这一期间奥妙持续运营#不怕脏的人#这一微博话题，并于微博、小红书这两大社交媒体平台选择KOL进行合作投放，可以认为这是该营销传播项目影响效果的持续发酵期。

（1）微博平台营销效果与反馈。据微博话题详情页，#不怕脏的人#话题的阅读量达2.1亿，讨论量达12.4万。

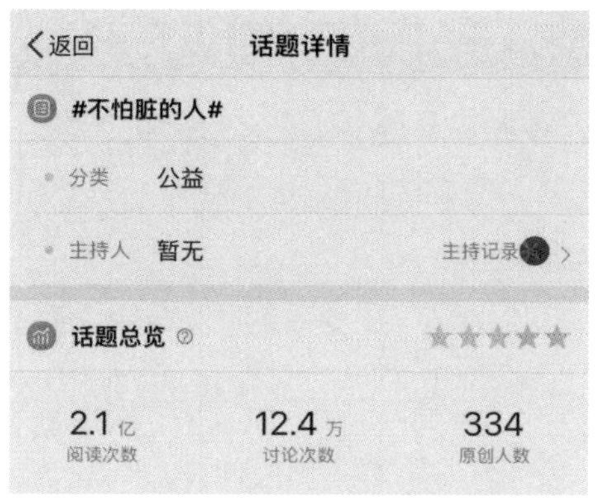

图9　"不怕脏的人"微博话题详情页
（图源：新浪微博话题"不怕脏的人"）

根据"不怕脏的人"话题热度的贡献者排行，笔者对话题热度贡献度排名前十的账号进行了分析。上述账号的基本情况及在本次营销传播项目中的表现整理如表1所示。

在这十个账号中，除"郑一挽"因设置了可见时间范围，所以无法检索到与奥妙相关的微博之外，其余博主的点赞数大致在1万至2万，转发数与评论数在1 000至3 000。其中，4位博主采用统一文案对奥妙此前发布的《不怕脏的人》TVC宣传片进行直发，5位博主采用原创的方式发布。

采取统一文案直发的博主为情感、幽默领域的营销号，这类博主的发布时间也相对较早，可以理解为，这类账号所希望产生的效果，是能够在营销传播项目发酵初期，利用这些影响力较大（粉丝量均为千万级）的营销号传播"塑料雪山"项目的洞察及奥妙品牌的观点，向其关注者再次进行营销项目核心理念的教育，并进一步增强线上物料——宣传片《不怕脏的人》的传播度。以千万级KOL"心愿先生"为例，从具体的评论来看，用户多聚焦于本次公益活动的评价以及"环境保护"和"雪山保护"等话题的讨论，如"这样的公益活动真的很棒""保护环境，人人有责""和奥

表 1 “不怕脏的人”微博话题热度贡献前十账号

账　号	类　型	粉丝数	发布时间	发布形式	转　发	评　论	点　赞
小如呀呀	时尚美妆	213	2021/9/10	原创图文	1 550	2 159	8 886
海婷Kelly	时尚美妆	290.9	2021/9/10	原创图文	1 090	2 182	20 000
西部旅行者_雄俊杰	旅行与摄影	578.7	2021/9/3	原创视频	2 955	2 046	28 000
费清_Yuki	时尚美妆	205.5	2021/9/10	原创图文	1 038	1 129	10 111
微博搞笑排行榜	搞笑幽默	5 559.5	2021/9/7	奥妙视频直发	2 308	6 681	18 000
林诗文	情感	1 147.9	2021/9/5	奥妙视频直发	2 647	2 611	16 000
粉粉qian	时尚美妆	252.3	2021/9/10	原创图文	1 317	2 880	6 270
郑一挽	情感	946.9	未检索到				
心愿先生	情感	1 114.6	2021/9/4	奥妙视频直发	3 402	1 950	13 000
徐志摩	情感	1 666.6	2021/9/5	奥妙视频直发	3 740	2 443	25 000

妙一起守护雪山"等。这表明本次营销通过头部KOL的话题引导，完成了活动建设，树立了一定的企业口碑，提升了用户的好感度。

在9月10日，即"塑料雪山"线下装置在上海展出期的尾声，奥妙安排了真人KOL发布其前往线下打卡的照片及相关文案。这类KOL的类型集中在时尚美妆领域，其自身颜值较高，拍摄的照片也较为精美，适于帮助我们宣传这一线下装置艺术作品，并起到吸引更多消费者前往线下打卡的作用。在图片方面，这类KOL会发布"塑料雪山"装置的图片，以及自己与装置的合照。在文案方面，真人KOL的文案灵活度也更高，会结合逛街等场景进行软性引出，从而拉近与粉丝之间的距离，起到向他们告知这一线下事件、传播奥妙整体营销传播项目和环保理念的作用。

微博检索话题"不怕脏的人"共找到56条结果，剔除无关内容后，共得到48条与"奥妙塑料雪山"相关的内容，其中16条为KOC或素人发布，32条由KOL发布。营销传播项目最终将作用于消费者，对于KOC或素人的反馈进行分析，可以更实际地反映出项目发挥的实际效果。同样，可以看到KOC或素人对于该项目相关的衍生讨论比较丰富多样，其中"雪山""装置""上海""外滩""打卡"等与"塑料雪山"装置相关的词汇出现频率较高，体现出该营销传播项目创造的线下事件在受众心中已留有一

图10　"不怕脏的人"KOC及素人发布内容词云图
（图源：笔者）

定印象。此外，“奥妙”“保护”“公益”“保护环境”等与奥妙品牌，以及环保概念相关的词汇出现频率也较高，同样也表明该项目起到了塑造受众对于“奥妙坚持环保理念、践行环保行动”的认识的效果，具有一定积极的反馈。但是，笔者认为，“塑料雪山”于上海的展示时间到9月12日为止，但是线上的KOL宣传集中于线下事件的末期推进，这一略显滞后的线下事件传播节点设置或将导致对于普通用户的宣传略显匆忙。当用户通过KOL了解到“塑料雪山”装置时，展览已行将结束，可能使其无法有足够的时间前去打卡，因而微博平台上的KOC或素人反馈数量相对较少。

（2）小红书平台营销效果与反馈。同样，笔者在小红书平台检索话题词#不怕脏的人#，筛选出“最热”内容，剔除无关内容后共有10条相关图文笔记。上述账号的基本情况以及在本次营销传播项目中的表现整理如表2所示。可以看出，奥妙在小红书平台所选取的博主多为粉丝数在10万至20万左右的腰部博主，账号类型明显集中在时尚、潮流、美妆领域，发布形式均为原创图文，时间集中在2021年9月10日和11日。

表2 小红书平台“不怕脏的人”话题“最热”内容博主

账 号	类型	粉丝数（万）	发布时间	发布形式	点赞数	收藏数	评论数
疏野阿曾	时尚美妆	11.4	2021/9/11	原创图文	238	175	65
Michelle伊伊	时尚美妆	21.5	2021/9/10	原创图文	489	298	70
Kimi_Choo	居家生活	10.7	2021/9/10	原创图文	295	225	102
Cececce	时尚美妆	12.3	2021/9/10	原创图文	212	121	69
大飞与无敌	潮流时尚	20.1	2021/9/10	原创图文	204	42	69
莱梨Rylle	时尚美妆	11.7	2021/9/10	原创图文	168	47	13

（续表）

账 号	类型	粉丝数（万）	发布时间	发布形式	点赞数	收藏数	评论数
三分甜的一天	时尚美妆	3.7	2021/9/10	原创图文	210	120	4
是得闲啊	潮流时尚	21.9	2021/9/10	原创图文	261	185	17
甜味心仔	时尚美妆	11.1	2021/9/10	原创图文	376	199	82
猫猫yoo	时尚美妆	20.3	原始发布时间暂缺	原创图文	746	673	61

以博主“是得闲啊”为例，其于9月10日发布本人与“塑料雪山”合影内容，并附带相关营销通稿，获得点赞261条，收藏185条，用户评论17条。在具体评论中，并未发现对于品牌的关注，粉丝停留于对雪山污染现象的惊叹，也有粉丝的关注点集中于博主穿搭和博主本身互动之中。在小红书平台KOL所属领域品牌选择相较于微博而言更为集中，尚未形成矩阵式爆发和持续性营销态势。与微博相同，品牌在小红书平台进行的KOL营销时间也集中于“塑料雪山”装置展览的末期，对于粉丝的宣传比较匆忙，因而粉丝的关注点会更多地集中在博主的穿搭等与营销项目无关的信息上。由于小红书具有强烈的“种草”属性，若该平台的KOL打卡发布能选择相对更早的时间节点，或许能够对粉丝起到更好的“种草”作用，从而吸引他们前去线下打卡。

第二节 案例分析：“奥妙塑料雪山”ISMAS模型解析

一、ISMAS理论

（一）ISMAS理论

北京大学的刘德寰教授以“互联网+”为背景，互联网传播环境趋于

“互联媒体时代信息碎片化导致消费者注意力下降，同时消费者兴趣主导的市场情况体现消费者主动性大幅上升”，于2013年提出崭新的用户行为理论模型“ISMAS”，即Interest（兴趣）—Search（搜索）—Mouth（口碑）—Action（行为）—Share（分享）。邓雪洁（2022）认为，当今市场用户的行为皆以兴趣作为基础，用户通过个人兴趣搜索相关内容。两者能够准确揭示消费者的消费意愿以及心理偏好。随后参照内容产品口碑。口碑对于卖方与买方双向作用。口碑一方面构建品牌的市场形象，另一方面将会促进或抑制消费者的购买欲望。随后消费者将结合以上信息进行行为决策，即消费或不消费。消费者将会在互联网分享自己的购物体验，以此最终影响到其他消费者的兴趣以及产品的口碑。陈佳珍（2014）将ISMAS理论中的五个要素进行变量归类，其认为兴趣、搜索是自变量；口碑为中介变量；而行为和分享则是因变量。

（二）ISMAS理论应用

ISMAS理论广泛应用于品牌效应以及产品营销领域，同时在大型政务平台、城市构建等领域也拥有非常强的适用性。

郭叙林（2014）基于ISMAS理论对特色农产品的微信营销用户行为进行了分析以及“微商城”等概念提出，其指出消费者在微信号以及相关社群引起兴趣，并通过微信公众号进行搜索、口碑收集，最后引导决策。樊丁（2017）对于旅游城市厦门形象塑造进行分析，结合厦门“一渔”App，其首先介绍了一渔App在传播城市相关信息方面的潜力，同时认为其在内容更新及用户分享上的不足之处。虽然其在App拥有钓鱼等各种小游戏玩法，但是由于没有设立长期目标和运营规划，用户体验后并不会进行后续使用。基于此，樊丁指出分享的前提需要产品将用户的使用行为转化为使用习惯。余索（2021）对于贵州城市品牌构建，指出城市需要以区域构建搜索平台，提升搜索深度；同时深度挖掘城市品牌价值观念有效提升口碑。李叶（2022）通过ISMAS理论指出广西壮族自治区文化和旅游厅政务平台在传播形式、传播呈现内容的欠缺，以及用户分享行为欲望低下，并给出合理建议。

基于此，笔者对ISMAS理论做了如下阐释。

第一，Interest（兴趣）——社（交）媒（体）种草引发消费者兴趣。

首先，卖方需要基于消费者兴趣，纵向上寻找市场无法满足消费者兴趣的空白部分，通过创新提升产品满足消费者需求的能力；横向上寻找市面产品竞品的痛点，融合产品特征后上线市场。围绕纵向横向的突破维度，在社媒进行营销传播，有效引起消费者兴趣。其次，卖方针对不同产品品类需要挑选合适的传播媒介增强营销传播效果。对于不同的产品需要选择合适的平台、合适的传播工具达到良好地触达用户兴趣效果。例如美妆可在小红书平台通过短视频中插、整支推荐的形式推荐。通过社媒种草引发用户兴趣。

同时，市场对于产品的营销传播，如KOL、KOC产品推广、自媒体广告等都用于引发消费者兴趣。

第二，Search（搜索）——互联网产品运营方针。

首先，卖方需要在互联网上设立官方平台，如官网、官媒、官方账号提升信息在互联网传播的统一性与真实性。提升信息曝光率以此提高消费者搜索准确率。其次，在官方平台运营的过程中需要持续、长久地维持优质内容创作上线频率，增加消费者搜索频次。最后，卖方需要长期做好媒体监测和市场舆论导向，按日、周时间维度，利用关联词监测产品市场口碑，并及时收集并解决用户反馈。

第三，Mouth（口碑）——围绕社媒、双向反馈。

口碑在ISMAS用户行为模型理论中起到了承上启下的作用。优秀的口碑能够增强品牌的市场形象建构，相反糟糕的口碑会直接影响品牌的市场名誉。优秀的口碑能够增强消费者的消费欲望，相反糟糕的口碑则会直接影响消费者的消费决策。

第四，Action（行为）——营销影响行为。

当前三者都得到保障时，营销信息的曝光率将会直接影响到消费者从口碑到行为的转化率。因此卖方需要在不同的平台下方设置明显、简洁易懂的跳转链接，转至消费界面，促进用户的消费行为。

第五，Share（分享）。

分享的最大原因是消费者对于自身兴趣和消费的认同感。消费者能够在互联网找到自身兴趣的群体，获得认同感、同时对于消费本身作出评价（认同或贬低）。而此类分享将会直接影响到下一轮消费者ISMAS理论循环。

因此，分享对于卖方售卖产品推广产品而言，是非常重要的用户行为。卖方需要鼓励用户分享。通过产品运营手段，如增加分享奖励，激发用户的分享欲望。

（三）ISMAS理论发展与对比

消费者行为模型在产品策划以及运营过程中，起到了很好的指导作用，其相关理论伴随市场以及媒介语言的调整逐渐进化。

1898年，美国广告学家艾里亚斯·路易斯提出“AIDA”的消费者行为模式。A为Attention，即引起注意；I为Interest，即诱发兴趣；D为Desire，即刺激欲望；最后一个字母A为Action，即促成购买。卖家将买家的注意力转移到产品身上，以此引起买家兴趣，刺激顾客购买欲望的同时促使顾客相信购买欲望源于自身需求，最终促成当次购买。

1920年，美国营销广告专家山姆·罗兰·霍尔就AIDA模型进行升级，提出“AIDMA”模型，即注意、兴趣、欲望、记忆（Memory）、行动。该模型主要应用于品牌推广，旨在提升广告在用户群体间的曝光率，目标是促进下次转化，而“AIDA”模型则是促进当次转化。

2004年，基于互联网无线应用时代，“AISAS”模式由电通公司提出。相比于“AIDMA”“AISAS”，弱化了需求和记忆，增加了搜索（Search）以及分享（Share）要素，通常能够在软文推广、事件营销，以及分享激励中看到该模式的应用逻辑。

2011年，日本广告公司电通株式会社基于社交媒体时代提出了崭新的用户消费行为模型“SIPS”模型，即共鸣（Sympathize）、确认（Identify）、参加（Participate）、共享（Share）。该模型认为产品会以情感营销激发用户共鸣。

其次通过精准营销引导用户确认，在互动营销下促进用户参与，最终通过口碑营销实现用户共享。

2013年，互联网技术飞速进步，ISMAS理论应运而生。

二、基于ISMAS模型的"奥妙塑料雪山"解读

（一）挖掘品牌环保价值，创意行为吸引大众兴趣

在ISMAS模型中，兴趣被认为是首要环节，但整体的市场又相对有限，如何快速吸引大众的兴趣和注意是一个巨大的挑战，换而言之，如果想要推动品牌的所有市场份额扩大，就必须在有限的市场中获得更多的消费者注意。而本次营销，又是怎么提供受众感兴趣的、能够激发关注、搜索欲望的传播内容的呢？

从立意来看，"奥妙塑料雪山"系列营销，着眼于生态环境保护大课题，立足于三江源塑料污染现象，既向清理垃圾的众多"不怕脏"的志愿者们致敬，也呼吁更多人关注这一现象。从创意来看，其灵感源于三江之源的巍巍雪山和清理垃圾的周边藏民。雪山，象征着纯洁与无瑕，然而这种圣洁却无时无刻不在遭受着侵害与污染。每年的三江源都吸引着众多游客，但游客们只带走了自己宝贵的记忆，却没有给雪山留下长久的安宁。据绿色江河公益组织统计，曾在三天时间里，发现159 187件垃圾，其中塑料饮料瓶63 602个、易拉罐43 546个、塑料袋及其他塑料包装25 588个、玻璃瓶7 416个、纸质垃圾13 913件、金属垃圾5 122件。在垃圾总量中，除了金属垃圾以外，其他几乎都为食品、饮料包装及其他生活物品包装，占调查垃圾总数的97%，这些垃圾主要来自卡车司机和游客的随意丢弃。在雪山之边，白色污染构筑起一座新的"雪山"。这一对比也构成了广告的创意核心——洁白的雪山不应该被白色垃圾覆盖。

"奥妙"作为国际洗衣品牌，致力于守护地球洁净未来，始终将"去除99种污渍"视为核心品牌理念。这实际上与公益环保话题不谋而合，在《不怕脏的人》宣传片中，"把污渍留给自己，把圣洁留给自然""守护世界的洁净，也守护无惧污渍的你"的宣传语与其完美结合。换而言之，相对

于大自然而言，相对于雪山而言，人类所遗留的白色污染，亦是一种污渍，而去除这种污渍同样也是“奥妙”所关注和努力的方向。通过这种柔性的广告呼吁，企业不仅巧妙地彰显出“奥妙”的环保精神，更进一步加强了品牌理念的输出。

但仅有创意仍然不够，如何将这一创意变成现实，让大众看到，才能真正吸引大众的兴趣。为此，“奥妙”落足城市，结合街头艺术形式，用捡来的垃圾塑料瓶对“雪山”进行复刻。在上海的BFC外滩金融中心，一座由塑料构置“雪山”成了最特别的景观。

在车水马龙之中，“雪山”的出现确实过于突兀，但也正是这种突兀和特别才吸引了大众的注意。远远望去，高达五米的“雪山”让人感叹和沉醉，可当人们放下脚步，抵近观看，才知道其中的触目惊心。这视觉上的差异，将带给观赏者更为深刻的感受，他们将直观地体会到三江源所面临的塑料污染。而当行人同“雪山”合照，又将获得来自奥妙的礼物，在这样一种创意互动之下，人们必然能感受到奥妙“把污渍留给自己，把圣洁留给自然”的品牌公益初衷，而由此形成对于品牌的长期兴趣和记忆，也将激励自身投入到环保活动中。

（二）营销宣传形式单一，用户搜索内容不足

ISMAS模型将“搜索”视为第二阶段，这意味着消费者的兴趣会转化为对品牌内容的关注和搜索，而这就需要品牌提供一系列的营销内容，如此才能满足消费者的期待，进一步保留消费者。移动媒体时代，平台成为信息传播的窗口。“奥妙塑料雪山”利用线上资源打通线下活动，利用线下活动加强线上搜索，二者互为依靠，为用户提供认知和参与的渠道。具体来看，本次营销通过设置微博话题“不怕脏的人”提高宣传片的曝光率，推动消费者快速接受和了解信息，并进一步搜索相关品牌和互动信息，强化认知意识；主动借助小红书、微博等平台在内的KOL进行社群传播，提供活动信息和营销内容；此外，《中国日报》等主流媒体的入场进一步拓宽了信息辐射范围及搜索边界。在线下，“塑料雪山”的展览活动，依托于观众的自我参与，如朋友圈打卡和平台分享，提升了私域流量影响力，反哺

话题增量，提升线下用户的认知和参与度。

但这样的营销也存在着不足，由于话题留存的时效性，加之社会总体对环保话题关注的缺失，相关营销内容还是过于单薄。此外，话题延伸及产品相关讨论也相对较少，整体营销持续周期较短，造成用户可搜索内容的贫瘠和在不同时空中的认知差异感。美国广告主协会的研究认为，受众只接触一次广告，几乎没有或完全没有效果。事实上，短时曝光及话题内容的浅层化，难以给用户留下长期印象。对此，应当推出连续性营销，来补足受众关注度的下降。另外，传统的TVC形式，则脱离了当代用户的碎片化阅读和互动化参与习惯，可以选用H5等形式吸引用户关注，增加用户搜索的可能。而KOL的选取上也过于片面，只聚焦于街头艺术的形式，而忽视了公益话题的社会性，导致话题局限于时尚领域。所以更需要多点爆发，形成各领域联动。

（三）环保公益打造品牌口碑，建构有责任的企业形象

"口碑"是ISMAS模型里非常重要的承接环节。受众口碑的好坏不但影响着受众本身的购买行为、分享欲望，更对处于人际关系网络中的其他受众产生着直接且强烈的引导作用。"奥妙塑料雪山"携手绿色江河公益组织，从"环保"话题切入，实际上是无形地突出了企业的品牌理念和格局，而由此创造出"热心公益"的品牌口碑，将进一步提升用户对于品牌的好感度。这样的一种主题还响应了"绿水青山就是金山银山"的现代化发展理念，进一步建构出有责任的品牌形象，体现了企业的政治站位。

从具体营销内容来看，"塑料雪山"和宣传片《不怕脏的人》都融入了更高层次的品牌理念，化无形为有形，减少用户的对抗意识，做到了商业和公益的有机结合，形成了较好的品牌口碑。

从具体效果来看，"不怕脏的人"这一话题阅读量高达2.1亿，讨论量达12.4万。其间，《中国日报》和《三联生活周刊》等多家媒体也参与转发，线下展览吸引众多KOL和年轻人参与打卡，整体活动得到良好评价和反馈。但与此同时，也需要考虑，品牌在相关活动中的弱化，是否会导致用户只停留于活动本身，而忽视了对于品牌的认同。

（四）口碑转化行动难以估量，综合评估营销成果存在困难

品牌口碑成功建立后，最终还是要导向用户的实际行动。在上文中，我们分析了本次营销的一些效果，但这些数据所指向的仍旧是营销活动本身的关注，而非品牌的实际转化，用户的购买行动其实并没有得到具体的反馈。想要抛开各种因素，对本次营销进行独立的评价，仍然存在巨大的困难。为此，更需要建立特定的评估模型，进一步讨论公益活动与用户购买行为的关系。

例如，可采用事后的消费者调查进行评估复盘。一方面，可以从微博评论深入分析消费者对于营销活动和品牌的实际态度；另一方面，也可以选择部分消费者进行具体访谈，评估效果；还可以利用KOL设置相关互动问答，结合当季销售额曲线图，来综合判断用户的具体购买行为。而在此基础之上，有选择地进行二次营销、三次营销，形成长期的营销策略，补足前期不足，才能更好地同用户进行互动反馈，转化用户行动。

（五）仍需立足产品体验，激发用户分享欲望

ISMAS模型认为消费者会基于消费行为的实际体验和对品牌的口碑认知进行分享。在“奥妙塑料雪山”系列营销中，消费者对于环保理念的认同激发了用户的分享欲望，从而产生了对于本次活动内容的转发和线下参与。但又如前文所提到的顾虑一样，公益类营销往往侧重于输出品牌理念而非产品体验。公益价值虽然能吸引用户兴趣，但也可能遮蔽品牌产品的实际价值，不利于用户购买行为的产生，更难以促使用户基于产品分享使用体验。因而我们更需要考虑在营销过程中增加产品的融入，尽可能地做到公益营销与产品体验二者融合。除了依托线下活动的参与激励，也可以通过线上的转发、评价和点赞给予用户产品回馈。甚至可以结合用户对于产品的使用，设立清洁计划，将部分营收转化到公益保护中来，使用户产生切实的公益参与感，同时提升产品的购买率和使用率。

总而言之，“奥妙塑料雪山”系列营销存在着一些突出性优势，但也有部分局限。依托ISMAS模型，我们认为，其成功地融合了公益价值和品牌理念，完成了观念性的品牌营销，形成了在品牌观念上的“兴趣—搜索—

口碑—行为—分享”循环。但因宣传的单一性，其同样不利于消费者形成长时期的兴趣和关注，由于淡化了品牌产品的属性，用户停留于本次营销的公益价值，而忽视了对于品牌产品本身的关注，这既不利于用户购买行为的产生，也不利于用户对于品牌产品的分享，在产品层面上的“兴趣—搜索—口碑—行为—分享”循环并没有真正打通。

第三节　案例访谈：“社会大创意参与社会的改造”

一、公司介绍

天与空，中国最火热的独立创意公司之一，成立于2013年，由国际4A金狮级创意人杨烨炘、邓斌、黄海波、肖坤联合创立。天与空自成立就跳出传统营销各自为战的作业模式，让创意跨越品牌定位、传统广告、数字营销、公关、线下活动等营销领域，洞察消费者需求，创造有价值的内容，实现跨媒体传播的创意公司。天与空定位为跨越一切沟通平台的创意公司，是目前中国市场上进行跨媒体传播最成功的先行者之一。

2013年11月，天与空发布“4A升级版”，引发了行业大讨论，推动了传统4A广告公司、数字营销公司与公关公司的升级和融合。2016—2017年，天与空连续两年被*Campaign Asia*评选为“大中华区最佳独立代理商”。2015—2017年连续三年被《中国广告》评选为“年度独立广告公司”，2015—2017年连续三年被《数英网》评选为“十大最佳营销机构”，2017年1月，天与空挂牌新三板，成为中国创意热店第一股。

二、采访对象

访谈人一：黄海波，天与空的联合创始人及首席创意官。

黄海波拥有18年广告经验，在创立天与空之前，在2002—2008年，先后就职于广州李奥贝纳（Leo Burnett）、广州奥美（Ogilvy & Mather）等国际4A广告公司，之后转战上海，在2008—2013年，先后在上海奥美（Ogilvy & Mather）和上海盛世长城（Saatchi & Saatchi）任职创意副总监，他服务过众多国际和国内知名品牌。

黄海波曾荣获数十个国家和国内顶级广告奖项，包括法国CANNES戛纳广告节的两个金狮奖和一个铜狮奖、英国D&AD灰铅笔奖、美国OneShow银铅笔奖、美国CLIO克里奥国际广告奖铜奖、Spikes Asia亚洲广告奖银奖、中国4A创意金印奖金奖、广州4A年轻人创意竞赛金奖、中国广告节长城奖银奖等。

访谈人二：钟卢樱，天与空品牌总监。

钟卢樱从业广告8年，曾任职于上海阳狮、Cheil等4A公司，服务过中国银联、良品铺子、滴露、可口可乐、家乐福、腾讯视频VIP、巴黎欧莱雅等多类型客户。

对多类品牌服务和客户有较好的把控力和管理能力，能够精准地获取客户需求，具备较强的策划能力，熟悉社会化媒体平台属性及传播方式。

三、访谈记录

（一）项目启动阶段

Q：是什么样的契机促成您与奥妙的合作，是否经历过比稿的阶段？

A：（钟卢樱）我们跟联合利华有长线的合作，这个奥妙项目其实出现于7月份。他们碰到项目上面的一些问题。这个项目的周期非常长，前面他们已经做了非常多的工作，前期部分有一些警察、消防，以及其他公职人员守护人民的故事。

这些故事其实跟品牌的关系就在于，他们都是跑在前线的，然后他们在为人民服务的时候身上难免会沾上“污渍”，然后它其实是为了更好地提高人们的生活质量。总的来说在我们接手这个项目前他们已经做了非常多的工作了。

他们已经去三江源做了一些溯源的活动，并联合当地的公益组织开展活动，比如绿色中国公益组织。我们在青海做活动的时候，已经有一些人每天在那边捡一些垃圾，但是发现有一个问题就在于项目传播的时候未能发出更大的声音。在这么好的一个活动契机之下，好像并不能引起大众的一些反响，然后品牌希望他们本次的一年一度的公益的活动能够被更多的人看见，所以找到天与空，希望更多地触动大众的情绪，引发大众对话题的讨论，然后同时也使大众引发思考，做更大的扩充。

所以我们在前期拿案子的时候，其实没有经历过常规的比稿环节，或者很长期的探讨，我们其实扮演的一个角色就是帮助品牌提升整个项目的声量和曝光度，而且时间非常紧。所以我们在提这个方案的时候，用了一个礼拜左右就定下了一个方向，基本上跟大老板提过一次方案之后就已经把方向定下来了，定下来之后我们就推进执行了，这是这个项目的背景。

Q：奥妙作为品牌方，在这个项目开始之前有没有对这个项目提出过一些要求？

A：（钟卢樱）因为奥妙每年都会做一些公益的活动，他们的产品会有一些可持续性的内容，它有个大的主题叫作"奥妙洁净未来"。

我们所承接到的创意活动需求点首先就是话题能够被发酵，能够让更多的消费者群体、热衷于公益的这些年轻人，扩散到更多的下沉市场。其次，就是它能够形成一个新闻的爆点，因为这本身是一件非常好的事情，奥妙在做，在公益行动上面也为大自然做了很多努力，我们希望它能够成为一个比较具有爆炸性的事件。最后，这个事情是可以触碰到的，以及能够跟消费者产生关联性，是能够在身边接触到的一件小公益事件。

当时因为他们要在三江源举办公益活动，让大家开始意识到环境保护这个问题，我们当时也提倡客户能够让公益变成随手可以做的小事，希望他们能在上海看到这样的一个公益事件，所以我们在上海也做了一个承接，就是从三江源的源头到三江源的源尾，刚好这条江也是上海的母亲河，这样能够完成从源头到源尾的闭环。

Q：根据您的介绍，品牌方在最开始并没有提出这个可以量化的购买力转化相关的要求，而是只是着眼于公益传播的效果，可以这么理解吗？

A：（黄海波）我觉得是两点，第一点的话，我们接到简报的时候有一些事情包括邀请一些媒体、一些志愿者，其实已经在做了，我们要做就是说怎么样在中间加入一些有亮点的东西，这是一个要求。

另外，他们本身在做公益活动，其实仅靠这些志愿者，可能是远远不够的，所以他们希望通过他们的行动更多的普通的民众能够来参与这件事情。

对此，我们当时出于这两个考量，所以他们的点可能是在这个地方，然后可以多聊一聊，接到这个工作简报之后，我们只是做了一些思考——什么样的事情吸引这些普通消费者的参与。

当下的一些年轻人他们在关注什么？我们可能关注的一些点可能是有这样的一些游客，他们在藏区的路上会去捡拾垃圾，这本身是一个很好的行为，其实尤其是捡垃圾这件事情，捡塑料瓶这件事情其实是说对于每个普通的消费者来讲，他们其实是有体感的。

基于这两点的考量，所以我们把捡垃圾作为切入点，然后思考我们可以在当中可以做一些什么事情。

Q：您在做这个项目之前，有了解过其他的绿色营销的案例吗？您的创意是否是根据它同系列的那些创意产生的，还是说单纯是为了三江源公益行动而特意提出了这样一个创意？

A：（黄海波）这一创意是特别定制的，因为它本身就有这样的一个活动，本来就是要保护母亲河。保护三江源是量身打造的一个形式。

（二）“塑料雪山”创意的产生

Q：“塑料雪山”的创意是怎么产生的，您具体的构思是怎么形成的？

A：（黄海波）第一个点的话就是看大家关注什么，第二个点的话是依据每个普通人的切身感受，所以我们当时锁定在捡垃圾这件事情，因为本身他们做的事情也是很简单的，就是去三江源捡塑料瓶。我们怎样把简单的事情加入一些事件性，就是利用塑料瓶垃圾去做一些事情，所以我们基于简单的捡塑料瓶垃圾的本身，设置了一个旅游的公益打卡点，可以这么理解。

当时在上海，大家本身其实是会进行垃圾分类的，所以我们会在三江源源头做这件事情。另外就是我们在上海的长江源去做这个装置，大概是进行了一头一尾的复制。

Q：在做这个项目的时候，当时除了塑料雪山以外，团队是否还有其他针对环保的营销创意？

A：（黄海波）针对环保的营销当时也提过，我们大概提了五六个创意的方向，最后我们觉得这是最好的一个方向。

A：（钟卢樱）之前海波总也提到了，其实我们是看到虽然说垃圾问题年年都在提，但是好像很多人忽略了这一问题的，有一些公益人员，捡垃圾是非常辛苦的，因为在三江源那边海拔会比较高，它的垃圾站点也比较远，所以会有一些做公益的行为人，还有一些自发地热爱自然的明星，像胡歌，他也是每年到那边去捡一次垃圾，每年都会有一些新闻报道。所以我们发现了一个点——好像人们扔垃圾时非常简单，但是捡垃圾这个动作就非常难，所以我们会有一个前述篇去讲捡垃圾这个行动是非常难的，但是捡回的垃圾除了通过这些站点回收以外，好像没有一些让大家更看到一些触动人心的方式，所以我们想说用垃圾本身去制造一些事件，当时的确提了大概有五六个创意的方向是以垃圾瓶子为主的。

为什么是雪山？其实它还有创业上的背景，因为在深山公园、青海那边最著名的标识就是雪山，很多人会去那边看日照金山。

其实垃圾的白色会埋没在雪山上，因为雪山也是白色的，然后垃圾隐藏在山上，它其实形成了一个对冲，洁白的雪山如果被白色的垃圾覆盖的话，它的强烈的对比性就会使人们产生比较强烈的反思。所以想说我们的志愿者本身已经在三江源上面，用他们捡回的垃圾造了一个一模一样的雪山，然后我们放置的点位也非常地取巧，那个地方本身就是昆仑山的一个驿站，每天志愿者去捡回来垃圾会放在驿站里面，然后等待回收。

我们就在驿站的三角下面建造了一座15米高的雪山，就形成了一个呼应、一个对比。还有一个原因，就是我们希望白色垃圾不要将雪山覆盖。

Q：我们注意到天与空制作了一部名为《不怕脏的人》的公益片，这个公益片取得了很好的传播效果，它的灵感来源是怎样的？

A：（钟卢樱）灵感来源于我们看到这些在背后默默付出的一些人，因为其实因为他们每次弯下腰只能捡起来一个瓶子，他们要去弯腰来捡垃圾，然后翻过山或者说翻过灌树林，可能要弄脏衣服，所以品牌的结合度就会体现在这里，在捡垃圾的过程中，会形成身上的一些脏污，但是捡起的垃圾又还原了地球的美。

所以我们当时的一个观点就是这个行为是为了让地球变得更好，所以我们也想说这个行动不是直接让消费者知道捡垃圾公益活动，而是关注那些在背后让地球变得更美好而变脏的人。

A：（黄海波）我补充一下。

这点其实刚才钟卢樱也讲到了，就是为了让地球变得更好。这个灵感就是来源于奥妙这个品牌本身的愿景，其实这个捡垃圾的动作与品牌的愿景刚好相符。另外，其实我们去回顾看一下，不管做任何动作或者开发出一些新的工艺，品牌始终有它自己的一个品牌标签——那就是不怕脏。

在这样的一个背景下，品牌的核心DNA其实是反映了不怕脏的人，通过这种方式来展现这些不怕脏的志愿者，以及那些每年暑假过来的一些普通参与者，去战胜脏污的这样一个态度。

（三）“塑料雪山”的执行落地过程是怎样的？

Q：在创作塑料雪山的项目中，有哪些细节令你们的印象比较深刻？

A：（黄海波）印象最深的细节最主要的就是高原反应吧。丢垃圾很容易，但在高原捡垃圾真的很难。

我们感动是在于那些志愿者是真的会去一些悬崖峭壁等比较艰险的地方。这些垃圾其实存在了很久了，那些志愿者从很脏的地方一点点挖出那些垃圾。每次捡垃圾难免有些泥土或者污渍。其实在三江源那里捡瓶子确实是不容易的，那个地方海拔也蛮高的。

看到白白的雪山被这些垃圾所覆盖的时候是很令人痛心的。想想我们大家每次都会去对着雪山拍照，如果突然背景中出现一些白色的塑料垃圾，这个画面其实是很不好看的，除了不好看之外，还会污染环境。

我们本身就生活在长江之尾，没想到源头会受到这样的污染，所以我们更需要去告诉那些来到这里的游客，希望能够提醒前来旅游的这些人不要随意丢垃圾。

A：（钟卢樱）在执行的时候，其实我们自己也捡了好几天垃圾，边拍边捡，的确就是会出现这样的问题。

有些垃圾已经埋在土里面很久了，标签都已经开始腐烂，的确造成了一些景观的污染，有一些污染是人们看不到的，因为大家去那边旅游的话就会去拍一些比较好看的风景的照片，但是你会发现风景之外会有一些隐藏的污染环境的垃圾，所以我们每天也是在一边捡垃圾，一边感受公益行动。

有一些瓶子的确是我们自己捡过来的，印象比较深刻的就是那边地域非常辽阔，从一个点到另外一个点，我们每天都在跋山涉水，然后还要弯腰，做这个动作的确是非常辛苦的。但是那边有一群人，他每天就会坚持不懈地守护环境，在默默地付出。

Q：那些每天捡垃圾的人，他们是全职在做这个职业，还是说是自发的？

A：（钟卢樱）都是自发的。

我还了解过怎样加入这个活动，他们每年都会有一些定期的招募行动，是对社会开放的。比如说这次奥妙联合的绿色江河组织，他每一季度会开放一次报名，会面向所有的大众，然后可以根据每个人时间的不同，比如说我这一周或者说这个月是有空的，我就可以到三江源，然后进行为期一个月的捡垃圾行动，它也是对心灵的洗涤，然后他们那边包食宿，但是其他的方面都是自费的。

包括许多大学生，还有一些在城市里面工作很久的人，他们就会到那边参与这样一个活动。

Q：我们注意到雪山山体的部分是黑色的，那些瓶子本来就是黑色的，还是说对它进行了喷黑的处理？

A：（钟卢樱）对，瓶子全部都是驿站的，是团队和公益组织捡过来的一些垃圾，因为这个地方主要还是以白色垃圾居多，实际上我们那时候也找了一些黑色的瓶子放在下面，用环保油漆在底下做了一些适当处理，喷一些类似的颜料在下面，就产生了那种效果。

（四）创作团队眼中的“塑料雪山”

Q：您觉得“塑料雪山”是一个装置艺术广告，或者说是一个户外广告，你觉得这样的一种形式和传统广告形式相比，最大的优势在哪里？

A：（黄海波）其实也不能把它当作广告来看，我们把“塑料雪山”定义成一个景点、一个公益的景点。因为三江源这个地方，刚好是游客必须经过的地方，当他们下来的时候能够进行打卡，会看到这样强烈的对比，让身心受到一些震撼，从而去改变游客的一些行为。比方说让游客在旅行中不要随意地丢弃垃圾，也能让游客看到这些志愿者的辛苦和努力，获得更深刻的体验和感受，我们做一个广告，选择要不要去投放，其实我们是把它做成一个能够积淀的东西，能够让受众去感受，这可能是和传统广告最大的区别。

Q：所以您在打造这个作品的时候，其实是把它当作一个艺术事件，或者是一个审美装置，而不是把它当作一个传统的带有明显营销目的的传播活动是吗？

A：（黄海波）然后我们只是希望它作为一个比较永恒的公益景点，然后当时是考虑将它放在暑假，以及后面是国庆这样的小长假，届时好多游客就会过去。后来到了10月份的时候，我们就把它拆除掉了，因为冬天比较冷，人流量会变少。后来我们来到上海，尝试复刻这样一个选项，在大城市中让更多人看到。

Q：上海的展出结束之后，雪山是如何处置的？

A：（钟卢樱）我们拆除的所有的垃圾都是交给公益组织进行二次处理

了。因为它其实也需要一些维护，在暑假的时候和10月国庆长假的时候有所保留，然后过了这个时间之后会将它拆除。

Q：在前期塑料雪山这个项目是否做过一些调研工作？

A：（黄海波）因为时间比较赶，没进行什么调研，而且很多广告也不需要复杂的调研。广告就是一种很通俗的大众文化，不需要那些科技、调研的数据，要受众实实在在地用眼睛就能看得到，看了之后内心就会有所触动，这是我觉得相对来说重要的工作。

Q：你们当时是怎么明确公益项目的营销传播平台和营销受众的？

A：（钟卢樱）传播的话主要是这样的，原先奥妙已经有了一些资源投入。为了扩大影响力，我们引入了较多的社会媒体资源，希望更多的人能够参与，以及看到这个公益项目，所以会有一些比较偏年轻化的KOL和KOC进行打卡的行动，希望借助他们的影响力去影响更多的人群，所以主要还是这两波带给塑料雪山的资源，其他的话都是奥妙本身在这一批公益产品里面已有的，比如说他们会在朋友圈进行传播，或者说在微博上登上热搜榜，然后把这次的公益行为效果放大。

（五）面对网络中的质疑

Q：我们发现资料中显示"塑料雪山"的线上曝光量达到2.7亿，其实在这个时代，数据或流量的真实性是有待考证的，相关UCG内容显示的浏览量其实普遍是偏低的，我们想知道它实际的曝光量真的有这么多吗？

A：（钟卢樱）数据肯定是真实的，除了100多家媒体带来的流量，还有一些"自来水"的流量，包括朋友圈、热搜，还有一些KOL的资源，其实是能达到预期的曝光量的。还有一部分的流量来自线下，在长江源头的游客，以及在上海外滩的那部分游客也达到了60多万的人流量，以及雪山视频当时在播放的时候也引发了一定的讨论度，所以当时加起来的总的曝光量接近3亿。相当于第一波我们请了一些KOL及社会媒体进行宣传，第二波在上海的时候，已经形成了网友去打卡，自发传播的一个现象。

Q：在社交平台上有一些质疑的声音，您怎么看待这种相对比较负面的评价？

A：（黄海波）很正常，因为做任何事情总是会有人叫好，有人叫不好，对吧？人看到美的点是不一样。天与空其实做了很多这样的公益活动，可能有冲突的声音会更大一点，这对于我们来说是习以为常的，我们允许不同的声音出现。如果说有些部分确实是我们做得不好的，说到位了，我们下次就会改进。如果说的不在点上的话，可能他只是发个牢骚而已，这个也没关系，反而有争议的话，对于传播来说其实是好的，不可能每个人都为你叫好。

同时也要看负面评价的占比，虽然说有些声音是说我们的项目是“雪山作秀”，但是我们更多的正面声音是让大众知道日常生活中的一些塑料制品，是可以做成好像塑料雪山这样一个随手工艺的。大部分人只关心眼前的，或者说自己的生活状态，他看不到自己这样的行为会对地球造成危害。这次公益行动能让很多人看到青海雪山和三江源的母亲河在被污染，我觉得这个公益项目的目的就达到了，我们做的事情是真正有意义的。

Q：像这种带有很明显公益属性的这种传播活动，您认为如何平衡公益的价值和品牌方的收益？

A：（黄海波）这些品牌的公益活动的曝光量说实话跟平常的曝光量相比应该是更大的，这些品牌更应该举办比较具有公益性质的传播活动，因为他们的关注度比较高，对吧？如果他们去做一些比较有社会公益性的事情，去参与社会公益建设，我觉得对于每个人来讲都是好的，所谓能力越大，责任越大。作为一个品牌方，是需要去承担这样的社会责任的，而且从国家层面也鼓励每一个企业去践行社会责任，我们也看到好多案例。我觉得这是一种反哺，我们也发现普通的民众现在慢慢也有了这种环保的意识，这些品牌可以说应运而生，做了一些大社会关注、民众关注的事情，品牌方也是做了一些实质行动，这是很好的。

这样的话能够获得更多的一些消费者的青睐，比如说在奥妙做了这件事情之后，我作为一个奥妙的用户参与了这次的公益活动，相当于跟着品牌去做一个更深层次的互动，我觉得那种体验感是和买东西是完全不一样的，能够使用户增加对这个品牌的好感。所以通过这样的公益传播行为，宣扬企业本身的人文价值，从而提升消费者对品牌的好感度和信任度。

Q：在这个项目中，您最骄傲的部分是什么？能否和我们分享一下？

A：（黄海波）我觉得在这里面我最骄傲的是有这样一支优秀的团队，他们能够深入到这些高原上，冒着高反的风险做活动，好几个同事都高反了，包括一些拍摄的团队、制作的团队，然后真的是在用心做这件事情。不管结果如何，我觉得最起码我们每个人做了这件事情之后，会对这个社会多一些理解，会发现原来这边的高山之上有这样一些环境污染的事情在发生。我们了解到这些志愿者他们都不容易，而且我们其实关注到一些年轻的学生，他们早早地就参与到社会建设中，去关注社会，这其实与我们天与空提出来的社会大创意参与社会改造的项目相吻合，这能让世界变得更美好。然后品牌提供了这样的一个机会，我觉得也是非常难得的。捡垃圾的志愿者的生活条件都比较艰苦，然后他们那边只有一些基本的餐饮设备，只有基本的住宿的条件，几乎都是需要自费解决的，但是他们的氛围特别好，每天捡垃圾都是开开心心的，开开心心来，开开心心走，所以这也是比较触动我的一些地方，然后那边高原的风也比较大，高原反应也比较容易发生，所以说奥妙也支持了他们食宿上的行动，然后在产品上也提供了一些支持。

（访谈人：段宇濠、增山恭祥、吴奕楠、宋嘉童、罗以文、赵嘉璐、张珺洁）

Chapter 2

第二章

中国旅游集团 × 光禾 brand：“搁浅的鲸鱼”

2022年12月，中国旅游集团发起的公益活动“全岛一家——环保艺术计划”，使旅游话题与环保公益项目实现了一次全新的碰撞。面对着旅途中日益增多的一次性用品，中国旅游集团携旗下三亚国际免税城二期、三亚维景国际度假酒店，联合万豪国际集团海南区域各酒店和三亚博后村民宿等，共同使用5 000双废弃的一次性拖鞋，在三亚国际免税城二期的河岸打造了一条“搁浅的鲸鱼”。该项目以艺术化的互动形式，向每一名前来海南的旅客传递守护岛屿自然生态环境的环保理念，在微博、微信公众号等媒体平台均取得了强烈反响，并荣获第13届虎啸奖银奖。本书将对“搁浅的鲸鱼”这一公益传播项目进行全方位的案例复盘，并基于公益营销理论（Cause-Related Marketing，CRM）对本次公益营销活动的基本运作模式展开分析。

第一节　案例复盘："全岛一家——环保艺术计划"

一、传播实施背景

（一）发现问题

海南岛是坐落于中国南海西北部的岛屿，坐拥得天独厚的区位优势与自然生态资源优势，在丰富的本土人文风情与相关政策推行等多维度的资源推动下，旅游资源成为海南经济发展的突出优势之一。在过去十年里，中国旅游集团不断助力海南旅游业的全面升级，在此期间，海南的年游客数量也从2 587万增长至8 314万。

然而，由于大力发展旅游业所带来的大量一次性酒店用品消耗，成为岛屿自然生态保护面临的新问题。2020年，三亚湾海域的海洋垃圾监测结果显示，在每平方千米的三亚湾海滩上，有多达23.99万个垃圾，而游客在居旅过程中习惯性使用与丢弃的一次性用品，则是旅游垃圾产生的一大来源。因此，中国旅游集团于2021年发起了"全岛一家——环保艺术计划"，这也是"搁浅的鲸鱼"这一公益营销作品诞生的契机与理念初衷，希望借由大众易于接受的艺术表达形式，向观众更加直观地传递环保理念，呼吁旅客们主动减少旅行一次性用品的使用。

（二）合作背景

本次公益项目的执行承接方为深圳市光禾品牌机构有限公司（下文简称"光禾brand"），光禾brand作为中国旅游集团的年度服务品牌，在2020—2021年，曾从0到1为全产业链旅游集团构建品牌传播体系，推出全产业链战略品牌——全岛一家，多次打造"海岛漫游节"等丰富的旅游营销活动，建立海南全产业链品牌示范区。

而本次"搁浅的鲸鱼"公益企划便是隶属于"全岛一家"品牌旗下的一个公益传播项目，根据文化和旅游部对本次公益环保事件的宣传需求，这次项目将遵循营销创新的原则，以区别于传统环保理念宣传路线的方式，进行具有强视觉观感的艺术型传播策划。

在公益项目实际开展执行的过程之中，打造这只"鲸鱼"需要使用大量的酒店一次性用品作为基础创作素材，考虑到需要在短时间内收集到大量经过二次消杀处理的废弃一次性酒店拖鞋，而连锁酒店集团则在该方面具备充足的人力与物力资源，因此光禾brand选择与万豪酒店集团展开本次公益艺术创作上的合作。

（三）以往项目经验

光禾brand对自己的定位并非仅是"品牌代理商"，而是一家专业化的"品牌热店"。自光禾公司创始以来，光禾brand曾在2020年就与中国旅游集团展开合作，承接其品牌营销相关传播业务，提升集团统一品牌识别度，并重新梳理集团整体品牌核心理念，为中旅实现行业逆势下的品牌起势。而在不动产相关领域，光禾brand也与华润集团以2014年为始展开了长期的品牌营销代运营活动，为其实现由内而外的完整品牌体系搭建。同时，光禾brand也注重快消品行业等具备强大市场发展潜力的新兴品牌，承接过多个快销品牌的产品包装设计及相关品牌营销活动，也为本次"搁浅的鲸鱼"公益项目打下了以艺术形式合作营销的基础。

二、行业分析

（一）中国旅游业

旅游业是中国国民经济的重要组成部分，尤其在海南等旅游经济重点发展地区，我们对旅游相关话题的营销传播案例进行分析，也更应对中国旅游业的整体发展现状进行基本的了解与梳理。

由于受到前些年公共卫生事件的冲击，2020年以来中国的旅游产业整体迎来了一次经济下滑与发展停滞，但纵观2020—2021年的旅游市场游客数据，可以了解到在一段时间的下滑之后，整体旅游市场游客数量与旅游经济数值已然开始呈现出了缓慢恢复的态势。

根据文化和旅游部发布的国内旅游抽样调查统计结果，2021年我国国内旅游总人次32.46亿，比上年同期增加3.67亿，增长了12.8%（恢复到2019年的54.0%）。其中，城镇居民23.42亿人次，增长了13.4%；农村居民9.04亿人次，增长了11.1%。同时，我国国内旅游收入较游客人次的恢复情况更为理想。2021年我国国内旅游收入（旅游总消费）达2.92万亿元，比上年同期增加0.69万亿元，增长31.0%（恢复到2019年的51.0%）。其中，城镇居民旅游消费2.36万亿元，增长了31.6%；农村居民旅游消费0.55万亿元，增长了28.4%。①

由于旅游行业与酒店行业存在高度相关性，因此酒店行业近两年的整体市场发展趋势曲线与旅游经济的波动趋势大致相同，因此各旅游城市的酒店客流数量也随即迎来了新一轮复苏，而酒店用品的生产供应数量也逐步提升，引发了我们对于一次性用品带来的环境污染问题的思考。

（二）酒店用品行业

酒店的上下游产业链的运作与酒店整体的品牌发展息息相关，同时也与我们本次的公益环保议题之间存在着紧密的行业联系。针对自然生态环境的环保问题，酒店的布草、用品行业为各类酒店集团提供的一次性商品生产提供服务，直接关系到旅客在体验酒店居住过程中的生活商品使用习惯，以及在“使用—丢弃”的过程中旅游垃圾的产生。

近几年，中国旅游行业也在持续关注一次性酒店用品普及化使用所带来的环保负担问题。从2019年开始，上海市文化和旅游局公布《关于本市旅游住宿业不主动提供客房一次性日用品的实施意见》，并列明酒店将不主动提供的一次性日用品目录包括：牙刷、梳子、浴擦、剃须刀、指甲锉、鞋擦。随后，北京、西安、厦门等地都出台了相关政策，倡议酒店及旅馆取消或减少“六小件”的使用。

然而，在政策和倡议的推行之下，酒店一次性商品的供应减量却还并未得到有效的落实。从酒店经营方的角度出发，若暂停一次性用品的供

① 中华人民共和国文化和旅游部，zwgk.mct.gov.cn/zfxxgkml/tjxx/202201/t20220124_930626.html[EB/OL]. 2022-1-24.

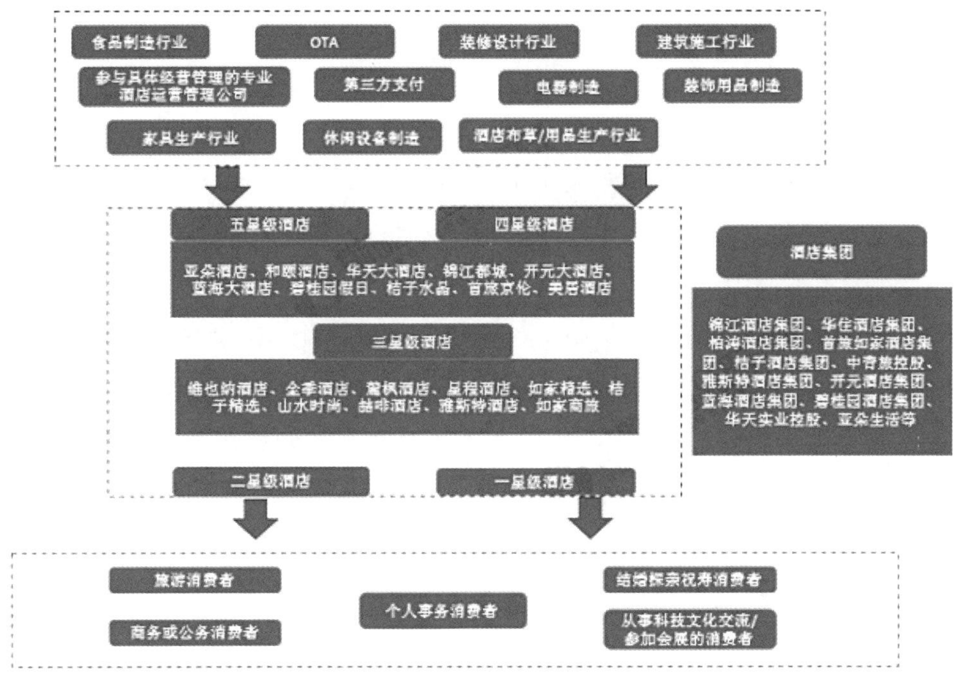

图1 酒店产业全景图谱
（图源：前瞻经济学人App）

应，这对于许多旅客的酒店居住体验而言难免带来了一些使用上的不便利，酒店可能需要因此承担一定的客户群体流失风险；同时，许多精品连锁酒店会将其提供的酒店一次性用品作为承载其酒店企业文化的一种形式，在精美的酒店用品设计上为其添加了更多的附加价值和品牌营销功能，因此在中国酒店行业的一次性用品的供应上，其实并未出现显著的供应减量。

从受众的角度出发来看待酒店一次性用品使用的问题，也同样存在着一定的矛盾。携程网的一项调查表明，目前消费者的环保意识在不断提高，80%的受访者表示赞同酒店不主动提供一次性用品。但在表明支持环保理念的同时，目前中国的大部分旅客在旅游过程中依然未养成自备旅游用品的习惯。据光禾brand的文案策划，他们在市场调研中发现，目前在“六小件”政策的推行之下，旅客对于牙刷等盥洗用具的自备率有一定的上升，但是一次性拖鞋在酒店行业产生巨量消耗的同时，却依然处于“被忽视”的状态。

（三）环保公益行业

在大众环保意识逐渐觉醒的当下，各大环境保护组织也开始频繁出现于公众的眼前，也有越来越多的普通民众愿意以志愿者的身份亲身参与到环保公益事业当中。

较为有代表性的环保公益行业组织有：① 中国环境保护协会（CEPA），经中华人民共和国批准成立的全国性民间社团组织，是为庆祝1997年香港回归而成立的环保公益组织，环境保护领域知名的全国性和国际性社会团体；② 中华环保联合会，是我国生态环境部下属的半官方组织，具有一定的政策性特征，和各地环保局下属的宣教机构有密切的合作关系；③ 中国核安全与环境文化促进会，同样是隶属于生态环境部旗下的半官方环保组织。各大环保组织面向社会大众开放了诸多宣传类与参与式环保倡议活动，有效推动了国民环保意识觉醒的社会进程。

同时，“低碳环保新生活”“绿色环保一族”等各大具有网络影响力的环保公益类博主在各大社交媒体平台上也获取了大量关注。相关旅游行业的各大账号，例如“三联生活实验室”等，也对环保公益相关的传播活动具备极高的社会敏感度，会主动助力环保倡议理念的进一步推广与扩散。

因此，本次“搁浅的鲸鱼”环保艺术计划，以倡议减少酒店一次性用品的使用消耗作为理念出发点，在传播路径上与市面传统的环保类公益广告形成差异化定位，意在打造一次“线上+线下”相结合模式的视觉创意公益品牌活动。

三、目标受众

“负责任的旅行，让旅行成为向善的力量”这是光禾brand策划此次公益营销传播的初心和目的。过去十年，中国旅游集团不断助力海南旅游全面升级，在此期间，海南的年游客数量也从2 587万最高增长至8 314万，随着海南游客的增多，旅途中的环境保护，已经成为这座以旅游业为支柱的岛屿亟待解决的问题，这也是中国旅游集团发起“全岛一家——环保艺术计划”的初衷。

因此这次公益营销传播案例的目标受众不仅包括实地投放地点海南当地的旅游游客，让他们实地感受这种因为随意地丢弃和浪费一次性旅游用品而造成的生态影响，其实更希望引发起所有热爱旅游，在旅行中频繁使用一次性酒店用品、购物袋的游客，通过在线传播的方式来引发全国范围内更广泛的关注，引发他们对于旅途中的环境保护的重视，希望借由艺术的力量，向大众更加直观地传递环保理念，呼吁每一位入岛游客在旅途中少用一次性用品，共同守护我们的岛屿和海洋，在未来可以将环境保护纳入游客的视野范围内，共同助力更好的环境保护和海洋生态文明建设。

四、营销目标

此次“搁浅的鲸鱼”营销传播项目由海南旅游局进行背书，推出海南区域品牌模式范本，向全国示范、整合岛内全产业链业态，落地全维度品牌体验，搭建全产业链统一服务平台，积累品牌关系资产依托中旅“吃住行游娱购”全产业链旅游产品，我们提出通过深度整合中旅在琼各业务资源，推出全产业链战略品牌——全岛一家，为入岛游客带来全新的旅游体验，助力海南自贸港和国际旅游消费中心建设。并以“全岛一家”占位海南，在此地日益激烈的品牌竞争中，先行一步建立品牌“护城河”。这样的商业营销目标作为此次营销传播的一个商业目标。

但与此同时，作为一次成功的公益品牌行为，它不仅是一个具有在旅游业促进推广的价值案例，作为公益传播行动，相比于普通的商业推广和传播案例会给品牌形象塑造带来诸多好处，但这绝不是公益传播的最终目的，本次活动是希望能让更多的人开始负责任的旅行。希望消费者通过此次公益营销案例看到更多环境保护价值，让消费者的旅行足迹、旅途中的每一步，都成为保护我们所到之处的一种善行。这是公益传播相比于商业传播更大的公共社会价值和社会责任的体现，作为一种媒介事件为社会公益传播助力。

五、竞品分析

海洋环境公益广告不同于传统商业广告，它不以市场盈利为目的，而是依托公众关注，发挥更广泛的社会影响力。

案例1："蓝丝带"×"好瓶"世界回收日，"科罗娜"×"蓝丝带"向大海回收垃圾

你有多久没见过海洋了？如今的海洋可能不再如你想象中的纯净蔚蓝、充满生机，而变成了死气沉沉的"垃圾站"。自2003年以来，中国90%的近海已无鱼可捕，而这与每年800万吨涌入海洋的塑料垃圾不无关系。在海洋塑料污染问题严峻的当下，啤酒品牌科罗娜借3·18世界回收日之势，联合海洋保护组织蓝丝带共同发起了"重塑渔路计划"，并组织了一场特别的出海行动。数百名渔民志愿与科罗娜共同出海，不为打鱼，只为打捞海洋塑料垃圾。而这只是一个开始。科罗娜承诺，将同蓝丝带及各地渔民一起回收145吨海洋塑料垃圾。此外，科罗娜还将联合可持续品牌好瓶How

图2 "重塑渔路"活动宣传图
（图源："蓝丝带"公众号）

图3 "出海活动"
（图源："蓝丝带"公众号）

Bottle将原本不属于海洋的塑料进行塑料再生创意。作为海滩生活方式倡导品牌，科罗娜始终致力于保护海洋环境。通过开展"重塑渔路计划"，科罗娜希望能重塑渔路的往日生机，还原大海最美的样子，也借此呼吁更多人关注并参与到海洋环境保护行动中来。

案例2："菜鸟海洋" × "中华环境保护基金会"海洋包裹：你绝对不想收到这样的包裹，大海也是

当你开开心心去快递站取新收到的包裹，打开纸箱之后却发现里面除了塑料瓶、塑料袋、塑料吸管，别无他物，你会不会当场选择投诉？在上海，在物流发达的高校里，竟然会有300多位学生"拿错"快递，这堪称快递史上的"大无语事件"。活动中，师生们对照自己短信上的取件码，会随机多取到一份收件人名字为"人类"的神秘包裹，拆开海藻造型的胶带，里面全部是一次性塑料制品，另附一封海洋生物的信件，以最真诚的口吻诉说塑料制品对自己生活的影响。

2021年，菜鸟海洋联合中华环境保护基金会和阿里巴巴公益基金会在全国3 000多所高校中无偿放置回收箱，共同发起全国高校减塑倡导活

动，号召学生参与减塑回收行动，为海洋减塑。基于这样的公益背景，赞意做了一次全新的内容尝试，变换视角，把目光集中在海洋生物本身，提出“为鱼生减塑”的核心主题，并围绕高校学生群体进行内容辐射，影响更为广泛的多个圈层。上海地区的头部垂直意见领袖@上海身边的那些事儿 首发“上海一高校300多学生拿错快递”事件新闻，同时配合校园类、娱乐类账号集中对新闻事件本身大规模发酵。共同加持之下，该话题一经出现就迅速占领了上海同城热搜榜第一名，阅读量高达1 530万以上，并持续24小时在榜打响社交声量。

这不仅是一项品牌营销活动，更是一份社会责任，这份责任不是几篇新闻稿、几张海报作秀式的昙花一现，而是每一步都落到实处、可以持续的环保行动。这场为菜鸟海洋打造的、行之有效的品牌公益战役，为赖以生存的自然环境带来了真实的改变。

图4 “不可拒收的海洋包裹”
（图源：“菜鸟海洋”公众号）

六、创意概念

随着垃圾分类、节水节电等习惯的养成，日常生活中环境保护逐渐被大众认知与接受，但旅途中的环境保护，却习惯性地被大家所忽视。因为频繁的地点更换和追求便利性，旅途中的资源过度浪费现象愈加严重，仅酒店提供的一次性用品的浪费率就高达70%。

据观察，酒店一次性用品中拖鞋的浪费是受众比较容易忽略的点，不像以往低廉无纺布的一次性拖鞋，如今酒店的一次性拖鞋质量一度提升，但使用量仍大，增加了地球的负担。

为了让三亚的入岛游客真正意识到旅途正在不断给当地的生态系统带来巨大伤害，光禾brand联合艺术家利用旅行中废弃的一次性用品拖鞋来共创一座公共艺术装置，唤醒人们的环保意识，共同守护岛屿和海洋的未来。

七、传播策略

（一）线下传播策略

在公共卫生事件的冲击下，出境旅行停摆，国内旅游需求大量释放，三亚作为国内海岛度假资源最为丰富、开发较为完备的城市，再加上长期

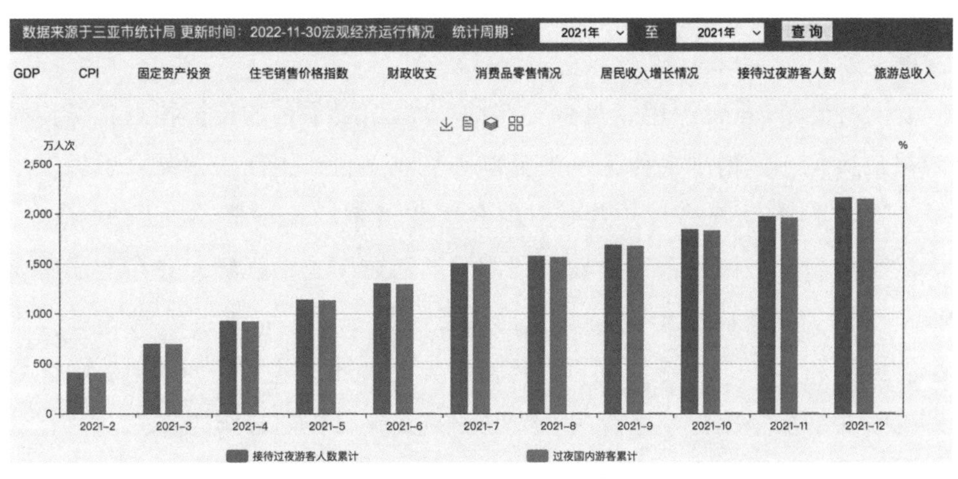

图5　三亚游客数量
（图源：三亚市旅游和文化广电体育局）

以来管理有序，成为游客选择的热门地。冬季和春季一直以来都是三亚的旅游旺季，特别是元旦假期，人们的旅游需求释放。如图5所示，一年中三亚市旅游客流量最高的是12月份。根据三亚市旅游和文化广电体育局“接待过夜游客人数”统计，2021年12月份三亚市接待过夜游客189.32万人次。其中，国内过夜游客187.27万人次，入境过夜游客2.05万人次。

大量游客是被三亚市离岛免税政策的红利吸引前往。2022年1月，海南10家离岛免税店总销售额达到58.22亿元。其中免税购物人数98.29万人。考虑到三亚国际免税城在冬春假期客流量大的因素，故将“搁浅的鲸鱼”项目在其河岸边实施。除此之外，光禾brand非常准确地把握了推广时机，选择中国旅游集团12月21日至1月3日举办的“海岛漫游节”共同开展与其相同主题的活动，达到了很好的传播效果。

（二）线上传播策略

为了让环保艺术计划的影响力由线下拓展至线上，光禾brand将“搁浅的鲸鱼”的构思设计、材料收集、创作搭建过程通过影像记录下来，成为线上引爆传播的主要抓手。影片全长1分13秒，满足当代融媒体短视频碎片化的表现形式，全程以第三视角记录，并运用字幕作为旁白补充，起到解释说明的作用，同时传递了创作者的情感。前期大自然环境的镜头完美运用了大海、鸟鸣等音效唤醒受众深处的环境意识。后期的人声采访点明主题“爱护海洋和地球”。

同时光禾brand运用“双微”（微博、微信）平台的传播特点，将传播效果最大化。微博平台作为一种分享和交流平台，更能表达受众思想，当受众对内容产生共鸣时，微博用户会更积极主动地传播。12月29日，中国旅游集团在微博平台正式发布“搁浅的鲸鱼”公益视频，并在上线后获得广泛的关注，@行走40国、@抬头看风景nono、@旅游约吗等众多旅游类博主和@三联生活周刊自发传播，为此次环保艺术计划助力。除此之外也收获了众多旅行爱好者的一致好评，其中有长期合作的KOL，也有众多自发的博主开启自主转发和推广，总共累积起来参与分享且有影响力的博主约计10个。由此可见，自媒体博主在传播过程中起到了非常重要的作用，推动了整体项目影响力的提升。对此，光禾brand程凡先生表示"在约三十万预算的传播成本里面能达到效果最大化是超过了我们预期的。我们本次项目在微博的传播量高于预测传播量四倍，总体而言这个再次证明了好的内容和想法会获得超乎想象的回报。"

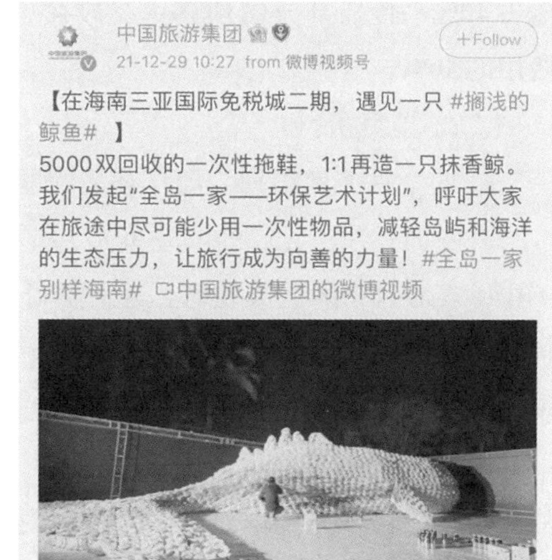

图6 "搁浅的鲸鱼"
（图源："中国旅游集团"官方微博）

不同于微博，微信公众平台上的信息是强制性送达，到达率几乎是100%。为了避免信息轰炸，用户通常会精选一些订阅号，因此微信平台的推文更加精准，有深度。

除了在自家公众号上进行传播之外，光禾brand还与WeLens公众号合作，于2021年12月28日联合发布了文章《你经历过"一次性"旅行吗？》，通过讲述旅行不为人知的另一面和中旅开展环保艺术计划的初衷，呼吁每一位旅行者加入"零废弃"旅行，保护旅行地的生态和环境。在这次公众号的筛选上，光禾brand考虑到本次公益性活动是包含着艺术计划在内的，最终选择了平台定位与艺术、旅行、环保公益均相关的公众号WeLens。

光禾brand"双微"平台的传播策略，利用各平台不同的优势，互相补充，双管齐下进行信息传播，提高了项目的传播效率。

八、预算分配与落地执行

（一）预算分配

在这场0利润的公益活动项目中，光禾brand将所有的预算都投入到作品的呈现与传播中，他们坚信真正有诚意的内容和好的切入点自带张力和曝光量，也将获得超过预期的收益。在预算整体分配上，制作占60%，传播占40%，传播部分的预算主要放在了微博和微信两大端口，并各占传播费用的50%。

（二）项目执行

1. 两个月前期策划：海洋环境问题+一次性拖鞋浪费现象

海南拥有独一无二的滨海风光、神秘的热带雨林和浓郁的民族风情，是不少游客心目中的度假胜地。近十年间，随着游客的增多，旅途中不断被消耗的一次性酒店用品、购物袋、塑料餐盒，也在不断侵蚀这座小岛的生态环境，环保节约问题需要得到人们的重视。

中国旅游集团是由港中旅集团和中国国旅集团两大旅游央企合并而成的旅游集团，在光禾brand承接下品牌推广项目之后，提出希望做一些关于旅游公益方面的传播，同时期待在创意层面较往年更有新意，拒绝走传统路线。以此为缘起，光禾brand开启了为期两个月的策划阶段。在项目设想过程中，光禾团队认为诸如“少拍照”“杜绝涂鸦”“勿乱扔杂物”等旅游环保概念已难直击当代青年的痛点，而社会面上关于“减少和再利用一次性用品”的概念仍较缺乏，甚至为空白，则将此作为本次项目的核心出发点，力求用公益而非说教的形式将“保护环境”的概念传递给受众。

通过观察受众旅游习惯，有两类一次性用品浪费情况较多，即牙刷和一次性拖鞋。而近年旅游群体牙刷自带率呈上升趋势，但自带拖鞋的群体比例仍然较低。相比过去，低廉无纺布制作的一次性拖鞋的使用也难让使用者产生负罪感，酒店业近年来在拖鞋用料品质上不断精进，在此背景下，“一次性使用”的模式则对地球环境造成了负担，成为社会关注的一大盲区，本次项目则将“一次性拖鞋”作为用品的选择，以最大程度达到对社会进行公益启发的目的。

2. 一个月收集制作：废物艺术再利用，环保理念的别样呈现

携手三亚国际免税城二期、三亚维景国际度假酒店，以及联合万豪国际集团海南区域各酒店和三亚博后村民宿共同参与。5 000双废弃的一次性拖鞋，均回收自上述酒店、民宿，经过消毒杀菌处理后收集保存。光禾brand团队邀请艺术家团队，将收集到的一次性拖鞋作为艺术创作原材

料，以世界自然保护联盟濒危物种红色名录中的抹香鲸为创作原型，等比例还原一条“搁浅的鲸鱼”。通过艺术团队“noFun有意思”和“MUYAN ART&DESIGN”前期的概念和模型设计，通过三天三夜的搭建和涂鸦艺术家“WHYYY”的绘制创作后成型。

图7　“搁浅的鲸鱼”模型
（图源：“光禾brand”公众号）

3. 2周后期传播：线上+线下联动，微预算实现大传播

本次项目通过艺术计划的形式，线下打造艺术装置，再通过拍摄该装置的“发起—收集材料—建造”的整个过程的影片，以影片为载体在线上进行传播扩散。线下的鲸鱼放置地点为免税城，年底会有大批旅行者前往旅行购物。利用整个旅游集团免税城的流量，保证线下的传播基础，附加集团对于线上传播经验的累积，团队对这次项目的传播效果有了基本的预期和把控。

具体来看，在线上传播方面，基于媒介平台的不同属性，光禾brand主

图8 “搁浅的鲸鱼”
（图源：“光禾brand”公众号）

要选择了微博和微信，以有计划地产出差异化内容赢得声浪：① 集团本身与微博存在长期的合作关系，多种资源可以通过协商的方式进行推行，另外也支出部分基础费用购买服务，以此在微博热搜上“霸榜”，使本次“搁浅的鲸鱼”公益活动发酵。② 鉴于本次活动的艺术性质，光禾brand对现有公众平台进行筛选，最后确定联合定位与艺术、旅游、环保公益有关的WeLens公众号平台进行推文写作，匹配项目的传播要求及受众群体的垂直属性，同时在预算方面也在合理范围内，实现了一波扩圈传播。在整个过程中，由于公益性作品内容优质而带动受众自发传播，相比于商业传播则大大缩减了成本，实现了有限成本的效益最大化。

除了有意识地推广和传播以外，更有自媒体博主及旅游爱好者自发推广和传播，有些来自先前合作过的KOL，部分为博主自发地转发推广。其中有3个拥有10万粉丝的博主是自发转发的，总共累积起来参与分享的有

图9　“搁浅的鲸鱼”
（图源 :“光禾 brand”公众号）

影响力的博主约计10个。自媒体博主在传播过程中起到了非常大的作用，更推动了整体项目影响力的提升。

（三）传播效果

公益品牌活动的预算非常有限，而具有善意的内容自带号召力，能够吸引众多媒体参与其中，2021年12月28日，联合WeLens在微信平台发布《你经历过“一次性”旅行吗？》，通过讲述旅行不为人知的另一面和中旅开展环保艺术计划的初衷，来呼吁每一位旅行者加入“零废弃”旅行，保护旅行地的生态和环境。文章发布后收获了10万次以上的阅读量，在评论区的留言中，也收到了大量粉丝的赞同与反馈，让旅途中的环境保护真正被大家所认知和付诸实践。随后Hot商业等众多媒体也跟进报道，让旅途中的环境保护，受到更多人的重视。

2021年12月29日，中国旅游集团在微博平台正式发布“搁浅的鲸鱼”公益视频，并在上线后获得广泛的关注，@行走40国、@抬头看风景nono、@旅游约吗等众多旅游类博主和《三联生活周刊》自发传播，为此次环保艺术计划助力。此次线上传播的效果远超预期，截至2021年1月4日晚，#搁浅的鲸鱼#微博话题总阅读量达899万，视频总播放量251万次，转发量近5 000次，并收获了众多旅行爱好者的一致好评。

一次成功的公益品牌行为将带给品牌形象塑造诸多好处，但这绝不是公益传播的最终目的。本次的活动让更多的人开始负责任地旅行，让旅途中的每一步，都成为保护我们所到之处的一种善行。

第二节　案例分析：“搁浅的鲸鱼”4R理论解读

一、公益营销

（一）公益营销的内涵

公益营销在学者研究过程对其概念尚未有个统一的说法，从不同研究角度对其会有不同的定义，但一般来说，不同学者对于公益营销的内涵定义都是将公益和营销相结合来确定关键内容。

公益营销在学术界最早出现于1983年美国运通公司捐赠大笔资金用来修复当时破烂不堪的自由女神像的案例中，这个案例的成功给之后的公益营销研究奠定了基础，公益营销理论学术研究和企业实践就此展开。美国学者Varadarajan第一次将公益营销提升到学术理论研究层面，在论文中定义公益营销为“一种企业与慈善机构、非营利组织以及类似组织水平合作的销售形式”。[①]随后Varadarajan & Menon对这一概念再次进行修订，将其定义为策划实施营销活动中，企业将消费者参与商品交易而获得收益金额按一定比例捐赠给特定慈善组织，来满足企业和个人的目

① Varadarajan, R., & P. (1986). Cooperative sales promotion: an idea whose time has come. Journal of Consumer Marketing, 3(1), 15–33.

标。[①]Varadarajan的定义受到了大部分学者的支持，但该定义存在一定的局限性，更多强调的是与销售有关的营销形式。随后，很多学者从不同角度或更深层次地定义了"公益营销"一词。Barnes & Fitzigibbons认为公益营销是一种企业开展的慈善公益活动，并以此为载体提高企业盈利能力。Joe Marconi支持公益营销能够实现企业、非营利组织、其他组织或个人互利共赢，在合作活动中能提升各自的形象、产品、服务或信息水平。从这位学者可以看出公益营销更多能体现的是共赢的过程，每个单位进行营销活动的往来既是付出的过程，也是获利的结果，是企业经济活动和承担社会责任的共识。

国内对于公益营销理论研究起步较晚，国内大部分的学者对于"公益营销"的概念都是以Varadarajan & Menon的定义为基础的，国内最早阐述公益营销的是卢泰宏、李荣武，他们认为公益营销是将企业与非营利机构进行结合，借助公益活动来提升企业销售量，达到盈利目的的。[②]高勇强将公益营销上升到一个新的高度，认为企业的社会责任与企业利益的战略性结盟通过这种结合方式来塑造企业良好的形象，打造差异化输出。[③]

可以看出不同学者对于公益营销定义的差异，但其与公益营销定义的提出者Varadarajan和Menon所理解的内涵并非大相径庭，各自的定义解释均丰富了公益营销的内容，让后人对公益营销有更加全面的了解，总而言之，公益营销的最终目的是企业、消费者和社会、非营利机构四者的平衡，以共赢的原则有效开展营销活动，让消费者有购买意愿，树立企业良好形象和推动公益事业的可持续发展，所以本书将结合Varadarajan和Menon的定义，即公益营销就是消费者、企业和慈善机构以互利共赢为目标，进行多方交易行为的过程来展开讨论。

---

① Varadarajan, P. R., & Menon, A. Cause-related marketing: a coalignment of marketing strategy and corporate philanthropy [J]. Journal of Marketing, 1988, 52(3)：58–74.

② 李伍荣，卢泰宏. 营销新策略：事业关联营销[J]. 经济管理，2002（9）：58-60.

③ 高勇强. 中国企业的事业关联营销策略分析[J]. 当代经济管理，2007（4）：37–40.

（二）公益营销的分类

由于公益营销的复杂性，不同学者将根据所涉及的范围、主体进行的分类也不同，本书将公益营销主要分为以下三种类型：基于活动时间类型的分类、基于公益事业类型的范围的分类，以及基于企业和公益组织合作方式的分类。

首先是基于活动时间类型的分类，这种分类方法是Barnes & Fitzgibbons提出的一种，主要分为可持续性和一次性的公益营销。两种公益类型的各有不同的效果，可持续性公益营销可持续时间较长，其间可以持续使消费者认可企业的品牌形象，提高企业的核心竞争力和知名度，提高消费者的消费忠诚度，一般出现在消费者进行交易行为，企业便抽取一部分销售收益用作公益活动，带来推动经济社会发展，而一次性的公益营销具有时限性，会分成一天、一个月或某个季度，最大的优点是能在短时间内有效控制活动的进程，快速达到较好的公益效果，但某一方面因为时限性的问题，达不到长远的企业利益提升效果，且短期的公益行为容易引起消费者的怀疑，产生不良的负面新闻，影响企业形象。

其次，顾惠忠则根据公益事业类型的差异分为以下四种：人性化公益营销、新闻性公益营销、参与性公益营销和趋势化公益营销。①人性化公益主要显示了企业对于社会的关怀，组织公益活动捐赠物资或提供人文服务给弱势群体和机构，新闻性公益营销，即根据新闻报道中事件中的需要帮助的对象，企业将会开展营销活动，参与性公益营销就是针对社会上出现的某种现象或问题，号召更多社会群体自发地参与到事件当中，多部门集体参与社会公益营销活动，趋势化公益营销更多地针对社会负面效应所开展的公益活动，旨在改善社会矛盾、不良风气等负面现象。

最后，公益营销分类则是基于企业与公益组织合作的方式进行分类，分类主要根据Kotler和Andreasn一文中将公益营销氛围交易为基础的推广活动、联合议题倡导性公益营销和特许授权公益营销。②以交易为基础的推

---

① 顾惠忠．公益营销[J]．销售与市场，1996（2）：23.

② Philip Kotler, & Alan R. Andreasen. Strategic marketing for nonprofit organizations.5th ed[M]. Prentice Hall, 1996.

广活动的主要目的是推广和销售的产品，事后再将销售额的一部分拿去捐给非营利机构，联合议题倡导更多体现的是让大众共同关注和解决社会问题，通过企业和公益组织的携手合作、宣传活动、组织活动来唤醒公众意识，最后的特许授权则是非营利机构将IP授权给企业，提供产品或服务，企业再向公益组织提供授权费用，得到一定的回报，促成公益活动的落地执行。

根据研究角度的不同学者将公益营销进行了各种各样的分类，不同的分类也使大众对公益活动有更深入的了解，为理论界和实务界提供有效参考。

（三）公益营销的运作方式

公益营销的运作方式为：企业和非营利机构作为最主要的实施者，将一部分的销售收入捐赠给非慈善机构，开展公益活动，为社会、人民服务。而消费者是企业营销的参与者，媒体和政府管理部门则充当企业和非营利机构的监督者及宣传者。

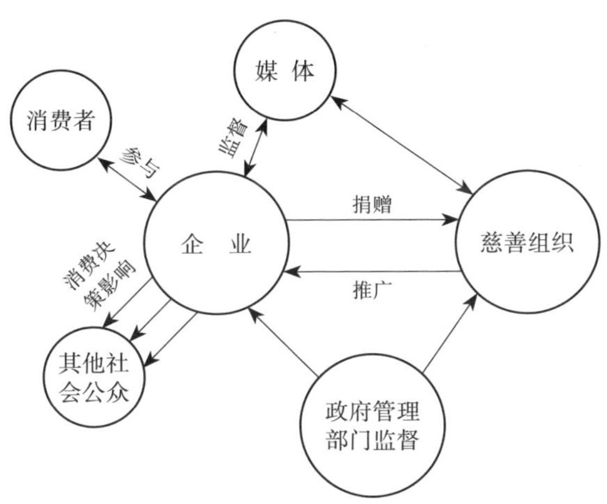

图10　公益营销的运作方式

二、4R理论

4R理论最早是由唐·舒尔茨于20世纪90年代提出的营销理论，该理论主要是以关系营销为核心，注重在企业和顾客之间建立长期互动关系，在实践过程中既提升企业的整体利益又关注到顾客的利益所在，以互利共赢来培养更忠实的顾客，4R即关联（Relevance）、反应（Reaction）、关系（Relationship）和回报（Reward）。舒尔茨的4R理论认为除了满足消费者的需求外，企业的发展也应该获得其他群体的支持，寻找目前潜在消费者，以及未来可能会成为企业消费者的群体。2009年舒尔茨提出在数字时代，与公益相关的各项服务都应该包括在企业公益营销的范畴之内。

公益反应策略是指企业在面对社会突然发生危机，包括某地发生自然灾害、基础设施破损等，能做出及时反应，并通过当地的社会信息制定有效的公益营销，在给当地带来帮助的同时又能提升企业的好评度，推动企业经济的发展。企业在面对市场突发情况时能在营销过程中对其进行调整，随时改变战略，快速满足顾客需求。在数字化时代，谁的速度快就能取得竞争力优势，多元化、个性化地生产消费者所需要的产品。

公益关系策略是企业和非营利机构通过共同建立公益品牌，来吸引众多消费者前来消费，三方联合共创更具有价值的关系，使企业能有长期合作的伙伴来提升企业竞争力。企业将目光放长远，与外部的消费者、供应者等群体建立长期而稳固的关系，重要的是在这一过程中让消费者认可企业的价值与自身需求是相符合的，从被动适应到顾客参与，再到生产过程，相互产生依赖，使企业的营销目标在与各方的协调关系中得以实现。

公益关联政策是指与企业产品有关联的事件和与企业品牌价值匹配的活动相结合，来承担社会负责，使消费者提升对企业的信任度，从企业公益行为中感受到拥有能力的价值，既受到了消费者的青睐，又会使其他企业或社会个体与之合作，共同支持该企业的公益营销，即通过一些营销的技术手段将利益关系者有效联结形成长期的共赢关系。

公益回报策略，即推动企业自身运转的同时，通过与非营利机构的合作，开展慈善捐款、废品回收、组织义工等多种公益活动来回报社会，凝聚多方力量共同反哺社会，缓解社会体系的压力，最终使社会经济得到发展，并反馈给企业，助力完成公益使命。从利益的角度出发，在前三个方面的策略理念的指导下给予客户一定的经济利益，满足他们的需求，最终达到营销目的。

三、案例解读

（一）关联策略

将与企业产品相关的事件和与企业品牌价值匹配的活动相结合，巧妙突破用户心理防线，让所参与的消费者从企业的公益行为和公益形象中，获得社会价值观的广泛认同和强烈共鸣，并被这种价值归属感所吸引，最终愿意通过购买企业产品来支持该品牌。

随着我国经济不断迈向高质量发展阶段，作为服务业之一的旅游业近几年来发展快速。对于我国而言，旅游业已逐步成为推动经济增长的重要推动力。到2019年中国入境游客达14 531万人次，国际旅游收入1 313亿美元，2019年中国旅游总收入约为6.63万亿元，占第三产业增加值的12.41%，我国旅游业具有一定的国际竞争优势。与此同时，中国旅游消费及国内游人数也在不断攀升，如图11所示。

酒店和民宿行业的发展，随之而来的是大量的一次性用品被消耗。根据市场的调查统计，在酒店一次性用品的使用率方面，拖鞋的使用率最高，超过90%；其次是牙刷，达80%；再次是香皂，约占70%；最后是洗发液、沐浴液，占50%—60%；其他如护理包、擦鞋布等使用率相对较低。尽管在2020年1月19日，国家发改委发布《关于进一步加强塑料污染治理的意见》，将按照“禁限一批、替代循环一批、规范一批”的思路，加强塑料污

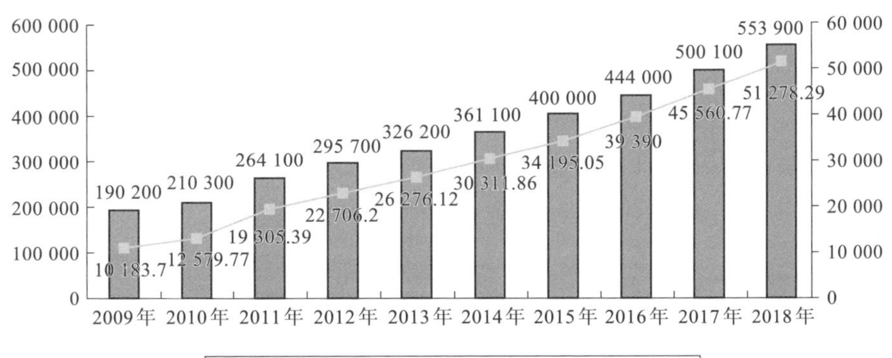

图11　中国2009—2018年旅游人数及总消费变化

染治理。但是拖鞋作为非塑料制品仍然被大量使用，且近几年来，人们的牙刷自带率在不断提升，原因一是市面上一次性牙刷的品质未能满足人们对更高品质生活的要求，原因二则是顾客环保理念在提升。

光禾brand在“搁浅的鲸鱼”案例中抓住了这个痛点，从一次性拖鞋着手，发现目前旅游自带拖鞋的比例仍然很低。过去的酒店拖鞋，常用低廉无纺布制作，一次性使用不会有太大负罪感；而现在酒店拖鞋的用料品质不断提升，却依然是以“一次性使用”的模式在运行，对地球环境造成了很大负担，这是人们较少关注的点。

（二）反应策略

反应强调的是速度和敏捷性。在信息爆炸的时代，消费者对快速响应和个性化服务的需求越来越高。企业需要建立一套高效的反应机制，以便在出现市场变化或消费者反馈时迅速做出调整。这需要企业具备强大的数据分析和洞察能力，以及对市场动态的敏锐感知，也会对企业后续产品发展方向产生影响，好的决策取决于对未来进行正确的研判。

在实际操作中，反应策略要求企业建立一套快速响应机制，以便在危机发生时能够迅速调动资源，制定出切实可行的公益行动方案。例如，当某地区发生自然灾害时，企业可以通过捐款、物资援助、志愿服务等方式，迅速参与救助行动。这不仅能够帮助受灾群众，还能在公众中树立企业的良好形象，增强消费者对品牌的信任感。

此外，反应策略还体现在日常运营中，企业应关注社会动态，及时识别潜在的危机和机会。通过建立与消费者的互动渠道，企业可以更好地了解消费者的需求和期望，从而在危机发生时更快地调整策略，适应市场的变化。例如，企业可以利用社交媒体平台，实时收集消费者的反馈和建议，及时调整产品和服务，以应对市场的变化。

光禾brand在其公益营销活动中，特别是在“搁浅的鲸鱼”公益项目中，成功地应用了反应策略，展现了其在社会责任和品牌形象塑造方面的敏锐度和灵活性。首先，光禾品牌迅速响应社会热点，及时捕捉到了公众对鲸鱼搁浅事件的关注，制定了相应的公益行动计划，推出与鲸鱼保护相关的宣传活动，呼吁公众关注海洋生态。其次，品牌不仅停留在口号和宣传上，而是积极采取实际行动，组织志愿者团队参与鲸鱼救助和海洋清理活动，并与环保组织合作，捐赠资金和物资，支持鲸鱼保护的科研和救助工作。这种切实的行动增强了品牌的社会责任感，让消费者看到了品牌的诚意和决心。此外，光禾品牌充分利用社交媒体平台与消费者进行互动，通过发布鲸鱼保护的相关信息和活动进展，吸引了大量受众关注和参与，增强了消费者的参与感和归属感。品牌还密切关注消费者的反馈和市场动态，及时调整宣传策略和活动内容，以满足消费者的需求，进一步提升品牌形象。最后，通过"搁浅的鲸鱼"公益项目，光禾品牌不仅在短期内获得了良好的市场反响，更重要的是提升了品牌价值，向消费者传递了其在社会责任方面的承诺，提升了品牌的忠诚度和美誉度。这一案例展示了反应策略在公益营销中的重要性，强调了品牌在面对社会责任时的敏锐度和灵活性，为品牌发展奠定了坚实的基础。

（三）关系策略

最早提出关系营销理论的是北欧的学者，他们把企业的营销活动放在整个社会经济的大系统中来考察，认为企业作为社会经济系统中的子系统，其经营活动是与周围各种因素，包括顾客、供应商、分销商、竞争者、银行、政府机构等相互作用的过程。与这些个人或组织建立起良好的关系是营销活动的核心，是营销成功的关键。因此，关系营销被定义为企业与顾客、供应商、分销商及其他利益相关人或组织建立长期、稳定、互信互惠关系的活动。企业与各方通过互利交换及共同履行承诺，实现目标。

企业、利益相关者和作为合作伙伴的非营利组织，通过公益文化来建立品牌感情，通过维护各方关系，达到实现品牌满意度提升直至消费者忠诚，最终影响企业产品销售成绩，即关系策略。关系营销导向较强的企业更倾向于与其渠道伙伴共同解决问题，使那些关系营销导向较强的企业比那些关系营销导向较弱的企业更倾向于与自己的渠道伙伴进行事前事后的沟通。但是沟通不是在抽象的企业与企业之间进行的，而是在具体的人与人之间进行的。因此，存在这样一个因果链——关系营销导向促使企业加强与渠道伙伴的沟通，加强与渠道伙伴沟通导致企业增加与渠道伙伴之间的跨组织人际交往，跨组织人际交往的状况影响企业是否更多地与其渠道伙伴共同解决问题。换言之，如果关系营销导向的推动不能落实到企业与其渠道伙伴的跨组织人际关系上，则它对于企业采用共同解决问题的关系型治理方式就很难产生影响。

光禾brand服务于众多一线品牌的广告代理公司，在推广落地的过程中如何让当地的酒店和民宿达成合作意愿具有挑战性，所以用诚意打动商家是十分重要的。在进行项目的推广过程中，与客户及酒店方沟通这个项目的想法，只需要一到两个星期，但是沟通配合需要两个月的时间。在这个项目中，在光禾brand和民宿的沟通过程中，“拖鞋收集期”已经过去了一半时间，但仍没有收集齐足够的拖鞋。于是光禾brand紧急联络万豪酒店，向万豪酒店告知该项目的创意理念，得到了万豪酒店的价值认同，与万豪酒店达成了合作，万豪酒店在短时间内向光禾brand提供了大量质量高且经过消毒的拖鞋，最终光禾brand将万豪酒店作为唯一的拖鞋来源。在此过程中，光禾brand和万豪酒店达成了关系互联，通过品牌理念及品牌价值的交流与客户方（即万豪酒店）建立了长期、稳定、互惠互信、互利共赢的品牌合作伙伴关系。

（四）回报策略

客户回报计划，也叫客户忠诚计划，其被认为是通过发展和培养长期客户，并最终从关系中获利的有代表性的关系营销手段。在美国，近一半的家庭至少参加一项回报计划；在我国，回报计划也越来越多地被人们所熟知，在航空业、电信业、金融业及零售业都被广泛地使用，其常以俱乐部、会员积分制等形式出现。

在公益营销中，企业既要讲求自身利益的回报，又要重视消费者利益的回报。企业通过公益活动、慈善捐助、赞助等隐性公关宣传的手段，帮助消费者实现个人社会价值、节省参与公益活动的时间，降低参与成本，以期使企业和消费者双方共同满足社会期许、履行社会责任。

在进行推广阶段，光禾brand选择WeLens公众号平台进行合作，这项公益活动兼具艺术计划属性，同时也是一个公益性活动，WeLens的平台定位和艺术、旅行、环保公益均相关，契合这一传播要求以及符合受众群体的需求。从选择合作方的角度来说，光禾brand不仅达成了自己的推广目的，也助力WeLens践行了传递环保理念、传播环保艺术的社会责任。

此外，除了合作公众号平台外，有很多自媒体自发扩散传播，超出了光禾brand预期的传播效果。12月29日，中国旅游集团在微博平台正式发布“搁浅的鲸鱼”公益视频，并在上线后获得广泛的关注，一些合作过的博主KOL及很多自发的博主开启自主转发和推广。@行走40国、@抬头看风景nono、@旅游约吗等众多旅游类博主和@三联生活周刊自发传播，为此次环保艺术计划助力。总共累积起来参与分享的有影响力的博主约10个。自媒体博主在传播过程中起到了非常大的作用，推动了整体项目影响力的提升。

公益营销可增强企业社会责任感，提升与公益相关的企业品牌价值。公益营销行为在潜在消费者的开发以及与政府关系的处理方面均产生了直接的良性效应，较强的正外部性可在一定程度上弱化企业的逐利倾向，从而与当前创造社会福利和社会效益的整体趋势相契合。如今市场现有产品同质化现象显著，品牌必须与顾客建立持续性的良好关系。而英国“社区中的企业”组织发表的一项调查报告显示，在价格、质量相当的情况下，80%以上的消费者倾向于购买曾采用公益营销模式的企业的产品，而其背后的原因是公益营销的内核具有温情的特性，易引发大众的情感认同，更利于品牌赢得消费者的认可。公益营销理论不仅适用于产品营销售卖过程，同样适用于公益理念价值传递活动，在活动推广中应用公益营销理念，可以很大程度上构建客户方、合作伙伴方及公关方的企业形象，在今后的产品推广中给消费者留下良好印象，从而激发其购买意愿、促进购买行为。

第三节　案例访谈：“有诚意的内容会取得更高的曝光量”

一、公司介绍

光禾brand是一家服务于众多一线品牌的广告代理公司。该公司承接的业务囊括从品牌咨询、整合传播、全国媒体整合的全品牌链，并在视频创意制作、内容生产及输出等多个领域提供全案营销服务。在2020—2021年度，光禾brand曾从0到1为全产业链旅游集团构建品牌传播体系，推出全产业链战略品牌——全岛一家，建立海南全产业链品牌示范区；更与“白鹭斋”等快消流量消费趋势下的品牌开展合作，携手开启营销传播的全新探索。

二、采访对象

程凡，光禾brand文案策划。项目经历：中国旅游集团——品牌年度整合营销。

三、访谈记录

（一）合作背景

Q：作为一个公益性色彩非常强的活动，是怎样的契机促成您的团队拿下“搁浅的鲸鱼”这一项目的？是否经历了比稿环节？

A：不存在“竞争拿下项目”的情况，光禾brand是整个中国旅游集团的年度服务品牌，本次“搁浅的鲸鱼”项目是囊括在年度品牌服务中的一个环节。

中国旅游集团是由港中旅和国旅这两大旅游央企合并而成的旅游集团，而在我们承接这个集团的品牌推广项目之后，文化和旅游部提出希望做一些关于旅游工艺方面的传播活动，同时在创意方面希望比往年更加有新意，不要走传统路线。以这个为缘起，我们提出了一个比较大胆的设想，这就是本次“搁浅的鲸鱼”项目开展的契机。

Q：甲方（中国旅游集团）对这个项目提出了哪些标准与要求？

A：甲方提出希望能用较为新颖的方式让大家注意到旅游公益这件事情，而项目的具体形式和要求是比较开放的。

Q：相比于纯商业的项目，在公益性活动的策划方面有什么特殊要注意的事项？

A：从严格意义上来说，这种公益策划其实没有特别的参考标准，最重要的是找到以共鸣的方式直击人心。目前市面上大部分公益广告其实也是泛泛而谈，缺乏与受众之间的沟通，难以引发受众的共鸣。因此，要进行一次成功的公益策划，就要找到一个真正能触及人心的全新角度或者新的方式，以重新唤起人们对一件事的关注。

Q：这种环保公益类计划你们曾经有参加过吗？

A：我们公司每年都有创作大量的公益性作品，每年都会有（与公益相关的）各种类型的客户委托。比如最近我们就帮华润在南泥湾做了一次“you and me”的品牌宣传，是针对当地本土农民生产的土蜂蜜而进行的一次公益行动。类似的公益品牌宣传计划已经几乎成为我们公司的特色。

（二）创意生产

Q：在本次“搁浅的鲸鱼”公益项目中，为什么会想到用一次性拖鞋来搭建这条“鲸鱼”，创作灵感的来源是什么？

A：在项目设想过程中，我们认为“少拍照”“杜绝涂鸦”“勿乱扔杂物”这些概念对于现在的年轻人而言已经不再是旅游的痛点了。而住酒店的过程中会产生大量一次性用品。因此，如何减少使用一次性用品，成为本次项目的核心出发点。我们设想是不是可以利用这个契机，来举办这样的一个公益活动，而非通过说教的方式，做成让大家能真正感受到保护环境的重要性的一件事情。

至于为什么选择一次性拖鞋？我们先前观察到，旅游中有两种一次性用品很浪费——牙刷和拖鞋。近几年来，人们自带牙刷的比例在不断提升，原因一是市面上一次性牙刷的品质不尽如人意，原因二则是顾客环保意识的提升。而据我观察，目前旅游自带拖鞋的比例仍然是很低的。过去的酒店拖鞋，常用低廉无纺布制作，一次性使用不会有太大的负罪感；而现在酒店拖鞋的用料品质不断提升，却依然是以“一次性使用”的模式在运行，对地球环境造成了很大负担，这是人们关注比较少的方面。

Q：公益活动的制作和传播成本有限，是否会影响创意思路和为传播带来一定的局限性？

A：相对而言，好的内容有张力，这个项目我们是0利润的，在所有过程中我们不赚钱，投入都用于作品呈现和传播，好的内容、有诚意的内容会获得更高的曝光量，好的内容、好的切入点会有超过预期的收益。

Q：在前期调研时期是如何确定此次项目的主题“搁浅的鲸鱼”的，是否提前挖掘此次活动的合适投放地点和目标受众？

A：我们在初期其实并不会做特别深入的调研。我们通过组内达成共识或者洞察来得出项目计划采取的方向，提出想法之后，邀请艺术团队和我们一起共创作品，大家再对思路进行碰撞。

（三）落地执行

Q：执行创意时涉及民宿酒店的支持以及艺术团队的共同创作，在这过程中遇到过什么困难吗？是怎么解决的？

A：在推进品牌营销项目的过程中，最难的是沟通和协调。如何让那些民宿和酒店愿意配合你，为你进行额外的工作来收集和打包这些一次性拖鞋，这都需要进行大量的沟通工作。用诚意打动他人是非常重要的，你需要保持足够强的使命感去与他人沟通，这个过程其实是很难的。

与客户（酒店方）沟通这个项目的想法，我们只用了一到两个星期，但是沟通那些配合我们的环节，我们可能用了两个月的时间。由于部分民宿的配合和专业度有限，当计划的“拖鞋收集期”过去一半的时候，拖鞋的数量还远远不够。当时我们只能紧急联系万豪的高层，后来，由于万豪提供了大量高品质且经过消毒的一次性拖鞋，我们最终将万豪的拖鞋作为作品中唯一的拖鞋来源。项目执行过程中会有很多沟通和不确定的部分，我们需要做到随时根据情况进行协调和调整。

Q：在执行的过程中有没有得到一些普通公众的支持和帮助，他们如何看待这件事情？

A：很少，几乎可以忽略不计。大家不需要有太多的期待，在公益项目中公众的参与性永远不如想象中的高，且公众的协调成本比商家的协调成本高很多，让其做决策配合的难度也很大。

（四）媒介传播策略

Q：公益活动的传播需要注意什么，怎样才能实现传播效果的最大化？

A：在有限的资源里匹配最合适的媒体和渠道，这是最重要的。

Q：能说说你印象比较深的，在项目中你们没有预测到的，但是大家反应非常好的创意吗？

A：在二三十万的预算的传播成本里面能实现效果最大化，这个是超过了我们预期的。我们本次的项目在微博的传播量是预测传播量四倍，总体而言，这就再次证明了好的创意取得超乎预期的回报。

Q：在制定营销策略时是否有特意筛选平台？主要投放的渠道是什么？

A：主要根据资源的匹配性来选择媒体平台。在有限的资源下，比较容易与之前有合作过的媒体一起合作，动用情感、使命感等，一起确定出最终的结果。

Q：当时获得微博热搜霸榜是通过采买的形式，还是通过和微博合作的形式实现的？

A：两者都有。我们公司本身就和微博有长期的合作，很多资源可以通过协商的方式推行，但他们本质上也是商业机构，因此我们也花费了基础的费用进行了服务的购买。

（五）联动策略

Q：公益品牌传播预算有限，除了中国旅游集团的支持，为何选取WeLens公众号平台并进行推文的写作？

A：我们筛选了很多公众平台，最终选择了WeLens，是因为我们这次活动，它既包含着艺术计划在内，同时也是一个公益性的活动，那实际上我们对一些公众号进行了筛选，而WeLens的平台定位与艺术、旅行、环保公益均有关，比较符合我们这一些传播要求以及符合我们的受众群体的需求，在价格上也符合预算要求。

Q：除了有意识地推广和传播，在文章发布后，有没有一些媒体和自媒体博主及旅行爱好者自发地推广和传播，他们起到了什么样的宣传作用？

A：微博发出后，有些博主是我们之前合作过的博主KOL，此外也还有很多自发的博主开启自主转发和推广。其中有3个拥有超过10万粉丝的博主是自发地转发，累积起来参与分享的有影响力的博主约10个。自媒体博主在传播过程中产生了非常好的效果，推动了整体项目影响力的提升。

Q：如何选择合作的KOL，他们需具备哪些条件？

A：我们长期合作的博主有很多旅游博主，我们倾向于选择旅游行业中有号召力、有粉丝基础的KOL。

（六）风险规避

Q：不同于商业推广，这种公益性活动更依赖于公众自发的关注和支持，那有没有想过此次活动的传播效果和关注度不佳，你们是如何去考虑和规避这个问题的？

A：本次活动是通过艺术计划的形式，在线下打造一个艺术装置，通过拍摄整个装置，从发起，到收集材料，再到建造的整个过程的影片，以影片为载体在线上进行传播扩散，它实际上是一个线上跟线下同时执行的活动形式。鲸鱼的线下放置地点为免税城，在年底会有很多旅行者前往免税城购物。我们利用整个旅游集团免税城的流量，保证了线下的传播基础，再有我们公司在线上传播方面累积的经验，综合以上，我们对这次项目的传播效果是有基本预期和把控的。

Q：怎么样规避解决成本制约带来的问题？

A：当公益性作品的内容足够好的时候，会带动起很多人自发地传播，这相比于商业传播会大大缩减成本，因此内容是最为重要的；我们与酒店和民宿的合作其实也减少了在制作成本上的一些花费。

Q：从最初的创意到最后的执行，中间发生过哪些较大的变化？

A：一是关于鲸鱼放置地点。我们一开始设想将其放置在海边，但后来因实现难度很大，最后调整为摆放在免税城二期，在这个过程中我们经历了很多次讨论和权衡。二是关于拖鞋收集来源。起初我们尝试更多和民宿沟通，但因为民宿沟通范围大，而实际收集到的拖鞋素材质量差且数量少，最后我们便改为和万豪合作。在执行过程中有很多没有按最初规划执行的部分。

（七）项目总结

Q：与您以往做过的一些营销项目相比，您怎样评价这一次的项目呢？

A：团队内部都很喜欢这次的项目，跟以前做的公益项目相比，各方面对这次活动的期望较低，但这次结果超出预期令人非常惊喜，花小钱办大事。

Q：您认为此次公益性活动的最大收益在于什么？

A：首先帮助中国旅游集团在品牌上做了一次传播，很多消费者通过活动更了解中国旅游集团和品牌的调性，能够被更广大的群体认知，回馈到了品牌上面。好的项目会促成消费者对它的认知。

Q：您会关注那些关键词搜索、转发等这些较为数据化的内容吗？

A：本次项目的所有数据都在我们检测范围之内，微博方也会专门给我们提供一份总结报告，当然我们会很关注数据化内容，这是量化工作成果的支撑。

（访谈人：闫明慧、柴雨馨、曾我佳惠、徐菲娅、曾恬、张勇）

Chapter 3

第三章

知乎 × 蔚迈：关于未来的提问

2022年10月31日，知乎和蔚迈联合出版了一本关于未来的问题之书——《关于未来的提问》。这本书已经在各大线上书店，如京东图书、当当网、上海社会科学院出版社天猫旗舰店上架，同时在线下主流实体书店也可以看到它的身影。书籍主编、《关于未来的提问》项目发起人、蔚迈品牌咨询与趋势研究负责人赵林娜带着项目团队，借书中的“未来之问”引发深刻的思考。

问题比答案更重要，是《关于未来的提问》编著项目的逻辑起点，这本书扮演着一个启发者的角色，即以提问为引子，激发更多关于未来的想象。在成书过程中，项目团队提出关于未来的初始问题，与十大不同领域的专家们（比如体验设计、数据科学、医疗科学、趋势研究等）重新定义了可能的未来图景。为了引发更广泛的社会性思考，Wavemaker蔚迈中国和知乎在两年前共同联手发起了一个带有实验色彩的“关于未来的提问”的社会创新项目——在上海外滩之畔，与国际创客嘉年华（Maker Faire）的创客们铺就了长达百米的“一条有问题的路”，试图通过改变提问策略唤醒我们与生俱来却被成长经验淹没的提问能力。

第一节　案例复盘：“有问题，就有答案——激发好奇心的社会创新议题”

一、行业分析

1. 蔚迈行业介绍

蔚迈（Wavemaker）是一家集媒介传播、内容营销和科技革新于一身的新型全球代理公司，为全球及本地品牌提供变革性解决方案。2017年，隶属于WPP集团的群邑媒介集团（GroupM）宣布其姊妹机构迈势（Maxus）与尚扬媒介（MEC Global）合并成立了Wavemaker。目前，Wavemaker在全球90个国家拥有7 600名员工。服务客户包括戴姆勒、美团、华为、香奈儿、辉瑞和达能等。2019年10月，在Wavemaker两周年庆之际，公布了中文名称——“蔚迈”。

Wavemaker

图1　蔚迈品牌logo

2020年3月12日，Wavemaker在伦敦向全球推出全新品牌logo，以崭新的态度主张和产品规划，迎接日益激烈的市场挑战和机遇。在新的logo中，橙色的亮点代表了激发无限的态度、勇气、智慧和力量。此次品牌更新，是公司从2017年由迈势和尚扬媒介合并成立以来的首次全面更新，以全球统一的操作系统、模块化媒介策略和规划流程为基础，以全新的形象向世人展示“激发无限”的态度可以创造的机会和增长。蔚迈全球首席执行官Toby Jenner说：“过去的增长模式不足以为未来服务。在每一个行业、每一个市场，既定方法和传统思维都在不断受到挑战。放眼未来，增长必定来自改变，这可能会令人感到不安；但其实，改变的勇气正是来自客户和每一位蔚迈的同事。充分明白这一点，我们决定主动挑战，无所畏惧，

图2　蔚迈全新品牌logo

活出自己的主张和态度。”

2. 蔚迈 × 知乎：《关于未来的提问》市场普及规模

2022年10月31日，知乎 × Wavemaker蔚迈中国联合推出了一本关于未来的问题之书——《关于未来的提问》。这本书在京东图书、当当网、上海社会科学院出版社天猫旗舰店等各大线上书店均有上架，同时在线下主流实体书店也有销售。

2021年10月18日，风靡寰宇的创客运动大会——上海制汇嘉年华（Maker Faire Shanghai）再次席卷上海，蔚迈（Wavemaker，全球领先的媒体机构）与知乎（中文互联网高质量的问答社区和创作者聚集的原创内容平台）作为上海制汇嘉年华活动的战略合作伙伴，携手一个地球自然基金会（One Planet）精彩亮相上海圆明园路外滩源步行街。

图3 《关于未来的提问》

其间，展开了两场社会化行为艺术，用创意书写“一条有问题的路”，用拼贴画上交了关于未来的答卷。它邀请每位对此感到好奇的大人和小孩，提问与回答，思考现在与未来。

图4　一条有意思的路

图5　百米问题大道

蔚迈联合知乎开展“关于未来的提问”问卷调查，线下参与人数达1万人次，线上参与人次达20万，收获“关于未来的提问”回答高达百万份，人们对未来充满好奇。“答案墙”展出了年轻人和儿童对未来想象的剪贴作品，启发更多的人去关注和想象未来。在展会里，各大参展商大多将注意力放在尖端技术演示和科技研讨方面，蔚迈与知乎的出席让人眼前一亮。它在寒冷的周末为明天的故事重新引入了更温暖、更纯净的一面，每一个参与者就是自己的主角。它在快节奏的城市节奏里为每个人提供了一个新的喘息地。在拥有超过4 000万个提问的知乎平台创建话题专区，以收集更多的问题、让不同的人们发挥想象力。

二、市场定位

蔚迈是一家集媒介传播、内容营销和科技革新于一身的新型全球代理公司，为全球及本地品牌提供变革性解决方案。《关于未来的提问》一书结合了来自知乎上对未来脑洞大开的网友和各领域专家们的提问，以及蔚迈的好奇心基因，以未来十年为时间设定，基于现已确切的技术和人文趋势，用生动的问题勾勒出与人们息息相关的未来生活图景，如未来的旅行、成长、工作、医疗、娱乐、消费、家庭、社区等。书中围绕这些场景集结了十大问题，这些问题又进一步引发了衍生问题，让我们不得不重新思考自己与环境、与社区、与技术的关系。

它提出一个简单的“什么（WHAT）、怎么（HOW）、为什么（WHY）、假如（WHAT IF）”的框架清单，并阐述提问背后的思考动因，给逐渐固化的思维松绑，带领人们进入一个更加自由且充满“冒险”的世界。

在信息大爆炸时代，强大的数据库与便利的搜索让“现成答案”触手可及，但蔚迈相信人们需要的不仅是一个现成的答案，而是突破“是”与“非”这样绝对性的思维界限，去探知多种可能及多维视角的能力。打开这本书，寻找有关未来的问题，从提问开始，让我们带着好奇心共同探寻一个颠覆想象的未来。

三、目标受众

有人脚踏实地低头看脚下的路，但总有人如孩子般抬头仰望遥远的星空。有人问世界会不会变成一颗孤独的星球？物质化、公式化，思想趋于类同。但总有人用好奇心生成创意路径，个性，多样，不拒绝疯狂的想象。

爱因斯坦说："一个人提问的能力比回答的能力更重要。"回望历史，屈原写下《楚辞·天问》，抛出170多个问题，叩天问地，启发人们宽阔地思索。人类智能不同于人工智能最大的核心在于人类有着连续深入提问的能力。

然而，在这个信息大爆炸的时代，便利的搜索引擎让"现成答案"触手可及。我们之所以依然珍视提问的勇气与好奇心，是因为现成答案永远无法构建——关乎未来的那部分。为此蔚迈出版的《关于未来的提问》受众非常广阔，下至儿童，上至老人，每个人对未来都充满好奇，拥有自己的想法。同时对于现代企业的发展有着重要的启示。人们对未来的期待，正是现代企业发展的目标，对于创新型企业更是重中之重。其拥有广阔的市场受众，发展前景广阔。

四、同期竞品

蔚迈作为一家集媒介传播、内容营销和科技革新于一身的新型全球代理公司，在中国市场中，同时期出现了很多媒介代理公司与其竞争。例如Somos Digital，公司名为索摩斯品牌咨询管理（深圳）有限公司，其主要业务是海外的数字营销，公司成员均为外国人，能够确保本土化的营销。品牌设计从完全没有品牌到拥有一整套品牌图标、品牌故事、品牌VI、品牌视觉，甚至后期的网站建设，在社交媒体推广方面从战略到执行，帮助实现了差异化的竞争，并在激烈的市场竞争中脱颖而出。

《关于未来的提问》这本书在出版的同时，也有很多同类型的书与其竞争，例如，《未来简史》《三体》《太空漫游》《失控》等，《未来简史》中"从智人到神人"，以及《必然》中的"物种不断变迁的12条道路"都值得细细品味。这几本书在市场规模上与《关于未来的提问》形成了激烈的竞争。有句话说得好：读过《失控》的人都知道，凯文·凯利说对了此前的30年，你愿意相信他所猜想的后30年吗？

图6 书籍《未来简史》封面

图7 电影《三体》

五、营销目标

开拓人们的视野，启发人们的想象力。在展会里，各大参展商大多将注意力放在尖端技术演示和科技研讨上，蔚迈与知乎的出席让人眼前一亮。它在寒冷的周末为明天的故事重新引入了更温暖、更纯净的一面，每一个参与者就是自己的主角。

“一条有问题的路”是“关于未来的提问”的一个引子，是一个社会化行为艺术的创新项目，为来访者探索出了一条富有好奇心、洞察未来的生动路径。它致力于重新发现成年人儿时无法抑制的好奇心，保护每一个小孩对明天的期待，以重塑更美好的未来。相信，未来因你我的不同而充满色彩，因你我的关切而值得期待。

蔚迈与知乎在2021年末联合推出了《关于未来的提问》一书，分享了来自不同行业伙伴的提问。而这仅仅是一个开始。蔚迈联名知乎，将在知乎网站创建一个“关于未来的提问”专题页，持续累积人们对未来的提问和答案，期待人们一起关注未来的生活图景，以及这生生不息的地球。

《关于未来的提问》一书的营销目标便是启发人们的想象力，让更多的人了解蔚迈，让人们在发条式的城市节奏中获得一个新的喘息空间。

六、创意概念“关于未来的提问”

研究表明，在2至5岁之间，儿童平均提出4万个问题。然而，随着儿童的成长，“提问”逐渐淡化，变成寻求简单直接的“答案”。一方面，好奇心在我们成长的过程中逐渐消失；另一方面，为应对当代全球的变化，人们的注意力进一步转移。面对超载的信息和焦虑，以及随手可得的答案和解决方案，我们逐渐失去了对未来的好奇心。此次行动的出发点，是如何找到突破口，激发人们的“好奇心”，承担双方品牌的企业社会责任。

这是一个能激发人们对未来的好奇心的社会创新项目，活动基于“关于未来的提问”，聚焦未来塑造者，规划了从灵感到汇聚的三个步骤。第一阶段——重新定义：与行业思想领袖一起重新定义未来场景，发起初始问题作为思维导图；第二阶段——重新想象：在全球最大的创客嘉年华打造了100米长的“好奇之路”，用书法展现创客对未来的疑问，并利用艺术品贴与世界各国小朋友一起畅想未来；第三阶段——培养汇聚：在知乎创建话题专区，培养和收集更多好奇网友的提问。从始至终，整个营销行动都贯穿着“关于未来的提问”这一核心概念，充分表现了两个品牌对于未来生活图景的关注和重塑美好未来的渴望。

知乎相信“有问题，就有答案”，以及蔚迈“Provoking the Future——通往未来的路从来不是单一的，唯有积极挑衅和提问”的品牌理念，使得这次联名行动品牌角色清晰，符合本次营销的“关于未来的提问”这一主题。此外，未来塑造者具有创造未来的主观能动性，而且对周围群体具有较强的影响力，所以创客也是蔚迈此次营销的主要推动者。

本次项目的初心，是希望能利用奇特、多元、具有可持续性的畅想将生活的视角拉远，将遥远的未来重新聚焦，通过亲身体验、制造未来，唤起心中对未来的好奇并对这个议题加以思索。

七、预算分配和项目执行

（一）预算分配

广告代理公司常以“支持者”的身份与甲方一同推动公益、可持续，以及社会创新项目的落地。而这个项目，是以蔚迈为主导发起的，并整合了知乎的资源和影响力，是一个品牌联名的社会创新项目。蔚迈 × 知乎《关于未来的提问》是蔚迈自己构思而生的公益类型项目，可是无论发起什么类型的传播项目，做任何营销项目默认会产生一定的成本。和知乎联名和出版项目都没有产生任何成本，蔚迈此次将主要的传播预算放在项目执行落地的第二个阶段，所以基本上就是Maker Faire活动产生主要的成本，因为蔚迈会进行现场的搭建和拍摄，另外新闻发布会部分也产生了较小的成本，因为利用了新闻发布的优势，很多的新闻平台的记者都对这个话题感兴趣认为其值得去主动报道。蔚迈根据项目每一个阶段不同营销内容的需要进行了不同的媒介选择，此次项目关于“疑问”，所以会直接想到知乎，因为知乎本身就是以问答为主要话题的平台，知乎的“有问题，就有答案”很适合此次项目的主题，从而蔚迈只选择知乎作为唯一的媒介端口，吸引线上有好奇心的用户对未来的问题进行更深层次的讨论。

（二）项目执行

蔚迈为了激发人们对于未来的好奇心，发起了一项社会创新项目——

关于未来的提问。首先聚焦国内最有想象力和创造力的群体——中国的创客们，希望以与他们的共创来激起好奇心。蔚迈策划了三个阶段：由点到面，由启发到汇聚，来完成从重新定义到重新想象，再到培养汇聚的过程。

1. 重新定义：聚焦行业思想引领者。

第一个阶段主要由十大行业思想引领者和未来生活不同领域的专家重新定义十大未来场景，发布初始问题。

《关于未来的提问》这一项目是带有实验性色彩的，研究发现2—5岁的孩童平均要问4万个问题，随着成长、目标与压力的增多，提问的目的会变成寻求简单直接的答案，对世界的提问会逐步减少，逐渐流失了对未来的好奇。蔚迈最开始面临的挑战就是怎么启发人们重拾对未来的深思与好奇、如何寻找引发好奇心的有意义突破口。蔚迈将重新定义阶段当成此次行动的出发点，为了迎接这些挑战，蔚迈首先邀请了不同领域充满好奇的专家与伙伴一起进行碰撞与共创，与具有好奇心的群体一起重新想象，最终共同描绘了十个关于未来生活的美好画面，提出了对未来的设想，以激发人们对未来的深思与好奇心。

图8 蔚迈邀请的专家与伙伴
（图源："关于未来的提问"的案例官方视频）

2. 重新想象：聚焦创客（2021年10月16日—10月17日）

重新想象阶段指2021年10月16日到10月17日在上海外滩旁上演的集

体行为艺术。这一阶段，风靡全球的创客运动大会——上海制汇嘉年华再次席卷上海，蔚迈与知乎作为Maker Faire上海制汇嘉年华活动的首席战略合作伙伴，在上海圆明园路外滩源步行街呈现了一场关于“提问”和“回答”的集体行为艺术。在Maker Faire中，主办方把大小创客对未来的问题碎片，用传统的中国书法挥墨百米提问大道——“一条有问题的路”，将来访者引入富有好奇心、洞察未来的探寻路径。同时组织者与来自不同文化的儿童合作，通过巧手拼贴关于未来想象的自制海报，打造了一面关于未来的展览墙，墙上的每一幅作品都是对未来响亮的回应。

（1）借传统书法的“瓶”，装提问未来的“酒”。书法是一种中国特有的、历史极其悠久的传统艺术形式。书法艺术运用抽象的“点、线、笔、画”，将书法升华到艺术的境界。美学家宗白华曾指出，中国的书法是节奏化了的自然，表达着深一层的对生命形象的构思，成为反映生命的艺术。因此，中国的书法不像其他民族的文字，停留在符号的阶段，而是走上了艺术美的方向。在外滩步行街上，主办方选择采用传统书法这一独特的传播媒介，这让活动的趣味性和人文价值都得到很大的提升。

这一阶段的收集提问，正是借助了书法这一独特的传统艺术，使原本简单的创客提问，转化为具有视觉冲击力的、绵延不绝的一系列书法作品，赋予了提问更多的历史厚重感和科技未来感，更容易给人留下深刻的印象。长达百米的“问题大道”，凝结了众多创客关于未来的思考，并由书法大师的创作以统一隽永的形式得到更广泛的交互和传播，更加激发了创客们的现场参与感、自豪感。这是传统书法和未来科幻相互碰撞、相互交融形成的奇妙化学反应，结果就是遥远抽象的科幻概念被有效转换为经典具象的艺术作品，强化了线上线下传播效果。

（2）不同国家孩童共同参与，打造跨文化传播平台。蔚迈和知乎为了制作关于未来的海报展览墙，将来自不同文化背景的孩童聚集在一起，鼓励他们完成各自心目中关于未来世界的画作海报，表达对未来世界、未来生活的想象。上海是当之无愧的国际化大都市，活动举办地点——外滩同样以风格迥异的万国建筑群而闻名中外，因此这场以思考未来世界为主题的大型行为艺术活动，天然地需要来自中国本土公民以外的人们的主动参与和观察视角，那么把来自不同国家和地区、不同文化背景的孩子和成人集合在一起，形成不同思维的交流和碰撞，无形中就打造了一个平等轻松的跨文化传播交流平台。

相较于一般属性的公益活动，Maker Faire上海制汇嘉年华活动从诞生之初就带有国际化、全球化的基因，也更适合作为一个跨文化交流的公共平台。蔚迈和知乎发起关于未来的提问，这一活动主题聚焦于人类社会未来可能发生的变革和具体形态，本身就具有跨文化性的意义，能够以包容的姿态欢迎来自不同文化的人发表想法和观点。更具体地说，参与展览墙展示的海报制作者，大多数都是来自不同国家的孩童，虽然他们对于未来世界的思考不如成年人那样深刻成熟，但是他们天真无邪、纯真稚嫩的文字和绘图，反而蕴藏着最珍贵的好奇心，愿意与来自不同文化的同龄人进行坦诚交流。这场活动不仅启发了他们对于未来的好奇心，也在他们心底埋下了跨文化交流的种子，更有可能通过他们已有的社交关系（如父母、同学、朋友等）实现更大范围的跨文化交流和传播，助力公益活动影响力的扩大。

图9 “关于未来的提问”展览墙

3. 培养汇聚：聚焦线上的好奇心人士

在培养汇聚阶段，指上一阶段结束后，蔚迈中国联合拥有4 000万提问的知乎平台，创建话题专区以收集更多有好奇心的人们的提问，一直持续到2021年12月31日。因此《关于未来的提问》能够成为一个持续的社会创新项目，不断激发人们的好奇心。在收集到充足的提问与重新定义的十大未来图景之后，知乎和蔚迈在2022年10月31日联合推出了同名书籍《关于未来的提问》。

（1）主持问题圆桌，引发创客讨论。知乎是中文互联网中影响力最大的文字类内容平台，其主流用户也多为高学历人群，蔚迈作为主办方在知乎平台主持问题圆桌，发布思考未来社会的问题，正是为了吸引与这些问题关系最为密切的专业人士，并鼓励他们用回答问题的形式来给出相对合理的专业解释，同时激发其他用户参与话题讨论的热情，维持圆桌讨论的热度。

知乎有一项特有的站内功能叫作“邀请他人回答”，这一独特的功能不仅允许主持圆桌的主办方蔚迈邀请在特定知识领域长期深耕的优质内容创作者，也推动了大量普通用户邀请其认识的朋友来参与问题的讨论。后者的互动类似于社交网络平台的病毒式传播，通过一个个用户的社交关系网络来扩大圆桌讨论传播范围，也能够提高相关知识领域用户社群的关注度和活跃度。例如圆桌中“如果未来在太空拥有生产制造的条件，会有什么制造业会比地球发展要好？”这一问题下，科研话题下的优秀答主“零度君”就是收到用户“Counting Stars”的邀请，对太空环境下金属材料制备的研究做了简要的回答，还标注了三篇相关的中英文文献。“谢邀”（即

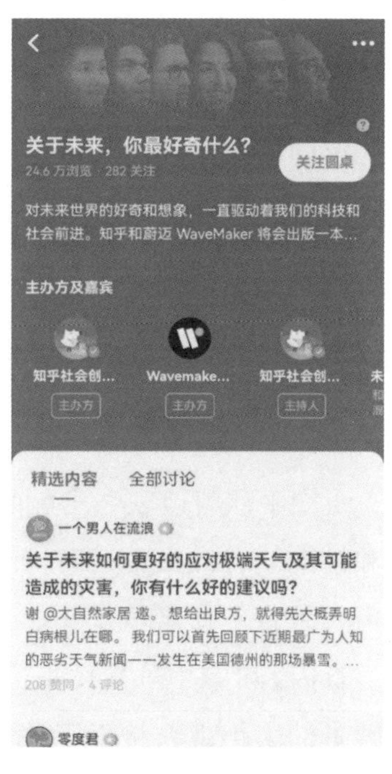

图10 知乎App内“关于未来，你最好奇什么”主题圆桌（图源：知乎App）

“谢谢邀请”的简称）实际上是知乎从早期开始就已经形成的一种社区文化，蔚迈中国“入乡随俗”，融入这一文化来提升问题圆桌讨论度，能够确保收集回答和想法的圆桌问题不至于陷入无人问津的尴尬局面。

（2）挖掘IP长期价值，形成品牌资产。经过将近一年的时间，与活动同名的书籍《关于未来的提问》于2022年10月31日正式出版。该书一共分为十章，分别思考和探讨了未来的旅行、人才、学习、工作、娱乐、消费、家庭、社区、健康、社交和数据资产。该书将实用性和想象力相结合，塑造成10个特色小品，每一个小品都勾勒出一个与普通人生活相连共生的未来，不仅激发人们去计算、合理化，还以一种可能无法做到或者未知的方式与未来联系在一起。正是因为蔚迈中国通过将近一年收集问题与回答的公益活动，已经初步形成了一个比较有影响力的同名IP，因此在活动落幕之后将其转化为书籍，无疑有助于提升这一IP的关注度，避免媒体曝光逐渐减弱之后传播影响力的衰退，并拓展那些没有亲身参与到活动，但对这类话题抱有兴趣的受众群体。此外，书籍能够长期以物理实体的形式得到保存，因此有着比其他媒介形式更加突出的收藏属性，让IP价值以相对固定的形式体现出来，也可以借助书籍推荐或者赠送继续提升该IP的知名度。从品牌营销的角度而言，《关于未来的提问》这本书能够成为目标用户接触蔚迈中国的一个接触点，通过对书籍质量的认可，进而建立对蔚迈中国的进一步认识和信任，最终转化为对蔚迈中国这一品牌的顾客忠诚。

八、营销效果

知乎和蔚迈联合出版的《关于未来的提问》一书初期拥有2 400万创客和精准读者，聚集了不同行业的科技发烧友、工程师、艺术家、工匠、作家、教育工作者、学生、科学俱乐部，业余爱好者和商业参展商的参与，五日内248家中外媒体报道；两日内达到1万次线下互动，来自不同国家和背景的大小观众接受了关于未来的采访；30日内达成了20万次线上互动，并在知乎创建的话题专区获得了24.6万浏览量；实现了内容资产的共同创造，通过知乎收集到了充足的提问与经过重新定义的十大未来图景，并于

2022年10月31日出版了同名书籍《关于未来的提问》，11月18日至22日在上海展览中心的第18届上海书展举办了新书分享会，引发了各界人士对未来的探讨。蔚迈在这次和知乎的合作中积累了足够的问题，并且重新展望了十个领域的未来前景，并且书籍《关于未来的提问》在出版以后斩获了多个奖项，对于广告行业以及其他CSR项目有着一定的启发和参考价值。从宏观角度来看，蔚迈和知乎这次合作的项目《关于未来的提问》实现了一开始活动所构思的想法，即定义以及解答“未来”这个在概念以及时间理念上模糊的问题。

第二节　案例分析：“关于未来的提问”4I理论解读

一、4I理论

随着社会的快速发展，营销时代也随之发生变化，营销时代从1.0发展到如今的3.0时代。4I营销理论是目前结合互联网的时代背景而产生的营销模式，它是1998年由美国西北大学营销管理学教授舒尔茨所提出的营销理论模式。舒尔茨教授认为为了达到目标，市场营销的主体需要分析营销主体能力、营销内容体系、营销方式方法与营销推广渠道，沿着“识别需求—营销互动—价值增值”的技术路线开展整合营销。随着新媒体时代的发展，信息逐渐多元化与互联网技术的发展，消费者接收信息的方式也从原来单一的方式转变成多元化的接收方式，消费者也从原来被动接收信息流动转变成主动搜集和创造营销信息的一方，因此市场已难适应传统的营销理论，需要新的营销理论来吸引消费者，而4I营销理论很好地迎合了新媒体时代将受众作为中心的传播营销模式，因此4I营销理论也逐渐取代传统的4P与4C营销理论。4I营销理论可以说是一个针对现代互联网时代而产生的营销模型，区别于传统营销理论注重企业的大规模推广，它的重心是企业在做营销推广的时候把注意力放在用户个体的需求心理上，强调从“以传者为中心”到“以受众为中心”的过渡，为网络营销提供方向使其更为个性化与精细化。4I 营销理论包括四个核心部分，分别是趣味原则（Interesting）、利益原则（Interests）、互动原则（Interaction）、个性原则（Individuality）。

趣味原则是4I 营销理论所倡导的营销内容建设原则。营销的核心在于获得关注，而有趣味性的内容才是最能够获得多人关注的，因此营销主体应该设计既具备增值性也具备吸引力的营销内容来实现客户的精准引流。利益原则是4I 营销理论所倡导的营销主体建设原则。这说明在营销活动中，最先考虑的是为客户提供功能与情感利益，强化品牌与客户之间的关系。在利益营销的原则下，卖方可以充分聚集各类型营销主体的优势力量，持续提升市场营销供给能力。互动原则是4I 营销理论所倡导的渠道建设原则。它提到要维持用户的忠诚度就必须长期维护客户关系，因此根据不同的客户群需要建立不同的关系，并且需要针对不同的客户需求提供具有针对性的产品。为增强市场营销的影响力，营销主体应依托多元立体的营销渠道打通买卖双方的通路。个性原则是4I 市场营销理论所倡导的营销方法建设原则。个性化营销是针对消费者需求，将受众“个体化”，为消费者提供多样化的产品或服务，使其有个性化的选择，感受到品牌的诚意进而增强用户黏性。营销主体应在用户画像的基础上采取人性化、定制化、个性化的营销手段以满足用户的需求痛点。这是将基于4I 营销理论的框架基础上，从趣味营销、利益营销、互动营销、个性营销这四个核心原则，探究知乎 × 蔚迈《关于未来的提问》的营销传播策略。

二、案例分析：基于4I理论的知乎 × 蔚迈的《关于未来的提问》营销解读

1. 趣味原则

趣味原则是指在营销活动中加入趣味性的推广内容和设定，增强用户参与活动的主观意愿。在如今信息爆炸的时代，内容有趣味性才能第一时间吸引消费者的注意。在用户注意力较为短暂的社交媒体时代，受众对传

统“硬推广”已经产生了审美疲劳。因此，营销活动可以通过兴趣原则提升用户的注意力和参与度。

在知乎 × 蔚迈的《关于未来的提问》中使用户产生趣味的策略，就是满足消费者的好奇心。《关于未来的提问》与其他书籍不同，它并未直接提供现成答案，而是扮演了一个启发者的角色，即以提问为引子，激发更多关于未来的想象。《关于未来的提问》结合了来自知乎上对未来脑洞大开的网友和各领域专家们的提问，以未来10年为时间设定，基于现已确切的技术和人文趋势，用生动的问题勾勒出与人们息息相关的未来生活图景，如未来的旅行、成长、工作、医疗、娱乐、消费、家庭、社区等。书中围绕这些场景集结了10大问题，这些问题又进一步引发了衍生问题，让我们不得不重新思考自己与环境、社区、技术的关系。以什么、怎么、为什么、假如为框架，并阐述提问背后的思考动因，给逐渐固化的思维松绑，带领人们进入一个思考的世界，让读者去探知多种可能及多维视角的能力，这也是《未来的提问》的趣味性所在。

2. 利益原则

社交媒体营销中能提供给用户的“利益”外延更加广泛，在《关于未来的提问》中心理满足的占比较高。价格是影响消费的首要因素，从以上提到的4P营销理论的“价格”，到4C营销理论的“成本”，再到4I营销理论的“利益”，价格始终在众多营销理论之中都至关重要，由此可看出价格在整个营销过程中的重要地位。价格影响到企业的成本与盈利、顾客的付出与所得，合理的价格对于建立企业与顾客之间良好的互惠关系具有促进作用。《关于未来的提问》已经在上架销售，统一定价为68元，线上线下保持着同一个价格的策略代表《关于未来的提问》有着高品质的内容，保持着用户对于知识产品的认可度，一定程度解决了价格波动带来的用户心理不平衡的问题。线上有些平台还开放分期付款，最低每个月只需支付2.81元便能获得《关于未来的提问》书里的知识信息。

3. 互动原则

网络媒体区别于传统媒体的另一个重要的特征是其互动性。交互特征使得网络营销区比传统营销更有优势。网络营销活动的交互原则一般包括用户与用户之间的交互，以及用户与平台之间的交互，因此能够提升用户对品牌的认知度，帮助消除用户对品牌的疑问，提升用户的忠诚度，是有效的营销手段。

2021年10月16—17日，知乎和蔚迈在上海圆明园路外滩源步行街举办了创客运动大会——上海制汇嘉年华。主办方把大小创客对未来的问题碎片，用传统的中国书法编织成百米提问大道——“一条有问题的路”，将来访者引入富有好奇心、洞察未来的探寻路径。同时组织者与来自不同文化的孩童合作，一起通过巧手拼贴关于未来想象的DIY海报，创造出一面关于未来的展览墙，墙上的每一幅作品都是对未来响亮的回应。活动中，来自不同国家和背景的数以千计的大小观众接受了关于未来的采访，将百个未来问题融汇编织成一条百米的道路。在创意展台的另一端，观众通过DIY拼贴海报，描绘出一个独一无二的充满创造力的未来。这些奇特、多元、可持续性的畅想把生活的视角拉远，将遥远的未来重新聚焦，通过亲身体验、制造未来，唤起心中对未来的好奇并对这个议题加以思索。

知乎平台方是一个典型的UGC用户平台，其传播内容主要由用户产出，在《关于未来的提问》中，品牌方积极创建话题专区，开设“线上圆桌”讨论专区，收集用户的想法和提问。这样通过鼓励用户本身参与这场社交媒体上的互动与内容创造，把被动式接受营销转变为主动式参与营销推广，这样能极大程度地提高受众对品牌的关注度和好感度。同时，蔚迈召集了不同领域的意见领袖，包括澳大利亚旅游局兼中国区市场总监的栾方亮等人来和用户进行座谈，做到“有问必答”，进一步维系用户和平台以及推广内容之间的联系。通过平台精准的受众触达和互动机制，在30日内引发了240万创客和相关读者的互动，并且被248家媒体报道，线下互动超过10 000次，线上互动超过20万次，其中包含用户与用户之间在社交媒体平台中的互动，参与与营销活动有关的沟通交流等，这种交互能够帮助蔚迈形成口碑传播，这些成果都来自营销模式中互动原则带来的收益。

综上，知乎和蔚迈通过推出有互动性的地方线下和线上活动，不仅让每个参与者参与到活动中，更是提高了《关于未来的提问》的曝光率，目标群体覆盖率得到了最大限度的提升，将品牌推广到每一个角落。通过线下和线上活动让用户产生强烈的情感共鸣，引导用户进行消费。

4.个性原则

个性化的营销，强调充分关注每个受众的独一无二的个性，让用户产生“焦点关注”的满足感，识别每个用户的个性化需要，并做出相应的营销策略。个性化营销更能投其所好，更容易引发互动与关注行动。在互联网时代，用户生成了大量的可以代表自身特征的数据，企业通过数据对用户进行建模，注重用户之间的差异性，实现精准的个性化营销。产品在传播想要凸显个性化，首先最关键的是要有明确的定位，从而形成外在产品的认知。知乎的口号是“有问题，才会有答案”，以“让人们更好地分享知识、经验和见解，找到自己的解答”为使命。同时，蔚迈愿景是“共创未来”。两个品牌的联手打造了具有强辨识度和个性的《关于未来的提问》IP，让用户在接收品牌传播信息的过程中对未来进行联想，给产品形象赋予了个性化的人格。

《关于未来的提问》的受众定位非常广阔，下至儿童，上至老人，每个人对未来都充满好奇，拥有自己的想法。“我的近视眼以后能治好吗？未来学校会消失吗？有生之年能去火星旅行吗？人以后能长生不老吗？”《关于未来的提问》的内容输出简要分成两个目的：一个是实现对未来的想象，另一个是缓解用户对未来的焦虑与情绪压力。项目团队提出关于未来的初始问题，与十大不同领域的专家们重新定义了可能的未来图景。书中每一个板块都是基于市场定位和用户喜好进行筛选。每个板块对应的用户群都有不同的年龄和身份，因此《关于未来的提问》已从用户分众升级为用户服务的分化，照顾每一位用户的需求。我们每个人是《关于未来的提问》答案的书写者；每一位读者都将是《关于未来的提问》的倾听者、受益者。

三、小结

蔚迈通过和UGC平台知乎来进行“关于未来的提问”的活动营销，整个案例符合4I营销理论中的四个营销原则：趣味原则以具有趣味和创意性的提问方式激发受众的好奇心；以利益原则来运用稳定的价格来证明品牌的营销价值；互动原则则被运用在使用创建话题、激发网友互相评论留言中，运用学者和各类意见领袖来和用户进行交流使得他们对品牌和产品本身产生更强的黏性，最后让每个用户都有较强的自主性和个性化的体验感，使品牌能够为受众群体提供更具包容和更多样化的服务，则是运用了个性原则。

第三节　案例访谈：创新合作模式，探索未来提问的可能性

一、公司介绍

蔚迈是一家集媒介传播、内容营销和科技革新于一身的新型传播机构，由MEC和Maxus两家公司在2017年底合并而成，位列WPP集团旗下六家营收超过十亿美金品牌之一，凭借科技基因成为众多科技互联网企业的传播与数字化转型合作伙伴，为来自不同行业与不同发展阶段的企业提供传播支持，助力获得增长。

二、采访对象

赵林娜，品牌咨询与市场负责人，团队主要作品有：《中国老龄化社会潜藏价值》系列报告、《中国品质生活白皮书》《数字时代中国孩童》《中国高净值人群情谊往来白皮书》《中国Z世代》等。

三、访谈记录

（一）合作背景

Q：您觉得什么原因促成了蔚迈和知乎的这次合作？

A：这个项目由我们Wavemaker发起的一个项目，然后因为我们是一个广告公司，每年都会需要有这种CSR的项目去讲明一些我们看到的社会问题。这个项目的背景因为是有关公共卫生事件的，那会大家会特别地关注现在，然后我们会觉得关于对未来的好奇，这部分是被压缩的，所以这是我们发起这个项目的原因。因为知乎本身就是做提问的平台，所以很自然地就会达成合作。因为我们的项目叫“关于未来的提问”，就很看重是关于提问的这一部分，所以知乎的平台具有天然的属性，所以我们当时是因为这个契机，在一起做这个项目。

Q：你们团队为了拿下这次和知乎的合作做了哪些准备？

A：没有做什么准备，没有经过准备的过程，因为这是我们自己的项目，然后知乎呢，他们也很愿意来一起做，所以不是一个那种“去拿下”的概念，因为这就是我们自己的一个项目。知乎在一开始没有提出任何要求，其实我们一提出，他们就直接参与进来了，因为这个项目本身对他们来说是很正常的一件事情。

Q：对于“关于未来的提问”，Wavemaker是如何构思的？

A：对，其实“关于未来的提问”还挺直接的，对于大部分人来说“未来”是一个非常模糊的概念。我们是想要让大家重新去思考未来，也就是未来的意义，那有了这个意义以后呢，就要考虑关于这个意义最核心的是什么。其实最核心的是问问题，就是提问本身。关于未来这个话题，如果你关注大众传播领域，会发现在媒体上面的内容都是以负面信息为主的，就比如说你看电影，如果你看一些科幻电影，据他们设定的那个场景，比如说外星人要来攻打地球了，我们要灭绝了，然后人类要被迫离开家园，就很多关于未来的是这种消极和负面的话题，这个是很正常的，因为本身人的注意力是更容易被这些不好的事情吸引。阅读关于未来的大众传播领域的一些题材，它是以负面题材居多的，然后关于未来本身呢，如果没有提出一个很明确的问题去想未来，它的模糊性还体现在时间线是非常模糊的，它一旦模糊，就很容易会设置到很久以后，那这个时候如果没有相关东西出现的话，那么人去思考未来的动力是非常小的。关于未来，我们的这个概念，就是关于时间的描述也是很模糊的，比如说，中文里面有今天，有昨天，有明天、后天、大后天，然后后面就有月，然后年，其实很缺少那种非常强的时间观念，其实这种情况在很多语言里面都是一样的，所以关于未来这一块，我们当时在思考这件事情，对于未来其实大家是没有感受的，所以我们是把这个概念的重点放在了“提问”上，提问有一个非常重要的作用——如果你去研究一些课题，比如未来学，然后你去研究一些趋势，研究一些东西，它都是从一个问题开始的。所以当你提出一个问题，就比如说我们捕捉了一些信号，然后提出问题，然后一层层去拆解，为什么这个问题会发生，所以问题是，促使人去思考的最重要的一个起点，而且问题本身他是能够在思考的过程里面，因为不断地提出了新的问题，所以人的大脑才会被推动着去不停地回答和拆解这个问题。所以提问的角色在思考这件事情中是最重要的，所以我们当时，有了这个落点以后呢，就觉得就很直接地提出了“关于未来的提问”，然后知乎也有一个很重要的是他们的标语，叫“有问题才有答案”。所以有的事情都是从一个问题开始的，所以这就是为什么我们会用这样的一个概念和标题。

Q：团队之前做的作品在很多方面和这次项目有相似点，您同意吗？例如，《中国老龄化社会潜藏价值》和“数字时代中国孩童”等你们之前做的作品。您觉得以前的项目是否有利于促进这次和知乎的营销项目呢？

A：因为每一次的目的不一样，所以做法也会不一样。每一次的事情是以目的为导向的，所以这次因为是和“未来”和“好奇”有关的，所以目的不一样，那做法就会不一样，相似之处都是从我们需要从解决一个很清晰的问题开始。然后“数字时代中国孩童”和这次的项目不太一样，因为之前有一些项目是属于研究报告类型的，然后“关于未来提问”，虽然有一部分研究在里面，但是还是比较偏交流沟通层面的。对于是否促进了这次和知乎的营销项目，那是肯定的。其实就像你在爬一座山，能够往上爬，是因为你前面已经走了很多的路。有句前几年很有名的话：凡是过往皆为序章，就是你所有的过往发生的事情，都是你未来的一个新的起点。

（二）落地执行

Q：执行中遇到了哪些阻碍？以及CSR是什么类型的项目？

A：CSR是每一个企业都会做的事情，全称为“corporate social responsibility”，也就是企业社会责任。每年有很多活动，比如说有一些公司，它的工厂会实现零排放，就是污染的零排放，然后有一些公司会去保护大熊猫，有一些公司会去保护湿地，有一些公司会去保护珊瑚，保护海洋这一类的话题。包括有些公司做的是偏文化层面的，比如说多样性、包容性，如种族运动、黑人运动、妇女儿童保护，都是属于CSR范畴。所以其实“关于未来提问”也是这一类的项目。那这一类的项目它有一个共同的难点，就是通常他会回应的问题会很大，因为它一旦上升到社会艺术层面，那就不是一个企业能解决的。所以这通常是一个最大的问题，比如说今天我们要保护冰川，去解决海平面上升的问题，作为一个公司是没有办法做到的。所以通常来说，就是企业在做这种承担社会责任的项目的时候，会面临的问题都是大问题。那大问题呢，找到一个突破口就会比较难，只能从一个小的、很聚焦的起点开始，然后从里面设定企业的单一的角色。比如说像我们这个项目“关于未来的提问”，是一个大问题，我们不可能通过这个项目让中国人对未来产生好奇心，这个是不可能做到的。所以面临这样的这种大问题，企业就需要去思考，那我们作为一个公司该怎么办，哪些小的事情，哪些很具体的事情是我们可以回应的，或者说通过这个行动能够产生什么启发，比如说其实这个活动本身的影响力是很有限的，但是因为我们做了这个项目，我们在行业里面就有声音，比如说像我们这个案例在国内拿了挺多的奖，所以就能够对广告行业有一定的启发，所以一个企业只能做一件事情，但往往难度在于如何通过一个很小的很聚焦的事情，然后去解决这么大的问题。

Q：团队怎么吸引这么多的创客们参与Maker Faire的线下活动？

A：因为Maker Faire是一个很有名的活动，它是一个全球性的活动。所以他们本身在全球影响力就挺大的，影响最大的应该是在旧金山，中国每年还会有很多人为了这个活动去旧金山。旧金山的活动规模很大，Maker Faire本身就是一个活动，我们会选择它去进行合作。它和音乐节很像，而且在全球应该每年有30个国家都会有这个活动。

Q：在落地执行的时候，有没有遇到比较具体的困难呢？

A：好像没有遇到什么困难。因为现在其实有社会责任的人挺多的。他们都想要通过自己的参与进入这个CSR项目里，所以你能看到我发的现场活动的照片里面有很多人。他们在现场了解到这个项目都会很主动地对未来提问题，他们提的问题都非常好，我自己的感觉就是，今天可能只是很多人没有精力，因为大家太忙了，然后没有空间去思考未来，然后一思考未来可能又太模糊了，外面的信息又是很负面的。但如果你今天在一个像Maker Faire这种活动里，其中的氛围带给人的感觉是非常重要的。所以有这样的一个场合的话，其实大家参与进来之后提出的问题都是很好的问题，都能够感觉到有人关心其他人的幸福感，有人关心人跟人之间的关系，有人关心地球的能源问题，有人关心很多不同的东西，小孩子也会关心未来的一些东西。每一个人如果希望自己能够创造一些价值，他都能够创造一些好的、一些积极的东西。所以我们这个项目可能是因为它的主动性比较强，大家看到这个概念就会想要参与进来。

（三）媒介传播策略

Q：你们选择了知乎，是为了把它当成一个宣发站吗？除了知乎本站的宣发之外，该项目是否在其他社交媒体平台进行了宣传？

A：因为知乎本身是一个媒体，所以确实会有宣传的资源，因此以我们在知乎上面做了一个在线的讨论室，是知乎关于这个话题的一个讨论组。然后我们还有宣传是跟着Maker Faire一起做的。因为本身我们就是Maker Faire之前最大的合作方，所以我们制作了一个像展示墙一样的东西，还有一个很大的工作室在里面。我们跟着Maker Faire做了很多连带的宣传。然后像这个项目呢，它最终是作为一本书呈现出来的。这本书于2022年10月刚上市，这本书也有一些联名和宣传，我们前段时间也刚去了上海书展，后续也会有一些关于这个项目和这本书的宣传活动，每一个点上都会有相应的宣传。但是，很多线下的项目都不会像一般的项目会有很多宣传，因为它本身是一个公益项目。也会有新闻媒体来报道，比如说我们做了一条“有问题的路”，它就是一条100米的路，用书法写了很多大家的提问，像这种就会有新闻报道，我记得还有英文媒体的报道。

Q：你们怎么想到筹划出版“关于未来的提问”的书籍呢?

A：当时我们在去做项目立项的时候，正好有这个想法，然后出版社也对这个话题感兴趣，说我们项目的成果是可以出版出来的。我们选择的是上海社会科学院出版社，因为他们的出版社的性质，其实就是会出这一类关于社会科学的出版物。因为我们出版的书讨论的也是这种社会类的、研究类的话题，所以比较符合吧。

Q：你们这次全部项目没有预算分配对吗?

A：其实有一定的预算，但不涉及分配的问题，因为涉及预算分配的都是首先要有较大的预算，然后它会有一个阶段性的、非线性的趋势，然后判断和什么样的媒体合作，这个曲线值会比较高，来应对这种情况。比如说知乎，我们也没有付出成本，然后出版书也没有代价，这跟预算分配的逻辑是不太匹配的。

Q：你们的策划是按照三个阶段类来分的，每一个阶段应该有一定的成本，对吗?

A：有是有，但是不多，所以就还好。创客市集会产生一定的成本，因为我们需要进行现场的搭建，然后会需要进行拍摄，所以这个会有成本，但是还好。然后新闻发布会没有产生任何的成本，因为新闻发布会的逻辑是媒体觉得这个话题感兴趣才会报道。而且很多的新闻平台会有一份稿件，即便没有它也会报道。因为他们不可能有那么多的记者去所有的活动，所以他们很多的报道都是来自收到的一些稿件，然后他们就会决定这个项目是不是值得报道。

（四）联动策略

Q：在制定营销策略的时候，是否特意筛选了平台？

A：不能说筛选，因为当时我们有了这个疑问，我就直接想到知乎了，因为特性太符合了。Maker Faire也是非常地符合，所以没有筛选，也没有去跟其他的平台进行交流，直接就开始合作了。

Q：选择知乎作为传播平台，对于实现传播目标有什么样的优势？

A：知乎本身就是一家媒体，所以其本身在传播上就是有优势的。另外，由于知乎本身就是做提问和回答的，所以它作为传播平台更有优势。

Q：据我了解，你们制定了该行动的全部策略，是由三个连接的阶段组成的，您可以分别评价一下每个阶段的好处和坏处吗，以及能不能说明每个阶段的关键时刻？

A：每个阶段的逻辑是递进的，第一阶段是重新去定义，重新想象，然后最终汇聚，其实是一个从小到大的一个概念，一个话题一开始会需要有一些比较聚焦的探讨；第二阶段是搜集素材，由于知乎的用户量很大，所以第三阶段是集中整理问题，从而发散。但这个项目属于偏公益类的一个小项目，所以它更多的就是在制定策略的时候，需要经历的是从聚焦到发散的一个过程。

（五）营销时间轴选择

Q：您觉得每个阶段都有需要处理和解决的关键问题吗？比如说第一阶段的完成目标，或者第一阶段的标准，你们怎么知道第一个阶段已经完成了？

A：项目的每个阶段的逻辑不是说完成一个阶段才能到下个阶段，而进入到专业的领域，每个项目完成的标准都是设定好的。我记得我在大学的时候做项目还是比较灵活的，可以根据自己的情况去调整这个项目。但如果进入到一个专业领域，项目的阶段就会都是设定好的，每个阶段都会有设定的目标，如果遇到问题，一定会有其他解决方式去解决它，但是通常不会有太大偏差，因为一旦进到专业领域，完成一个阶段的结论就是一定会产生的。

Q：这三个阶段——重新定义、重新想象、最终汇聚的每一个阶段的传播时间轴是如何选择或者分配的？

A：其实这个也有一个时间点，是因为Maker Faire的活动只有那两天，这决定了第二个阶段的时间范围，只能是十月份的某两天。这更像是一个铺垫的过程，更多的是我们去和不同的人来探讨这个项目，思考这个项目，然后真正到了Maker Faire的活动中和大家提问，举办一些座谈会，这个时间其实不是我们能选择的。然后第三个阶段会比较自由，因为就是在知乎的平台上面，我们结束了之后知乎的栏目就开放了，到现在上面也可以去看，所以它跟前面的不太一样。第二个阶段就是去Maker Faire提问和重新构思。所以那个时间不是我们选的，但是后面话题是因为资源是知乎的，相对而言会灵活和开放很多。第三个阶段自由一些，所以会延续话题的热度。

（六）风险规避

Q：做这个项目有什么风险吗？有没有一些未预料到的情况发生。

A：其实没有什么风险。因为刚开始已经介绍了这个项目的执行跟其他的项目是不一样的，所以没有什么风险。而且整个项目都是由蔚迈主导的，然后知乎也是自己的主导的，所以就还好，没有出现一些不可预料的后果和损失。因为这个项目的性质决定了这不是一个会触及其他人利益的项目。

Q：从最初的制定到之后的执行，中间有没有发生过什么较大的变化和困难？

A：最大的难题就是因为这一类的项目回答的问题通常都很宏观，所以找到一个切入点是比较难的。

Q：团队与知乎的合作是否受到了前些年公共卫生事件的影响？

A：不能说影响吧，因为本身我们这个项目就是在这个时间点上发生的，所以因为这个时间点我们想去做这样的一件事情，然后就跟知乎有这样的合作。

如果没有前些年公共卫生事件的话，可能会去探讨另外的话题，我们正好因为这个项目是从去年到今年的项目，我们今年刚做完另外一个项目，是一个关于多样性和包容性的项目。

所以它就不单单是关乎未来、好奇心的问题，这是一个多样化的问题，我们会觉得如果要在中国做关于多样性和包容性项目的话，就不能做小众群体，因为大部分人都认为我这个个体属于主流群体的时候，他跟小众群体之间是没有共鸣的，所以这个话题也是很难的一个话题，因为如果它不难，它便不会上升到企业社会责任层面。

所以通常就是这一类的所谓的公益项目，它解决的都是多样性这个问题呢，我们当时也像做实验设计一样，就是这个活动是一个行为艺术项目。我不想去让大家去关注小众群体，因为难以实现，所以是不是可以先思考，自己本身就是可以是不一样的，并且发现我身边的人原来也不是我想象的那个人，每个人都是一个不一样的个体，然后去反思，所以我们当时做了这样的一个体验活动，那如果往下看这篇文章，就是它是关于我们用面具这个形式去让大家规划自己。然后呢，每一个来的人都会邀请一个他熟悉的人，那另外一个人会创造一个作品，代表的就是别人视角的自己，然后呢，这个主体会面临一个选择，两个都是有框架和限制的自己，所以如果做一个选择，他会破坏掉哪一个自己——他会破坏自己眼中的自己，还是别人眼中的自己，意义都不一样，现场有很多种不同的破坏方式，他通过破坏其实是在重新塑造自己，就是更不一样的自己，所以我们当时是做了这样的一个项目，来探索这样一个难题。它只是一个例子，所有的CSR项目今天能够成为CSR项目，通常都是试图去回应难题的，而不是那种简单的项目，就比如说某一个山村需要老师，我的员工今天去当了一次老师，像这种只是一个很简单的模式，但是没有解决这个难题。然而现今有越来越多的企业会希望去解决这些难题，那这就是这一类项目会面临的全球化的挑战，所以它不是一般意义上说我有一个营销的目标，然后我需要达成什么，它很多时候是具有实验性的，就是越具有前瞻性的项目，都会越有实验性。

（七）项目总结

Q：这次的项目给您带来了哪些感受？

A：在不同的情况下，你会有想要去回应的不同的问题，所以当时这个项目立项的时候还是2020年，想在当时的情况下回应一些社会话题。到了今年，我们想去回应的变成了多样性的问题，所以我们就会去设立一个新的项目去回应多样性的问题，每个阶段会有一些问题要去回答，我的一个感受是，在这个世界上难题真的有很多，所以每一个企业都应该去思考在自己的立场上应该去解决什么样的一些问题。

Q：所以请您比较一下您之前做的项目和今天谈的“关于未来的提问”这个项目。

A：没有办法比较，因为每个项目针对的问题是不一样的，每个问题它都有其解决的意义。这就像一旦进入专业领域，所有事情都必须要按照设定发生一样。

Q：您能说一说令您深刻印象的脑洞提问，带给您什么样的启发和反思。

A：这或许并非某个提问给我带来的启发与反思而是源于我的一个很有意思的观察。成人跟儿童去比的话，我们可能没有自己想得那么会思考。在收集到那些儿童和成人提问以后，我有一种非常明显的感受，就是越长大越不会问问题，小孩子的问题会很有主观能动性，就比如说他的提问是以自我为主导的那种句式开始的，而且他的问题会比较确切。比如说有了人工智能以后，人类是不是可以多休息两天。然后成人的问题首先是比较消极的，我觉得这可能是受到了大众舆论的影响，未来电影看多了，整体的基调都是会比较消极。很多人会问能源问题是不是能够被解决，他们会关注人类生存和地球存亡，成人问的问题都不是以“我”的这个角度出发的，这个现象从心理研究的角度来说，本身越长大责任越大，他提的问题视角就会更具深度，这是正常的，只是说如果收集上来的所有问题都是终极问题，这些问题是没有办法被解决的。从另一个角度来解读的话，就是一个人越长大会越清楚地认识到自己个人能力的边界，会感到力不从心，所以当你提的问题不是你能够解决的问题的时候，其实它是没有太大的执行意义的。

举几个例子，有一个问题是“以后会不会变得无国界化”，就是没有国家的存在，地球就是一个国家。还有几个问题是“未来地球会不会灭绝”“未来会不会因为科技，人类就变得没有价值了”。其实很多都是这样的问题。还会有一些人际关系层面的，或者是关于一些绝对的平等，经常会出现是以终极问题为主的情况。

我们之前遇到过一个项目也很有趣，我们想探究城镇的居民对于自己生活品质的评价。这背后反映了一些心理层面的东西，其中数字所体现的是非常明显的，如果你经常问问题，就可能会涉及映射的一个技巧。就是如果直接问他问题，他的回答很多时候是不客观的，所以很多时候会需要转到另外一个媒介上面。比如说想象可口可乐是个人，那么他描述这个人比他直接向你描述可口可乐会容易很多。

然后我们之前有过一个问题，就是同一个问题换了三个角度。想问大家多少的年收入可以支撑想要的品质生活，结果是超过我的预期的，如果你问他，上海一个家庭一年多少的收入，会获得有品质的生活，这个问题是相对客观的，因为如果他没有在说他自己，他就没有那种焦虑的情绪。大家可能觉得二三十万的家庭收入在上海能够过比较有品质的生活，那这个就是现状。但是如果你一旦问到他有多少的家庭收入能够带来有品质的生活，那这个数字是非常惊人的，上海的平均数字是200万，这个数字令人惊讶，然后我们当时研究了一线到四线的城市，全国的平均数字是100万，所以你可以看到，当反映在自己身上的时候，那个数字背后是有很多层意思的，这个背后有很多的焦虑的情绪在里面，因为他提出的家庭收入数额不是他能够达到的程度，不是每个人今天就马上能够获得100万、200万年收入的，所以这个是一个令人绝望的数值，是他认为的一个终极值。因为可能他离那个数值太远了，所以现在有理由接受现状，反正他离那个数值也很远，他会有一定的消极情绪在里面，但是如果客观一点来看，他会认为二三十万能够带来有品质的生活，他现在上海的平均年收入可能是十几万，所以可能努努力，升职跳槽，还是能够达到的，所以你可以感受到这是一个有掌控感的思考过程，和没有掌控感的思考差别是很大的。所以看到这个问题的时候，我有一个比较强烈的感受是，其实这背后体现了很多失去控制的情绪。

（访谈人：李冰心、方成竹、邱文俐、黄尚俊、范斯晶、高扬帆、勒黑波妮、Joyce zi feng Xu）

Chapter 4

第四章

京东金融 × 你说的都对：“单单益善”为消费赋能

京东是中国电子商务领域最受消费者欢迎和最具影响力的电子商务网站之一，从其衍生而来的京东金融集团拥有得天独厚的数据资源，凭借京东电商平台十年来积累起来的交易数据记录和信用体系，持续创新并创造贴合用户需求的互联网金融产品。而作为企业可持续发展和社会经济发展助力的一环，订单公益是京东践行企业社会责任，发起全民公益新风尚的核心项目，倡导着京东集团“有责任的消费”主旨。近年来，随着互联网的发展，公益项目营造出全社会参与和全民互助的氛围，实现了“从公益中受益”，并且通过最简单的操作和最广泛的触及范围，在做到降低行善成本的同时，也扩大了影响力，并且提高了公益效能。“京东金融—订单公益”项目指在京东软件消费使用京东支付或白条交易完成的订单，均可选择将订单数转换为公益物资，并由京东为客户配捐到指定公益项目中。项目通过“6·18”大促“双11”及三八妇女节三期传播，累计有效传播人次超过3亿，公益涉及流浪动物救助、女性公益、乡村振兴、儿童教育等多个领域。本次京东金融与“你说的都对”创意机构的合作也获得了不错的成绩。本书将对“京东金融—订单公益”的案例进行解析详细介绍并结合SICAS模型对其进行解读。

第一节　案例复盘：公益共创“云”形式
——互联网公益新潮

一、行业分析

“公益进入影响力时代”。《中国慈善家》杂志社副社长、影响力慈善研究院院长王跃春表示，“影响力”三个字并非指传统意义的传播、形象、品牌，而是指变革，即互联网公益是如何有效解决社会问题的。

公益的目标并非只是让社会中更有能力的人去帮助需要帮助的人，而是形成全社会参与和全民互助的氛围，也就是实现“每个人都可以从公益中受益”。随着互联网中“平台”的兴起，企业这一角色在公益中的作用发生了改变：互联网公司纷纷搭建起了公益平台，即利用互联网“信息传递更便捷”的特点更深层次地参与公益，并且推动了公益的发展。公益不是一个独立于其他部门的部门，而应该为其他部门提供价值导向。

根据民政部报道，进一步推动经济数字化转型，倡导“公益慈善数字化”的概念。“公益慈善数字化”消除了公益组织和捐款者的阻隔，这使得项目款项不可篡改、透明化，以及可追踪。2018年举办的“公益与商业关系国际研讨会”中，梁春晓、林红和张楠表示，“互联网使得公益慈善提升了筹资的能力，拓展了覆盖领域，提升了慈善组织的透明度，推动了公众对慈善组织公信力的提升。互联网降低了渠道的成本，能够更及时地得到准确的反馈，互联网工具起到了赋能、增进机构与用户之间的关系、用户之间关系等作用。互联网方式极大降低了公益筹款成本”。

纵观中国互联网公益发展进程，走在最前端的，多是具有互联网平台属性的企业基金会。在互联网企业所设立的公益基金会中，大多趋于年轻化，更倾向于利用企业自身的资源做公益。

数据显示，自2017年至2022年，通过互联网募集的善款在5年间从25亿元增长到近100亿元，增长了近4倍。2021年，我国有超过100亿人次点击、关注和参与互联网慈善，通过互联网募集的善款接近100亿元。当公益行动覆盖的人口足够多，本身就能提高公益的效率。互联网通过降低了行善成本，扩大了影响力，提高了公益效能。

二、京东金融品牌介绍

京东是中国自营式电商企业的综合网络零售商、B2C市场最大的3C网购专业平台，是中国电子商务领域最受消费者欢迎和最具影响力的电子商务网站之一，京东自创建以来，便深受消费者的欢迎。京东金融是京东集团下的雄厚的价值链资本组成部分。

京东金融集团成立于2012年9月，2013年10月开始独立运营，定位为"平台型"金融科技公司，其战略重点就是打造开放生态，为传统金融机构赋能，降低它们的融资成本，提高它们的效率，向社会各阶层提供消费金融、理财、支付、众筹等各类金融服务。以成为国内最值得信赖的互联网投融资平台为目标，依托京东集团强大的资源和协同效应优势，将传统金融业务与互联网技术相结合，探索全新的互联网金融发展模式，致力于为个人和企业用户提供安全、高收益、定制化的金融服务。同时，夯实金融门户基础，并依托京东众创生态圈，为创业创新者提供全产业链一站式服务。京东金融已建立七大业务板块，分别是供应链金融、消费金融、众筹、财富管理、支付、保险、证券，还陆续推出了京保贝、白条、京东钱包、小金库、京小贷、产品众筹、私募股权融资、小白理财等创新产品。

京东金融集团拥有得天独厚的数据资源，凭借京东电商平台十年来积累起来的交易数据记录和信用体系，将不断创新出更多符合用户需求的互联网金融产品，为广大消费者、商家、中小企业乃至全社会经济发展作出贡献。

以"京东金融—订单公益"为例展开案例。"京东金融—订单公益"是京东践行企业社会责任，发起全民公益新风尚的核心项目，倡导京东集团"有责任的消费"的主旨。在京东软件消费使用京东支付或白条交易完成的订单，均可选择将订单数转换为公益物资，并由京东为客户配捐到指定公益项目中。迄今为止，项目通过“6·18”大促、“双11”及“三八”国际妇女节三期传播，累计有效传播量超过3亿人次，公益涉及流浪动物救助、女性公益、乡村振兴、儿童教育等多个领域。

三、市场定位——基于SWOT分析

（一）优势（Strengths）

1. 准入门槛低，成本低

类似于“京东金融—订单公益”这样的线上公益主要依靠手机或电脑客户端，打开应用即可参与公益活动。准入门槛低，不需要投入较多人力、物力。做公益所需付出的成本是较低的，只要用户购买任意东西就可参与公益活动，也不受时间或空间限制，参与十分便捷。

2. 便捷性

消费者在京东软件或京东金融软件上搜索“订单公益”就能参与，在京东购物时使用京东支付或白条支付的每一笔订单可免费兑换为狗粮，每笔订单可兑换10克虚拟狗粮，单日捐赠限额50克；消费者的每一次捐助海报分享，也会自发成为一个捐助倡议，助力更多流浪动物获得食物。

3. 市场领先性

“京东金融—订单公益”项目包括多种参与形式，例如通过京东白条、京东支付、数字人民币完成的订单，即可参与订单公益项目，兑换公益能量，为需要帮助的群体捐献一份善“益”。丰富性等需求与市面上的公益产生差异，使京东订单公益具有市场领先性。

4. 提升品牌的形象

在传播过程中，很多用词都力求准确，真诚，尽量避免在公益传播中产生误解。其实是在做一些实在的公益，比如说做流浪狗项目的时候，我们中间会在页面上更新很多信息，比如说第一批物资已经捐出去了，会在上面发布一些实地反馈的照片。我们更多宣传的还是整个项目，不辜负每一个用户的善意。我们觉得应该在公益上尽量用一些真诚的话语去跟用户沟通，这样会对品牌的形象有很好的提升。

（二）劣势分析（Weaknesses）

1. 用户参与感弱，体验差

线上公益虽便捷，只需动动手指即可完成公益活动，但无法像传统的公益活动那样在现场直接感受，参与感较弱，会产生一种没有进行公益活动的错觉，不具备传统公益活动那种亲力亲为的体验。

2. 部分人群故意遗弃小动物

部分人群知晓流浪动物公益活动后，可能会故意遗弃自己的宠物。而每个流浪机构都有一个自身能够承担救济动物的数量上限，超过了承受范围也会给其正常经营带来困难。

（三）机遇分析（Opportunities）

1. 依靠"互联网+"时代

互联网就像一个生态核心，由此衍生出深受其影响的生态能，使线上公益能够不断扩大用户群体，进行更大规模的公益活动。"互联网+"时代为线上公益创造了一个极有利的大环境。

2. 与京东金融资源共享

"京东金融—订单公益"项目是京东金融发起的，而京东金融是京东旗下的，它会联合一些京东自己企业内部的资源，诸如金融支付，第一次和宠物品牌合作时，他们就和金融公益合作，以及与金融宠物合作，包括寻找了一些狗粮品牌去做联合，后续其实也都是在找和这个群体相关的一些品牌方，另外它其实是一个不断更新往上的过程。

（四）威胁分析（Threats）

1. 传统公益影响深远，用户观念转变需要时间

传统公益影响深远，人们习惯于固有的公益模式，线上公益作为新生事物，被人们认识和接受需要一定时间，用户观念的转变更需要时间，特别是大多数中老年人。

2. 用户黏性弱，易中止公益行为

线上公益具有自发性和非强制性，用户做与不做全由自己决定，不受任何人、任何规定的约束，导致用户黏性弱，容易中途放弃，直接中止自

己的公益行为。

3. 负面言论

微博上有很多人发表诸如流浪动物就是应该直接灭杀等的负面言论，但是也有许多热心网友反驳这些言论。

四、目标受众

“京东金融—订单公益”项目的直接受众为京东的核心客户群体，同时辅助增加部分垂类圈层的人群。根据每次活动主题区分和增加垂类圈层的目标人群。确定目标受众是一个动态的过程，会随着公益内容和主题的传播而不断变化。

在“6·18”大促活动中，联动《三联生活周刊》发起#寻粮启事#话题，将流浪狗生存现状及救助站背后“人与狗”的故事呈现，承接“6·18”大促#我在京东云养狗##饱饱的爱#进行传播，配合宣传广告片（TVC）、抖音宠物博主共创内容扩大声量，让公益成为大促期间的一个充满温情的“营销点”。在该活动中宠物圈层人群是首要目标群体。

在“双11”活动期间，传播主题围绕#暖暖的爱#话题进行传播，拍摄宣传广告片（TVC）《11.11，暖暖的》，讲述每个购物车背后，有对家人的爱，更有社会公益、乡村振兴、大爱传递，号召“用你的订单，免费做公益”，同时发布了首个“公益战报”，用大数据解读订单的力量。在该活动中以“爱”为切入点，目标受众被无限扩大。

在“三八”国际活动妇女节活动中，订单公益项目联合京东健康共同打造女性健康公益项目“卫她前行”，旨在以公益的形式帮助乡村女性免费筛查人乳头状瘤病毒（HPV），逐步推动乡村地区的HPV自检，同时捐助生理健康物资。公益项目于2月底在产品中上线，首站落地凉山彝族自治州。在该活动中女性人群是首要目标群体。

“京东金融—订单公益”项目将焦点落在项目需要关注的某一类群体本身，其目的是帮助改善某类群体面临的困境和现状。专注内容本身能够吸引对公益有感知和共鸣的人群，而他们就是公益的目标受众。

五、同期竞品

在互联网发展起来后，在线支付功能也随之发展，在电商系统中，方便的在线支付功能大大推进了电商的发展。主流的在线支付方式主要包括快捷支付、网银支付与第三方支付等，京东旗下的京东支付（京东白条）属于第三方支付平台。第三方支付是指具备一定实力和信誉的独立机构，通过与银联或网联对接而促成交易的网络支付模式。常见的第三方支付有支付宝、微信支付（财付通）、京东支付（京东白条）、苹果支付等。

根据艾瑞咨询2021年的报告，在市场占有率方面，支付宝和微信支付（财付通）分别占据了55.4%和38.8%的市场份额（见图1）。

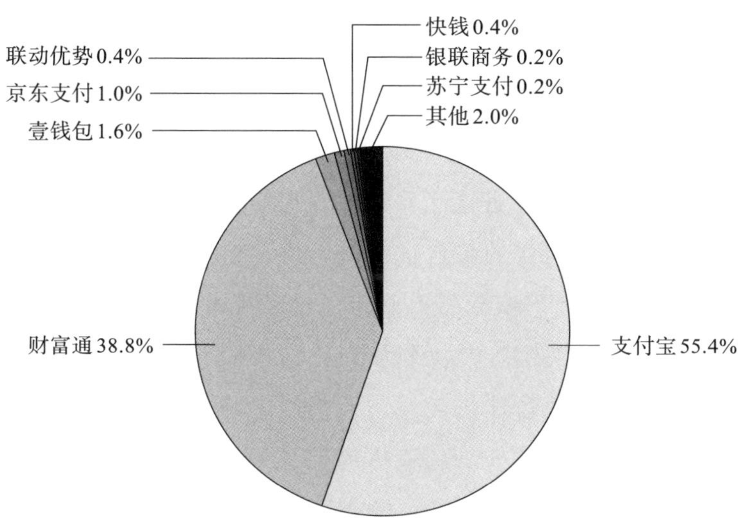

图1　网络支付的市场占比

基于京东金融作为平台支付订单的功能定位及其所属企业京东为互联网电商的市场定位，以2021年"6·18"大促活动为主要营销节点，经过行业分析与市场调研进行筛选，我们将同期核心竞品锁定为支付宝"无障碍小店计划"公益项目。

（一）竞品项目概述

2021年6月28日，支付宝联合饿了么、网上银行等合作推出"无障碍小店计划”，致力于帮助听障、视障、孤独症、肢体残障等用户开设和就业的小店，支持这样的小店能够平等、无障碍地做生意。

据统计，中国的残障人士数量为8 500万，而全国城乡持证残疾人就业人数为861万，仅仅是全部的十分之一。所以助力残障人群，对于个体的生存与发展，以及减轻社会压力而言都有着重要意义。

在“无障碍小店计划”第一期的阶段，支付宝推荐了6家由听障人士开设的“无声小店”：上海的LiLi Time、杭州的手语咖啡、北京的欢喜咖啡、北京的蜀你傲椒串串、西安的心研咖啡与河北的麦肯饭团。

（二）竞品项目创意概念

支付宝作为中国线上支付巨头，与饿了么携手跨界餐饮行业，打造“无障碍小店”，除了助力公益外，其战略意义不仅是服务于原先的金融支付平台，更是升级为引领数字生活的开放平台。

作为全球最大的非社交型移动应用程序，支付宝用户数量已经超过10亿，为商家积累了大量的数据，并提供了巨大的流量入口，以此为基础，支付宝能够为公益项目的实施保驾护航，海量的用户也保证了公益项目活动的高覆盖度。除了本身的平台优势外，支付宝打造的公益活动能形成全民参与的热度，也离不开其对社会热点的精准抓取与公益项目的创意理念。

一方面，该项目以社会热点作为切入点，提供了切实可行的解决方案。支付宝通过对社会弱势群体的关注，凭借线上流量优势，切实把公益项目落地到助力残障群体的实处；另一方面，该项目与趣味玩法相结合，抛开传统的卖惨与煽情式的公益打法，降低了公益参与门槛，激发了大众的参与感。

（三）竞品项目创意实施

在平台层面，支付宝上线了“蓝风铃”搜索关键词，可以查看无障碍小店地图，通过地图人们能够线上了解店铺的美食特点、具体的位置信息以及残障人士与店铺的故事。为了吸引更多人搜索地图与关注该项目，地图采用了可爱的动画风设计风格，根据每家店铺的特色，进行相应的动画门店的绘制，以迎合其受众群，即年轻一代的审美偏好。

同时，支付宝还为合作的店铺提供“无障碍商家服务包”，提供帮助残障人群实现开店理想的“开店绿色通”服务、助力店铺经营的“经营一本通”服务以及方便店员与顾客交流的“顾客交流通”服务。支付宝还邀请平台用户担任“无障碍小店地图计划”的发现官，通过平台“蓝风铃”分享身边发现的这类小店，让更多人加入帮助残障人士的队伍，共同完善与点亮地图，打造了一场全民共创、共同参与的新型公益模式。

从开店经营到宣传服务，该项目从各方面切实解决了公益对象的现实需求，真正做到了落地落实。

图2　支付宝“无障碍小店”公益项目

（图源：支付宝截图）

支付宝还推出了短片《寻找默片的主角》，以默片的形式邀请更多人“走进”听障小店。通过短片幽默的表现形式，传达出片中残障人士在面对坎坷时，亦能秉持阳光乐观的人生态度，并积极面对人生享受生活的精神。以短片传递精神，感染更多的人，也吸引更多相似的“默片主角”参与到这项“无障碍小店计划”之中，共同助力此次公益项目。

图3　支付宝默片短片《寻找默片的主角》
（图源：默片短片《寻找默片的主角》截图）

六、营销目标

“京东金融—订单公益”项目的传播期恰逢“6·18”大促，激增的订单量和京东周年庆的高关注度为京东金融带来机遇，京东借此建立与公益行动的联系，以此为契机将京东用户转化为京东金融的用户，让更多用户对京东金融产生好感，在京东App购物环境，一方面提升用户使用京东支付的意愿，另一方面提升京东支付的使用频次。

“京东金融—订单公益”项目的营销目标主要分为三个——关注、忠诚与认知。

第一个目标是增加"关注"，即提升"京东金融—订单公益"第一期流浪狗捐粮活动声量，该目标是建立在国内流浪狗问题颇受关注的背景之下。流浪狗的处理问题是中国社会待解决的难题，过多的流浪狗也会造成伤人、引发交通事故、传染病等后果，流浪动物救助机构受资金和狗粮短缺问题举步维艰。扩大活动声量，赢得更广泛的关注是传播效果达成的第一步，也是营销成功与否的奠基石。

第二个目标是提高用户"忠诚"，重在提升"京东金融—订单公益"项目参与度，即提升京东支付占比。通过内部数据显示，用户在京东购物时使用京东支付的比例还有上升的空间，因此此次营销目标的第二步就是在京东App，通过订单公益的狗粮捐助互动，提升用户使用京东支付的意愿和使用频次，以用户的实际行为来促进建立和巩固用户与京东金融的联系，维护并提升用户的忠诚度，是营销传播为企业服务的更具长远性的、可变现的重要目标。

第三个目标是建立品牌"认知"，"京东金融—订单公益"项目旨在打造将商品订单赋予"公益"情怀，依托京东的巨大的订单流量，引领公益新风尚，树立京东金融品牌公益形象的同时，勾勒出京东金融品牌"温暖""体贴""社会责任承担"的形象。在"6·18"大促的节点，大部分电商品牌以大投放、大曝光投放广告，京东金融另辟蹊径选择公益赛道，即为了将品牌的公益形象与承担社会责任的温情形象烙印在用户认知之中，以促进京东金融的整体形象构建与加深用户的深刻记忆。

七、创意概念

"京东金融—订单公益"项目的创意概念以电商订单的公益产品化创新破局，从用户认可度高的流浪狗温饱公益活动切入，实现从订单交易量转化到公益捐助的闭环。其亮点是以平台支付订单为核心发起的公益项目，在内容和创意上主要以展现项目中所关注的弱势群体为主，尽量还原真实的现状以引起社会共鸣。

中国平均每年约有4 000万只流浪狗，流浪狗的一生都在寻找下一口饭的路上，过多的流浪狗在觅食的过程中，也会出现伤人等后果。而能够缓解流浪狗问题的流浪动物救助机构，受资金和狗粮短缺等的限制举步维艰。随着现在大众“吸猫吸狗”文化的盛行，大部分用户对狗有着天然的好感，对流浪狗带有同情心理。且流浪狗救助公益在道德舆论上是关怀生命的体现，社会舆论上整体偏正向。如果能缓解救助中心的狗粮压力，帮助狗粮短缺的救助中心更有效地管理流浪狗，组织领养，将有助于提升京东金融品牌的正面形象，负起社会责任。

基于以上洞察，在产品侧以电商订单的公益产品化创新破局，打造订单公益IP产品，通过订单数的公益捐赠，以高效、便捷、低成本的方式长期践行企业CSR，实现从订单交易量转化到公益捐助的闭环，建立企业、民众与公益行业的信任链条。

在传播侧，结合时下流行的“云”概念，提出“这个‘6·18’大促，我在京东云养狗”的号召，在中国流浪动物公益片多直接聚焦于领养的情况下，这次从捐狗粮的入手，紧扣“饥饿是流浪狗生存常态”，聚焦流浪狗的“吃饭”问题，给流浪狗一份“饱饱的爱”。

在传播调性上注重温情走心，触动用户参与进来；在传播矩阵上注重

图4　各渠道宣传海报
（图源：微信公众号、微博截图）

多平台露出，多品牌联合，扩大声量，设计恰当的话题点给消费者，并结合线下活动，赋予每一笔订单以公益能量，提出用订单兑换狗粮的公益主张，寻求用户共鸣，号召用户行动，实现从订单交易量到公益捐助的闭环转化。

八、营销效果

“京东金融—订单公益”项目是2021年6月京东金融首次创孵化的“活跃型公益”产品。在京东App使用京东支付或白条交易完成的消费订单，均可选择将订单数兑换为公益物资，并由京东为用户配捐到指定的公益项目中。同时，依托电商的交易流量，为用户提供免费做公益的契机。迄今为止，项目通过“6·18”大促、“双11”以及“三八”国际劳动妇女节三期传播，项目累计传播量超过4亿，由1 618万用户携手十余家品牌，共同生成了3 613万笔订单，累计筹集公益能量2亿克，已派发物资超过450万元。“京东金融—订单公益”形成包括“绿色充植”“新风计划”“饱饱的爱”“卫她前行”“知乐童行”“体育设施惠村民”“让罕见被看见”等长期公益项目，覆盖乡村振兴、动物救助、女性公益、儿童教育、环保等多个领域。捐助涉及覆盖中国30余个城市及地区。

图5　“饱饱的爱”海报（图源：“京东公益”微信公众号）

“6·18”大促期间项目已有105 297人参与，捐赠645 081笔订单，筹集7 651 020克狗粮。全网总曝光量超2.54亿，总播放量约767.8万，互动量超11万，以小传播带动大流量，打造了一场既增加消费流量入口，又实现用户对其品牌信任度增长的公益营销。5月29日至6月3日，围绕“我在京东云养狗”“饱饱的爱”“寻粮启事”三个话题进行传播，微博话题总阅读量超过3 700万，互动量总量超过1万次。“寻粮启事”发起和TVC在《三

图6 “寻粮启示”海报（图源：“京东白条”微信公众号）

联生活周刊》官微先后发布，单条微博互动量达4 000。微博KOL宣发累计互动量56 448，累计播放100万次以上。

“双11”期间，已有585万人参与，捐赠1.36千万笔订单，涉及河南乡村教师圆梦计划、强棒少年学习之路和为流浪狗捐粮三个项目。11月4日，围绕#单单益善#话题进行KOL传播。微博话题总阅读量为3 598.9万以上，话题讨论量为1.3万以上。微信仅单个KOL发布公众号推文，浏览量达10万，累计阅读量达16.3万以上，累计互动量为662。4个微信（KOL）带话题发布宣传广告片（TVC）带动3 500万以上话题阅读量。全网总曝光量超3 600万，播放量约70万。

“三八”国际妇女节期间，已有1 234万人参与，累计筹集订单量2 714万，涉及“卫她前行”等6个公益项目，并有越来越多的人参与进来。3月7日至8日，围绕卫她前行项目，结合两会妇女春节热议的HPV疫苗，联动健康专家打造话题，如#专家称人乳头状瘤病毒（HPV）疫苗不能代替宫颈癌筛查##经济欠发达地区如何预防宫颈癌#，话题经发酵登上3月8日微

图7 用户参与公益后生成的分享海报
（图源：京东微信公众号）

博全国热搜榜的第四名，共计阅读量近1.5亿。京东每笔订单均可免费兑换公益物资，为乡村妇女免费筛查HPV、提供健康保险、捐助卫生巾生理卫生物资。相关视频观看量超313万次，并登上微博热搜视频榜第39位。

第二节　案例分析："京东金融—订单公益" SICAS模型解析

一、SICAS模型

现代营销学之父菲利普·科特勒在一次采访中提到，营销1.0是工业化时代以产品为中心的营销，营销2.0则是以消费者为导向的营销，其核心是借助信息科技向消费者传递情感与形象，而到了营销3.0时代，则是合作性、文化性和精神性的营销，也是价值驱动的营销。在社会资源丰饶的情况下，马斯洛需求中的生理、安全、归属、尊重这四层需求相对容易被满足，满足消费者的自我实现需求成为品牌开展营销的重要目的。

SICAS（Sense-Interest & Interactive-Connect & Communication-Action-Share）消费行为模型是由DCCI互联网数据中心提出的新一代数字营销参照模型，这一模型在以消费行为为核心的理论基础上进行了重新探索和认知，是对传统AIDMA（Attention-Interest-Desire-Memory-Action）、AISAS（Attention-Interest-Search-Action-Share）模型的升级与重构，脱离以往模型体系单向营销与线性传播的运行模式，基于数字营销时代多点双向、感知连接的消费行为特点，将消费者的心理活动与实际行动两阶段相融合，以期与高度的技术化、集成化、社会化的Web3.0环境相适应。

DCCI通过技术手段对用户进行实时、连续、长期的监测后发现：用户的消费行为正在由线性的行为消费过程转变为网状、多点双向基于感知的连接，用户的体验分享正在成为真正意义的消费源头，SICAS模型的出现正是帮助品牌解决广告投入的精准使用和评估，让品牌基于互联网的产品形态建立全网触点来实时感知消费者行为动态来敏捷指导、评估营销决策，让品牌信息能及时出现在消费者会关心、会消费信息的地方，同时精细化营销结果，能根据数据精确考核，品牌不仅要关注消费者的分享行为，也要参与、引导消费者的分享行为。其具体内涵涉及以下5个环节。

一是用户感知（sense）。品牌及时感知用户需求、取向等信息触点，用户及时感知品牌通路变化。二者形成双向动态感知网络，实现信息交换。

二是兴趣和互动（interest & interactive）。从消费者的立场出发理解并跟随用户需求，匹配或催生用户兴趣，形成兴趣互动，实现营销质量提升。

三是连接和沟通（connect & communication）利用互联网连接新老用户，提高用户留存率，持续优化用户间、用户与品牌间的沟通与交流机制。

四是实际购买（action）。品牌通过满足用户体验等营销方式推动消费兴趣与意愿向消费实际行动转化，促进购买力提升。

五是分享（share）。切实改善营销体验，形成良好的口碑评价，并通过用户分享扩大消费辐射范围，形成商业闭环。

综上，我们希望基于SICAS模型对“京东金融—订单公益”项目的品牌营销进行案例分析，尝试剖析其如何通过创新玩法让品牌与用户一起参与到公益活动中，为消费行为赋能，共创品牌价值的营销策略。

二、案例分析：基于SICAS模型的“京东金融—订单公益”模型解读

（一）用户感知：提升相互感知，获取价值认同

品牌与消费者间的相互感知是SICAS模型的出发点，对于京东金融而言，如何在海量的电商产品信息中脱颖而出，在商品支付和订单层面提升京东支付的使用占比是其营销的首要目的。为了实现连接用户，寻找、覆盖与用户相关的接触点，需要企业借助多元的数字化手段不断提升消费者需求洞察能力，与消费者建立泛在化的需求感知网络，通过深入调研目标市场与目标消费者，建立体系化的内容营销框架，提升相互感知的可能性，获取价值认同。

以“京东金融—订单公益”项目在2021年“6·18”大促的“首次亮相”

为例，在"6·18"大促这一电商大促营销节点上，如何在项目预算较少的情况下吸引用户的注意力，让产品与公益结合的首次尝试在消费者心中留下深刻印象，抓住京东周年庆与激增订单量的机遇，将京东用户转化为京东金融的用户，并让更多用户对京东金融产生品牌好感是企业的目标。通过前期的市场调查与消费者洞察，企业发现随着现在大众"吸猫吸狗"文化的盛行，大部分用户对狗有着天然的好感，对流浪狗带有同情心理，容易引起用户的感知与共鸣，如果能够缓解救助中心的狗粮压力，帮助狗粮短缺的救助中心更有效地管理流浪狗、组织领养，将有助于提升京东金融品牌的正面形象。基于这样的洞察，第一期"京东金融—订单公益"项目活动从社会普遍认可度高的流浪狗温饱公益切入，以养宠物人群、流浪狗救助人群、云养宠人群为主要沟通受众，对公益有感知的泛大众人群为外围影响人群展开。在线下，对外，"京东金融—订单公益"现身上海它博会，与宠物领域粉丝面对面沟通，线下分发寻粮启示及宣传海报；对内，在京东内部电梯间、大屏、咖啡机、品牌店屏幕都进行了一系列的线下曝光。在线上，借助寻粮启事海报预热、话题专栏、H5等新媒体传播手段扩大声量；在抖音端，联合5位宠物抖音达人（@西二旗柴哥、@秋天、@绝望的充电器、@嗨皮胖胖66达顺、@马克的饭）进行合作共创视频，以宠物狗军训体验流浪生活、流浪狗救助前后对比、宠物狗怀疑主人外面有狗等趣味向内容，直接对宠物兴趣人群传递活动信息。在品牌方面，实拍不同的救助者与被救助狗相握的照片，制作品牌联合海报，聚势此次公益的联合发起者、合作伙伴：京东宠物、京东公益、《三联生活周刊》、麦富迪、耐克、网易严选、比瑞吉、医渡云、它基金、众安基金，共同为公益发声，通过各维度制造超级声场，触达用户。

京东金融基于市场洞察，捕获消费者在物质之外的情感需求，在数字营销时代实现信息的全网触达，通过为电商订单赋予"公益"情怀，让消费者在与品牌的接触与互动中感知到品牌所承担的社会责任，进而自愿提升京东支付的使用意愿与使用频次，成功完成了既增加消费流量入口，又实现了用户对其品牌信任度增长的公益营销。

（二）兴趣和互动：创新互动玩法，增强用户融入

SICAS模型重视通过交互营销连接用户激发兴趣并形成互动，这需要企业基于需求感知阶段的数据信息及营销方案，进一步收集用户的评价、意见反馈等社交数据，把握用户的真实需求，同时以创新的品牌推送与传播方式，提升用户在场景体验中的真实感与满足感。

在常见的品牌公益行为中，经常能够看到的是企业为主体践行企业社会责任，用户或许会因此对品牌产生好感，但很难让用户产生“与有荣焉”的感觉，提升对品牌的忠诚度与归属感，这归根结底并没有让用户参与进来。京东金融的订单公益感知到了这一诉求，正如活动标语所宣传的“单单益善”那样，赋予产品消费“精神价值”，让用户意识到，京东订单承载的，不仅可以是对亲朋间的“小爱”，也可以是对社会众生的“大爱”。在消费后顺手捐订单，公益无门槛，无缝参与更简单。在创意实施的过程中，项目常以TVC的形式引发用户共鸣，例如在“6·18”大促、“饱饱的爱”中，拍摄以流浪狗为主角的影片，从流浪狗的第一视角的模拟到与宠物狗的心酸对比，再到被救助后生活改变与潜在危机，传递对于流浪狗而言“饥饿是他们的生活常态，是其一生都需要攻克的难题”这一真实问题，以拟人的表达展现每一只流浪狗的内心，引起用户的同情。以及2022年“三八”国际劳动妇女节活动期间，针对特殊节点，基于人群痛点和大众舆论热点，联合中国妇女发展基金会打造“卫”她前行女性公益项目，帮助大凉山彝族女性免费筛查HPV，捐助生理卫生健康包，并通过TVC的视频形式，记录大凉山彝族女性的真实生活。

在活动页面，京东金融运用技术增强与用户的互动，进一步促进消费者融入。通过可爱的卡通形象、触屏的互动感受、项目的实时进展、他人的捐赠情况播报、捐赠订单的去向等元素让用户直观地感受自己公益活动的目标与成果，获得仪式感与自我实现的满足。

用户消费的本质是为爱消费，消费背后蕴藏的是一份份对家人、对自己、对梦想的爱。京东金融通过洞察用户消费行为背后的精神价值，以“爱”为原点，通过创新公益玩法，让用户与品牌一起参与，产生兴趣，增

加互动，培养用户习惯，让公益成为日常。

（三）连接和沟通：连接新老用户，优化交流机制

京东金融将每一个公益项目主题背后的故事拍摄为温情真实的TVC，配合KOL的宣传，多渠道触及新老用户，将其引入站内再提高用户的留存率。如双十一期间，在北京强棒天使棒球基地和河南的乡村学校拍摄记录了来自大凉山的孩子们刻苦训练打棒球、记录乡村教师数十年如一日地坚守乡村教育以及乡村少年的学习环境，剪辑成《暖暖的爱》TVC，号召大家用订单免费做公益。另外，以流浪狗救助为例，围绕主题"饱饱的爱"设计了一组特殊的"寻粮启示"，以救助中心的真实流浪狗为主角，画上他们的日常生活和期待的生活，激发用户的同情心，号召捐粮。

为了能够向用户提供全方位的信息并保持高度统一，站外传播的话术要做到尽量准确、精准，提炼关键词让用户快速掌握公益项目的主题和操作方式，比如贯穿整个IP项目的"单单益善""免费做公益"等。以简单易懂的话语吸引新用户入驻平台并参与活动，同时邀请老用户重返平台继续活动。与此同时，站内资讯要全面，用户可以在活动页面中查看详细的官方攻略宝典和热门问答，讲解用户常见的问题和疑惑。此外，官方团队也会在多平台中观察公众的反响，接纳反馈和建议，在活动上线期间根据实际情况不断优化项目，根据相关人员透露，曾经在行业网站上看到了一则评论，说希望能够看到后续进度的反馈，收到该网友的反馈建议后，官方团队添加了短信通知的后续功能，尽可能地改善用户体验。

（四）实际购买：满足用户体验，推动参与兴趣

用户可以通过三种方式进入公益项目的页面，一是首页搜索"订单公益"直接进入页面，二是在工具导航栏页面中寻找订单公益小游戏的标志点击进入，三是点击订单完成后的自动窗口进入活动。京东金融通过更新每日公益项目的数据确保用户可以随时了解公益项目的最新进展，同步跟进自己所参与的项目结果，从每日的数据对比中体现项目的真实性和鲜活性。

同时，为了解决"线上公益不够真实"的问题，用户在参与公益项目后，将跟随公益物资的物流运转和实际进度收到不同阶段的短信提示，增

强用户的参与感，即使是线上的公益活动也能够满足用户参与整个流程的需求。此外，在京东App的公益小游戏中，捐助前和完成捐助后用户所看到的卡通形象状态也有所不同。以流浪狗救助站的公益项目为例，用户可以看到最初的伤病饥饿卡通流浪狗形象会蜕变为健康快乐的卡通小狗形象，而用户看到这一画面便可以理解为成功参与了一只流浪狗的救助行动。

用户体验（User Experience简称“UE”或“UX”）指“产品或服务中用户所能体验到的各个部分，涉及用户对产品的认知、寻找、分类、购买、安装、服务、支持以及升级的各个方面”。当看到自己参与的公益项目真的对他人有所帮助时，提升了用户心中的满足感和成就感，以此提升用户自主参与的动力。

（五）分享：扩大消费辐射范围，形成商业闭环

用户参与“京东金融—订单公益”项目后，将获得系统自动生成的相关项目公益海报和配套的主题文案，以被救助者的真实照片为亮点，让用户在看到海报后产生更加强烈的参与感和使命感，激发用户自发分享的兴趣，如和我一起支持，把爱化成“风”等相应公益项目的真实图片，此外，还公布了已参与68.87万人，累计筹集公益能量约2 515万克，这样具体且真实的数据。

以“订单里隐藏的第三个地址”为主题的H5在微信中引起转发，除去常规的发件人地址和收件人地址以外，揭露第三个地址，即捐订单能帮助到的群体的地址，比如流浪狗救助中心，最后引导分享裂变或跳转到订单公益产品，结合KOL在活动前期的宣发传播、KOC和用户群体自主跨平台转发，以京东内部的宣传流量有效带动流量，形成商业闭环。

三、小结

基于SICAS模型所追求的全网触点的营销和传播协同模式，并在新时代消费者特征转变、消费观念多元化、细分化的大环境之下，企业可以通过该模型不断深入洞悉用户需求与品牌效益的联系。

京东金融的公益项目打破了产品促销利益点的常规形态，用具有创新性的IP公益营销内容，达成了增加消费流量入口和品牌形象塑造的双重

目的。京东金融公益IP通过多平台传播提高了品牌活跃度，宣发阶段在合适的时机将营销内容呈现在用户眼前，与用户积极互动，尊重用户作为"主体"的价值观，满足用户的精神需求，引导用户自主参与活动并激发其分享欲，主动地参与到营销价值的创造中，最终获得良好的营销效果。同时通过不同时间段、不同的公益项目主题培养用户习惯，让公益变成日常的运营模式也成功地持续地提升品牌的社会声量和提升品牌影响力。

第三节　案例访谈："真实的内容激发圈层人群共鸣"

一、公司介绍

你说的都对（北京）科技有限公司是一家位于北京的创意机构，成立于2015年8月，六年多的发展历程中，为众多一线品牌，包括百度、京东、优酷、快手、美团外卖、小米有品、元气森林等提供了出色的整合营销和内容创意服务，在不断创造和创新的过程中，和品牌一起探索营销的无限可能。公司项目多次获得行业奖项，如虎啸奖、中国广告长城奖、IAI传鉴、金瞳奖、数英奖等知名大奖。

二、采访对象

阿北，你说的都对（北京）科技有限公司创意组长。项目经历：京东金融——"6·18"就要花好钱、订单公益、天猫——生活就要猛扣"双11"、小红书——徒步是陪自己好好走段路等整合营销项目。

三、采访实录

（一）创意的提出

Q：您好，这次"京东金融—订单公益"项目和之前的一些公益项目相比，有什么亮点？形式方面有什么不一样？做出了什么样的改进吗？

A：“京东金融—订单公益”这个IP其实是我们从零开始做起的一个IP，包括从2021年的“6·18”大促开始，就做了一个关于流浪狗的《饱饱的爱》这样的一个主题下的传播活动，后续我们在“双11”又陆续做了关于乡村教师的活动，然后包括在三八妇女节又做了关于女性健康的活动。就是我觉得它的整个亮点其实和其他平台不太一样，它是以平台支付订单为核心做的一个公益项目。京东金融是京东旗下的，但是发起方还是京东金融，它会联合一些京东自己企业内部的一些资源，比如金融支付，这是属于京东金融旗下的，比如说在第一次和宠物合作的时候，他们就和京东公益进行合作，还有和京东宠物进行合作，包括和狗粮品牌进行合作，包括后续其实也都是在和与群体公益相关的一些品牌方进行合作，另外其实这是一个不断更新的过程。

（二）创意的策划

1. 明确目标群体，营销手段旨在产生共鸣

Q：“京东金融—订单公益”这个活动有没有自己的目标群众呢？

A：就是京东的核心客群，然后辅助加一些垂类圈层的人群，比如说我们做流浪狗公益的时候就会考虑到宠物圈层。基本上大的目标人群就是京东的客群，然后再辐射每次需要做的一些垂直圈层。

Q：在前期的一个准备阶段当中做过什么样的调查和准备？

A：前期准备阶段其实主要是客户这边有大量工作，他们会在内部关注一些社会公益需要关注的领域。然后再到他们跟我们一起共创合作的时候，比如说定了那个流浪狗的主题，或者棒球少年的主题，可能在这个主题下，广告公司再收集一些公开资料，还有因为他们确定了某类人群之后，他们那边其实会去跟这类人群进行沟通的直接，就是可能会去通过一些公益组织或者说其他一些方式联系到他们，这时候有了他们的联系方式时，广告公司就会跟他们再进行一轮直接沟通，去了解他们的现状、他们的需要，然后我们再去考虑能够通过这个公益项目为他们做什么。

Q：那对这样的结果是满意的吗？

A：调查结果或许并非前期工作，它可能是我们后面创意环节持续投入。但是，在调查这一轮环节中，在我们跟那些人直接沟通的过程中，其实是能够帮助到我们提出后续的创意，比如说我们做流浪狗公益的时候，站内需要很多流浪狗的照片，这也是我们真实帮助过的救助站提供的。所以我们会直接和这些救助站进行一轮沟通，跟他们语音电话沟通时，我们会问一些问题，比如说这些狗背后的故事，就是这些内容的时候其实是能够有效触动或者说能够从被采访者身上感受到一些什么的。因为我觉得公益项目比起一些其他的商业项目，确实是不会让人们觉得我是在挣钱，更多地让人们觉得是有意义的，它能够切实地帮助到这样一类人。

Q：因为京东的公益项目也比较多，那么在这一次的计划中，它的核心焦点是什么？你们是如何引起这些受众群体的共鸣的？

A：其实我们在做项目的时候想的事情会比较单纯，就是每一次最后的焦点其实都落在项目需要关注的这一类人群的本身，我们会去考虑这一次的项目能够为帮助改善这些群体的困境，能做哪些事情，然后在内容和创意上也主要以展现这类群体的现状为主。我们不太想去过分包装或者美化他们的内容，所以我们在前期做一些创意和调研的时候，都是尽量还原他们比较真实的现状。我觉得这个真实的内容就已经能够引起对公益有感知的人们的共鸣了。

Q：那采用了什么样的营销方式和手段呢？

A：我们在站外营销的时候，其实很多是依托京东的影响力和品牌方的影响力的，然后包括我们会和一些KOL做一些内容共创的定制内容，然后再去辐射他们的粉丝，甚至对于有些项目，我们会在线下举办展览。比如说那个流浪狗公益项目，我们在线下进行了传播，这是我们站外的影响。然后京东站内，不知道你们有没有了解过这个公益项目，其实在你确认完京东的订单之后，会直接跳出来领金豆的页面，确实是我们在做整个项目期间，包括项目传播周期和非项目传播周期的时候，这个入口是一直都在的。

Q：刚刚有提到流浪狗的订单完成之后会弹出“我的订单去哪了”的那个创意的设计，那就是一个和受众互动的传播渠道，那这个创意设计是出于什么样的考量提出的呢？

A：主要是之前说的是一个常规入口嘛，用户付完订单，可以用这笔订单免费地做一次公益，客户希望和用户有一个互动的方式。我记得当时提出了一个创意，我们正常理解的订单，它其实只有两个地址，一个是你的寄件人地址和收件人地址，那其实这个订单有公益的性质的时候，它就会有第三个地址，这个第三个地址就是从这个订单产生的，我们捐助的物资会寄到这些流浪狗的救助公益站，或者说贫困山区，这是我们当时的一个想法，其实就是由拿订单做公益这个行为延展出来的一个创意。

Q：在活动最开始的时候，采用了什么样的策略进行宣传，会触及更多的用户吗？

A：我们前期拿到预算，然后再去规划拿这笔钱去做什么的时候，其实就是一个前期的策略，通过哪些渠道，比如说微博、抖音，去获得哪些人群的关注，这是我们前期会去考虑的一个事情。

2. 培养受众公益习惯，提升品牌形象

Q：拿订单做公益，也就是消费者把订单捐出去。在这样的一个过程中，你们用什么样的方法去培养消费者做公益的习惯呢？

A：其实主要还是分两个方面，一个是我们的站外传播，在站外传播中的话术要尽量准确，让他们了解我们在做的是一件什么事情，很多物料在传播中其实会用一个词叫“免费做公益”，即用订单免费做公益，它其实也是用一个比较直白的方式去跟用户沟通。我们这整个公益行为的一个主体是订单。还有一个就是这个公益活动是免费的，向用户传达一种我们这是举手之劳的感觉，所以能够拉动很多用户用这种方式去参与活动，然后当时京东站内有很多的资源入口，比如说搜索“订单公益”就可以直接进入，然后还有最直接的入口就是用户在买完就订单付完款之后，会直接跳出来一个入口，可以引导用户去参与活动，跳转进这个页面，这其实就是需要进行长期的习惯培养。

Q：通过这一次的公益活动，你们在传播维度上是如何提升京东的品牌形象呢？

A：包括我刚才说的如何让用户感知公益这件事情，我们希望真实还原他们的一些现状，不去美化或者夸张他们的情况，我们在具体做公益的时候就会有一些共识，就是整体需要做的比说的多，就是在包装上也不会把整个事情包装得特别宏大，或者说有些作秀的成分，包括在传播的过程中，其实很多用词都是尽量希望准确，真诚一些，尽量在公益传播中减少一些误解。其实是在做实在的公益，比如说做流浪狗项目的时候，我们其实会在页面上更新很多，包括会在上面实地反馈的一些照片，我们更多宣传的还是整个项目，不辜负每一个用户的善意吧。我们整体是觉得在公益上尽量使用一些真诚的态度去跟用户沟通，这样其实会对品牌的形象有很好的提升。

Q：在整个"京东金融—订单公益"项目里面，通过什么样的设计去增强用户的体验感呢？

A：包含多方面吧，刚其实提到的一方面是会给用户反馈，另一方面是整个活动的交互上其实是有些小心思的。比如说，用户在捐粮之前页面上会有一个比较饥饿的狗狗的形象，然后捐完之后，它可能是另外一个形象。然后包括我们整个页面，其实每一次都在更新设计，优化整个页面和用户的体验感。

（三）创意的回顾

1. 突破困境，转危机为机会

Q：那在这个过程中有遇到过什么困难吗？以你自己的视角来看。

A：其实还有挺多的印象最深刻的，当时"三八"国际劳动妇女节的项目就是邮寄周边袋子，刚好赶上了某些地方出现了公共卫生事件，然后有些地方发货会比较困难，我们就只能跟那些用户表示这个袋子暂时寄不出来，然后我们会在他们能收到的时候再免费为他们发货。还有其他一些情况，比如说挑选照片其实对我们来说是一件有点困难的事情，因为我们当时要在整个公益项目的用户端上呈现，应该是只有几十张，照片可能就是几十只流浪狗，但我们其实拍了很多的素材，但是我们更看重它们背后的故事，但在最后时间中不能全面地仔细去梳理这些故事，就觉得很遗憾，我们广告方尽量希望这些流浪狗后续能够被领养，这些流浪狗救助机构也能够获得更多关注，在我们还没有跟他们沟通之前会有这样一个比较淳朴的想法。但后面在跟他们具体沟通的过程中，我会发现流浪狗救助机构并不是特别想对外透露他们的具体地址，因为有人会上门在晚上把这些把狗或者猫丢在他们的门口。其实每个流浪机构自己是有一个能够承担的数字，超过这个数字的话他们可能就会比较困难，我了解到的大部分都是他们自己主动去各个地方找或者说接到电话去救助，这种将宠物丢弃到他们门口的行为其实对他们来说是一件不太好的事情。我们其实都希望能帮助的流浪狗越多越好，但其实我们跟他们沟通之后了解到有些狗它是不太适合被领养的，因为它们有的可能被人类伤害过，或者是怕人，有的可能不只是怕人，可能还会有攻击性，其实有很多没办法被领养的狗他们就养着，那也是一笔不菲的资金。所以我们当时在流浪狗这个项目上专注的事情就是捐粮，也是有这方面的考量。执行的过程中其实会对精神上会有些触动，这个其实是很重要的。因为我们当时是会到他们的实地去拍摄，或者说去跟他们接触，然后其实能够感受到他们的条件不是特别好，但他们又非常配合我们，我们的流浪狗救助项目上线的时候，其实注意到了一些极端的言论，微博上是有很多反狗派的，就是他们大部分的人觉得对于流浪动物这件事情就是应该直接将其灭杀，但当时这个言论出来之后，很多热心网友直接在下面反驳，我刚刚也说我们会让用词尽量准确，这也和这一件事情有些关系，因为在做公益时就是有时候会产生一些误解。比如说，我们大家做的事情是救助那些被管理好的流浪狗，我们给它们捐狗粮，但是有些人，比如反狗派就是容易将我们误解为是在救助大街上的流浪狗。因为我们前期了解流浪狗这个救助问题的时候，确实是能够听到一些声音，说流浪狗会伤害人这一类的问题。所以我们在做的事情其实是帮助那些正在被管理的流浪狗。

Q：那当时有这样的一个声音存在，你们做出过回应吗？还是直接再继续推进这个计划？推动这个计划的同时也让他们知道其实你们其实是在帮助那些真正已经被管制的流浪狗。

A：我们其实在整个后续传播过程中都很注意用词，准确地表达我们帮助的是救治中心的流浪狗。但对于整体的这些言论，我们其实并没有去对它做什么处理，因为从广告公司的角度来看，对它们做回应其实反而会让它们被更多人看到，其实有悖于我们传播的初衷。

Q：那后续获取过他们参与的反馈吗？

A：在项目初期，没有一个特别完善的反馈渠道。因为这是一个长期的IP，我们做了很多期，所以最早在"流浪狗"上线的时候，我们其实是会观察那些用户的真实评论，看他们对这件事情到底是怎么看的，所以才会出现我刚说的那个情况。还有一个就是其实会有一些行业的评论被我们看到。当时有一个评论说，希望能够看到后续进度的反馈，所以后面我们这个项目就会有一些短信通知。类似于短信通知或者是站内通知那种方式去进行用户反馈，让他们看到自己随手的一个举动其实后续是会有一个比较好的结果的。

2. 吸纳已有经验，在创意过程中发现惊喜

Q：在这一次公益活动的整个营销传播的过程中有哪一个部分是让你觉得很意外或者很成功的？

A：主要是用户的肯定。参与人数其实是不少的，它是一个不断增长的数字。包括我们当时申报奖项，是在不同时间段申报的，每次我们都要去重新核算参与的人数，因为它是不断增长的。

Q：看到参与人数增长的这个过程会让你觉得比较意外吗？

A：嗯，对，因为我们不会在这方面抱太多的希望。这一个数字其实还挺好的，就是让我们觉得，真的有很多人在参与这件事情。包括当时我看到自己发的朋友圈，会有很多可能平时不太互动的人，或者说是很多朋友会主动支持这件事情，包括也看到一些非我们这个项目的人自发地帮我们传播。从活动效果来看还是挺好的一件事情。

（访谈人：程曦、刘轩伶、王馨怡、闻梓溪、杨丹露、郑凯凯、周玘璇）

Chapter 5

第五章

幕天公益 × 蜜得创益："我读书很猛"阅读马拉松活动

"我读书很猛"阅读马拉松活动自2020年推出，已连续举办了三届。作为阅读马拉松公益倡导活动，号召人们在一次足够长时间的纸质书阅读中体验阅读之美，培养阅读习惯。幕天公益、MID蜜得创益以及中国青少年发展基金会于2020年的4月23日联合发起了第一届的"我读书很猛"阅读马拉松活动，并取得了良好的营销效果。本报告主要对在第一届的基础上升级的第二届的"我读书很猛"阅读马拉松活动进行分析，其中案例复盘包括背景分析、活动目标、活动内容、劝募方式、目标受众、项目执行、营销效果以及竞品比对，而案例分析部分则使用用户消费行为分析的工具SIPS模型分析第二届"我读书很猛"阅读马拉松活动的营销模式，该模型将用户的消费行为划分为四个阶段：共鸣、确认、参与、共享和扩散。最后，报告也采访了蜜得创益CEO兼幕天公益品牌创始人的刘敏女士和幕天公益副秘书长、蜜得创益事业群品牌经理、蜜得创益关系实验室负责人的覃婷婷女士谈论针对该项目的相关课题和心得。

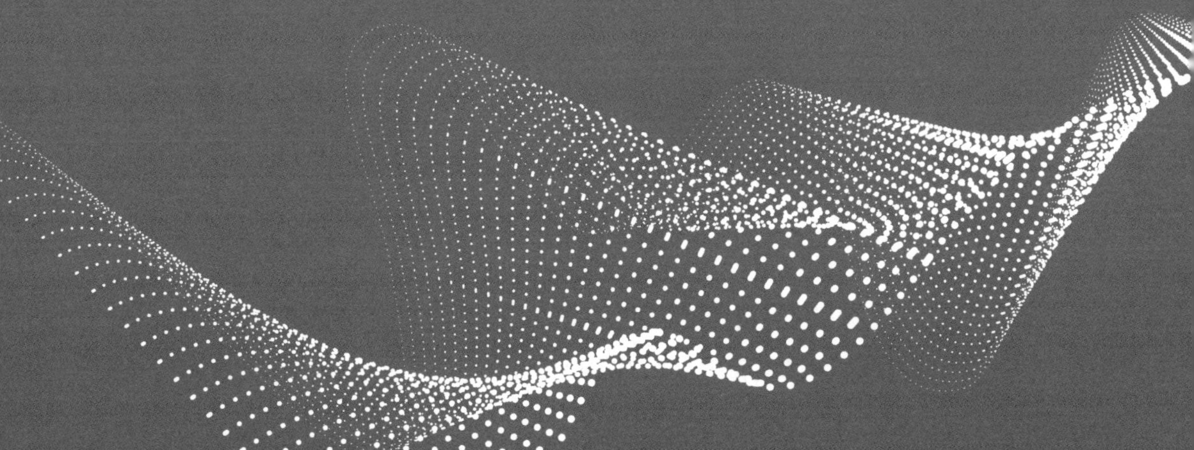

第一节　案例复盘："我读书很猛"阅读马拉松活动

一、背景分析

2020年的世界读书日，幕天公益、MID蜜得创益，以及中国青基金联合发起了第一届"我读书很猛"阅读马拉松活动公益挑战。挑战者在帐篷里连续阅读4小时23分钟，并采用直播的方式接受他人监督。活动成功邀请了66位明星助力公益传播，117位挑战者成功完成猛读挑战，微博"我读书很猛"这一话题的讨论量达3.2万、阅读量达3 919.5万，抖音"我读书很猛"这一话题的传播更是高达5 151.2万。借此，2021年，第二届"我读书很猛"阅读马拉松活动在第一届的基础上升级，以更新颖独特的方式启动了。

（一）基于公益行业的分析

公益活动的本质在于唤起社会对某件事或群体等更多的关注，通过社会活动的组织和策划，激发群众的真情实感。公益活动也象征着社会文明的发展，对他人及社会生活负责的义务表现。公益事业在诸多领域发挥着重要的作用，例如，在生态保护、乡村振兴、教育文化、医疗卫生、抗击疫情、国际援助等。随着公益事业重要性日益凸显，其可持续性和规范性也逐渐受到社会关注。此外，公众对公益的意识日益增长，社会群体与组织公益，个人参与公益，传播公益的需求也随之增加。

公益活动有各种类型与形式，主要的目的都是筹得款项，帮助需要的群体与组织机构。其中最为普遍的公益活动类型有慈善捐款，马拉松赛事，义卖会等。知识作为国家发展至关重要的关键，阅读成为收获知识的核心。阅读类公益也在近几年逐渐受到公益组织的以各种新颖的方式推行，然而根据2021年由阅读类公益组织联合发起的行业报告《中国儿童阅读领域公益发展研究报告》，80家在全国范围内的阅读公益组织有大约60%的公益组织表示有较大或者巨大的筹款压力。

（二）基于"世界读书日"及国内读书潮的分析

"世界读书日"起源于西方，由联合国教科文组织确定，主要目的是使图书成为大众生活的必需品，每个人把读书变成日常缺一不可的一部分，促使人们觉得没有阅读等于没有生活。每逢4月23日，大小书市和街头节目在西方国家随处可见。世界读书日也渐渐在国内盛行。许多的公益组织纷纷推行了阅读马拉松活动，其中尤其成功的"我读书很猛"阅读马拉松活动就选择在世界读书日当日开启他们的阅读公益活动。

《福布斯》杂志曾对全球100个国家的国民阅读进行调查，其中包括中国。结果显示中国人均年阅读量仅1.5本，排名78。作为世界图书生产最大的中国，每年出版的书数不胜数，对于《福布斯》杂志的结论，国民触动巨大。中国自古对阅读有着"万般皆下品，唯有读书高"的说法。以前古人为了读书不惜利用各种方式：凿壁偷光、囊萤映雪等，只为能读上本书。随着社会的进步，推广阅读的计划也逐渐展开，国人也重视阅读的重要，深知知识凝聚的力量，读书潮也逐渐被兴起。习近平总书记也于2014年2月7日在俄罗斯索契接受俄罗斯电视台专访曾说过"读书已成了我的一种生活方式。读书可以让人保持思想活力，让人得到智慧启发，让人滋养浩然之气。""倡导全民阅读，建设书香中国"也于2020年全国"两会"上再次被写入政府工作报告。人人都深知读书的重要性，但是在国内较为落后的乡村，依然有一群渴望读书的儿童，他们作为国家的未来，却毫无优良的阅读环境和阅读资源。

二、活动目标

"我读书很猛"阅读马拉松活动作为广州幕天青少年教育发展中心（幕天公益）组织的公益活动。该活动以有吸引的生活方式提倡全民阅读，以愿景交集连接多方支持乡村亲子阅读教育。"我读书很猛"阅读马拉松活动和MID蜜得创益的品牌定位相契合，均致力于推动社会向善，秉持改变关系就是改变自己最好的方式这一理念，与亲友同阅，关注关系，先"把自己创变成想要的样子"，才能推动社会向善。除此之外，结合幕天公益亲子阅读项目的特色，助力乡村亲子阅读教育发展。源于幕天亲子阅读项目的“同阅一本书”号召乡村父母陪伴孩子阅读，强调父母与孩子共同参与。亲子关系能在阅读分享和交流中改善，促进家庭教育发展。该活动目标也包括了设计突破固有认知的创意体验，促使目标人群的行为改变。选定在世界读书日4小时23分钟的同读直播显得有点“夸张”，但却令人印象深刻，阅读不只是一个人的事情，更像是与亲友、重要的人在关系上的特别连接。

三、活动内容介绍

中国青少年发展基金会，幕天公益，MID蜜得创益联合摘星阁等发起第二届“我读书很猛”阅读马拉松活动。活动以“想和你同阅一本”为核心，呼吁公众进行同阅读直播，倡导全民阅读。活动从2021年4月23日（世界读书日）至4月25日持续3天，线上参与者将要在此期间与同伴同阅一本书，以全程直播的方式持续阅读4小时23分钟。挑战失败者，将按照剩余时长，以每分钟捐赠7.2元的标准捐赠，助力乡村孩子亲子阅读。活动一旦筹得423元，挑战成功者将可获得猛读大侠专属公益证书。线下活动包括湖南乡村学校合作主题直播、星空下的阅读主题演讲，以及由世界马拉松冠军打造的4月广州最美直播间。另外，该活动也邀请了1 000位视频接力选手，拍摄1 000条“共读书单推荐”短视频，爱心企业将按照1∶72的配捐比例支持幕天亲子阅读项目。

四、劝募方式和目标受众

作为公益活动，“我读书很猛”阅读马拉松活动的劝募方式除了规定挑战失败者需每分钟捐赠7.2元外，主要的劝募方式还包括社会公众、活动长期支持者，以及合作伙伴的捐款。例如，视频接力选手每拍一条视频，爱心企业将会以1∶72的配捐支持“我读书很猛”阅读马拉松活动。此外，以话题流量为吸引点吸引更多有效的长期支持者，长期为组织捐款，即成为活动赞助人等。“我读书很猛”阅读马拉松活动的短期目标受众为公益传播官们的粉丝以及拥护者，或者单纯想支持该阅读活动的社会公众。相较于这些短期的目标受众，该公益组织的长期目标是吸引长期受众成为该组织以及活动的长期支持者以及合作伙伴，更好地为组织的活动提供资源以及募款。

五、项目执行

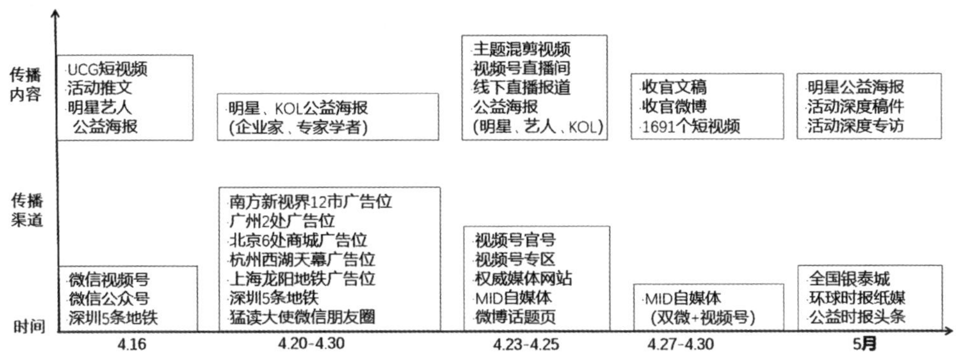

图1 第二届阅读马拉松活动的传播周期

（图源：幕天公益公众号）

（一）预热期：多点发力，逐个击破

在“阅读马拉松”活动中，由于活动正式举办的时间较短，因此营销预热期在项目的总营销效果上至关重要。在第二届活动中，3月31日“幕天公益”官方公众号发布的第一篇活动介绍及猛读大侠招募推送，拉开了活动营销预热的序幕。接下来几周内，幕天公益通过公众号、视频号、微博、线下地广等多个渠道，与公益、MCN等方面的合作机构协作进行宣传造势，并进一步利用“人带人”的活动参与方式提升了项目的曝光度和参与度。

1. 利用熟人网络带动全民参与，将自我宣传凝聚为舆论声浪

在第二届“阅读马拉松”活动中，阅读活动的形式由单人阅读更改为多人共同阅读，同时还在幕天公益视频号发起了“423阅读接力活动”，邀请了1 000位视频号用户拍摄并上传“共读书目推荐”短视频。爱心企业摘星阁以1∶72的配捐比例，进行公益捐赠，即每有1个主题视频上传，摘星阁即捐赠72元。截至4月30日23点，页面共计有1 691个短视频。一方面，

由于“共读”这一方式强调在共同的时间段内共同阅一本书，对于丰富和强化人际关系有明显益处，除了亲子、情侣等亲密关系外，许多人也愿意将此作为一种兴趣社交，线上招募“陌生人”共同参加活动。此外，边读边聊的过程会让参与者觉得在活动参与过程中有更多的反馈和更多的收获，活动本身对于参与者的吸引力得到了有效提高；另一方面，人带人的参与形式也通过较低的营销成本使活动参与人数达成了裂变式增长，借助“猛读者”的号召和带动，活动吸引到了许多本对互联网内容或公益活动不关心的人群，并进一步滚雪球式地传播至其他边缘人群，这种以熟人社交关系联合撬动其私域流量，触达有效用户的方式使活动的知名度和参与度显著提高，活动参与对象也更为广泛、影响更为深远。

因此，在第三届“阅读马拉松”活动中，官方沿用了这一形式并进一步创新。2022年4月12日，官方发布的“猛读者”招募计划中提出，“猛读者们”在报名后还需邀请一位分享者，一起确定直播形式及直播平台，确定分享内容。同时分享者还需拍摄以短视频问答——“假如生命只剩下五年，你会辞职吗？为什么？”为主题的预告视频，并在“猛读者”与自己

图2 报名者发布的“自我”宣传视频
（图源：幕天公益公众号）

的个人直播账号发布该预告内容。在这一报名流程中，活动将参与者转化为宣传资源，通过大基数参与者在同一话题"以人为书阅人阅自己"下发布的自我宣传视频，该话题的讨论量得到了迅速增长，成为活动本身的免费宣传位，"阅读马拉松"活动以极低的成本在各社交媒体上积少成多形成了浩大的舆论声浪。

2. 多渠道发力占据网友视线，多方协作产出具有针对性的宣传内容

在"阅读马拉松"活动中，幕天公益与微公益、中国青少年发展基金会、大眼互娱、QQ阅读、摘星阁、司马迁书院、蜜得创益等多个机构展开了深度合作。这些合作机构来自各行各业，有着不同的受众和业务优势，而这也为"阅读马拉松"活动在预热期间的营销工作带来了许多可利用的便利与优势。如对于合作方腾讯公益来说，其对于活动的宣传点主要聚焦在对"乡村儿童读书"这个关键词上，通过一篇篇真挚且动人的文章召唤人们从公益角度出发参与活动或募集资金。而合作方MCN机构摘星阁则是通过旗下21位博主化身"猛读大使"，以直播阅读、线下同阅、社交平台发声等多元化形式参与各项活动，来充分发挥MCN机构的影响力，倡导社会大众支持乡村青少年阅读公益。微信视频号作为平台支持方，设置双话题#四月正式读书时#同阅一本书，开辟读书日直播专栏，发挥平台影响力，积极联动视频号情感类、教育类等专栏博主130位，以拍摄主题短视频、4小时23分钟同阅直播、公益直播带货的方式参与本次公益活动，共同助力公益阅读发展。

通过与微公益的合作，活动还得到了微博热搜推荐位、微博开屏展示、发现页大视窗等珍贵的社媒资源。一方面，这些合作机构为活动打通了丰富的宣传渠道，使活动在微博、抖音、小红书、微信公众号等主要社交媒体平台都通过已有的高关注度窗口得到了宣传；另一方面，它们也在宣传内容和宣传形式上相互补充，活动以人物向、记录向、幽默向等不同调性及话题、长文、短视频、长视频等不同形式得到了丰富的宣传。这样的营销方式能够极大程度地在各渠道占据受众在一段时间内的视线，使受众了解并强化对活动的记忆。同时也以更有针对性、专业化的方式迎合了不同

图3　阅读马拉松活动在微博客户端的宣传
（图源：幕天公益公众号）

受众的偏好和需求，能够有效地激起受众对于活动的兴趣，优化了最终的营销效果。

（二）爆发期：融合营销，一鸣惊人

由于“阅读马拉松”活动是一个基于世界读书日发起的年度公益项目，其营销活动的爆发期往往也集中在世界读书日，即4月23日起的正式活动期间。在这一时间段内，通过线上线下结合的方式，来自各行各业极具社会影响力的合作方带来的名人效应会得到集中爆发，实现活动在节日当天的高关注度讨论度，达到“破圈效果”并成为与世界读书日高度绑定的“年度事件”。

具体来说，在线下方面，“阅读马拉松”活动的突破主要集中在相关文化场景的本地推广和直播线上线下体验的结合上。作为一个大部分受众在线上的项目，阅读马拉松活动在营销设计中兼顾线下，除了在南方新视界12处、广州2处、北京6处商城、杭州西湖天幕、上海龙阳路地铁、深圳5条地铁等地区投放公益海报广告外，它还积极利用线下现有的“文化场景”展开直播，这不仅能够增加直播间观众的沉浸式阅读体验趣味，也能使受众进一步了解活动的文化和社会意义。

图4　活动线下宣传
（图源：幕天公益公众号）

如第二届阅读马拉松活动就将其中一个阅读场景"搬到"了乡村学校：设立线下公益专场，并邀请幕天公益第二届理事会全体成员、摘星阁创始人及旗下博主，前往幕天公益项目合作学校——湖南省岳阳市平江县加义镇中心小学，参加阅读公益挑战。这一场景能够直接增强受众对于活动公益性质的了解和认可，并通过孩子们阅读的画面唤起人们对于公益的热情、从而参与募捐。

此外，阅读马拉松活动还同一时间在广州图书馆展开，马拉松世界冠军、中国女子全马半马纪录保持者孙英杰担任直播主嘉宾，联合海螺号声音公益发起人、广东卫视主持人康毅，以及英杰跑步科技联合创始人庞薇一起直播同阅《运动改造大脑》，领跑阅读马拉松活动。阅读嘉宾凭借独特的身份，结合阅读书目与阅读场景，为受众搭建起了一个主题化、一体式的阅读空间，加强观众的对场景的实地感、对领读人的亲切感和对于阅读的投入感，为受众创造了全新的阅读体验。

而在线上方面，阅读马拉松活动携手包括景甜、龚俊、王祖蓝、周笔畅、李一桐、蒋欣、尹正、同道大叔等众多社会名人在4月23日8点到12点的四小时内在微博以同主题的"话题+博文+海报"的形式对受众进行了"刷屏"。这些名人是来自各界的专家学者、企业家、KOL、明星艺人、平

图5　活动乡村小学专场
（图源：幕天公益公众号）

台博主，其身份的多样性帮助活动进一步突破了圈层，让各个年龄段、不同兴趣爱好的普通人认识和了解到阅读马拉松活动。同时，活动还邀请了很多跟阅读相关的机构，包括教育类、情感类的博主，双方在传播上进行深度的互动，共同创作内容，这有助于活动精准定位受众，并在视频号这样的算法平台上提高大众影响力。

此外，名人们集中、爆发式发布博文的策略使活动信息在短时间内成为受众们无法“忽视”的“热点”，其出现的高频、博文整体风格的同一性会极快地抓住受众的眼球并通过“名人效应”或是单纯的好奇心吸引受众点进详情页或图片了解下一步信息乃至参与活动。同时在微博端，这样的营销方式能够帮助相关话题迅速冲上微博热门话题榜，让话题在一段时间占据高位并吸引更多“路人”、扩宽受众范围。此外，这样的方式也充分利用了粉丝效应，发挥了明星、KOL的影响力和感召力，积极联动起各家粉丝团，在微博上带话题进行互动，线下公益广告位拍照打卡，和偶像一起为活动发声，关注阅读，关注乡村阅读公益。

图6　相关名人用于宣传的同主题海报
（图源：幕天公益公众号）

（三）余热期：阅读不止，热度不止

在第二届阅读马拉松活动结束后，蜜得创益在"双微"和视频号等平台上发布了活动收官文稿和收官微博，随后又在全国银泰城投放了又一轮相关公益海报，延续了活动热度。此外，活动还与《环球时报》《公益时报》等媒体进行了进一步接触，产出了一系列活动相关深度稿件和深度采访，这些对活动的进一步挖掘和报道使得阅读马拉松这一活动更深入人心，为活动塑造了更加完整和饱满的形象，也更有助于今后活动进一步的发展。

而在一年一度的世界读书日阅读马拉松活动结束后，幕天公益在下一周便在公众号发表推文提出“阅读不止步于423，更应该是365”的口号，号召人们将阅读融入日常生活，每周末抽出时间参加阅读马拉松。为了使这一活动更具普及性、操作起来更可行，幕天公益又先后做了以下调整：① 将活动地点从线下移至线上，支持大家用个人视频号直播阅读过程；② 参与对象上既支持个人参与，也支持亲子家庭的多人参与；③ 时间上从周六改为每周任选时间段；④ 活动时长在4小时35分的全马基础上增加了42.3分钟的阅读迷你马拉松和2小时10分钟的半马，并为完成任务者发放电子证书。

图7　日常阅读马拉松活动宣传海报
（图源：幕天公益公众号）

该活动迅速承接了年度阅读马拉松活动的参与者和热度，使得年度活动的话题性得以延续，而后续参加每周阅读马拉松活动的受众也必将更积极地活跃在年度活动中，形成了良性的互动循环。同时，阅读马拉松活动也更紧密地与幕天公益结合在一起，成为幕天公益的招牌项目，为机构后续的品牌打造和深耕发展提供了巨大价值。

六、营销效果

幕天公益、中国青少年发展基金会、蜜得创益联合摘星阁、微信视频号、新浪微公益等83家合作机构发起的第二届“我读书很猛”阅读马拉松活动——“想和你同阅一本书”4小时23分钟阅读公益挑战活动最终成功招募到591位猛读挑战者，通过自选同阅伙伴共读一本书，本次挑战总共打造了591场网络直播，各视频号UGC短视频达1 691个。来自各界的企业家、专家、学者、KOL、明星艺人、博主等275位公益传播官为活动发声，活动期间，微博话题阅读量达1亿，话题讨论量达41.2万，最终合作捐赠总额达到80万元。

图8　部分项目品牌合作方

（图源：幕天公益公众号）

七、活动总结

2020年，通过社会公益倡导的方式发起第一届“我读书很猛”阅读马拉松活动，成为该公益组织年度最重大的公益倡导活动。第二届的“我读书很猛”阅读马拉松活动凭借第一届新颖的形式和强大的号召力进行升级再推出，快速刷屏各大网络，成为2022年世界读书日最火的阅读公益话题之一，并迅速地推广了该活动及机构，同时还链接了项目长期的支持者和筹款资源。该活动也成功邀请了许多各界名人，包括企业家、专家、学者、KOL、明星艺人、博主等公益传播官为活动发声，呼吁公众阅读，助力偏远地区的乡村儿童，提供他们更好的读书环境以及资源。

八、竞品比对

读出趣味，读出爱——阅读马拉松

满天星公益联合广东省青少年发展基金会、爱阅公益基金会发起了“读出趣味，读出爱——阅读马拉松”挑战活动。目的是响应“深入推进全民阅读”的号召，培养少年儿童的阅读兴趣和习惯，帮助改善乡村地区的

图9 “读出趣味，读出爱”阅读马拉松的宣传海报
（图源：阅读马拉松READATHON微信公众号）

阅读环境与资源。

“读出趣味，读出爱”的挑战活动要求参与者线下自行挑选图书线下阅读，再通过微信小程序进行阅读打卡，完成阅读时长积累。积累的阅读时长将得到爱心单位的配捐，用于支持乡村儿童阅读推广项目。参与者只要满足个人累计打卡天数/特定阅读时长/阅读的图书数量的条件，视为挑战完成挑战，即可获得阅读马拉松完赛电子证书。此外，该活动还与多个图书馆合作，提高参与人数。作为阅读马拉松活动，相较于“我读书很猛”阅读马拉松活动，“读出趣味，读出爱”的活动缺乏人与人之间的互动性，但是给予参与者较多的挑战选择。此外，两者之间的活动性质也有所不同，“我读书很猛”阅读马拉松活动属于短期活动，活动仅进行3天，但是传播周期较长，而“读出趣味，读出爱”属于长期活动，参与者需要花费较长的时间完成。

“读出趣味，读出爱”挑战获得的参与人数达到125 477人，累计打卡779 524次，获得配捐145 810.40元。该阅读马拉松活动一共为乡村儿童捐出了7 290本书（以20元一本计算）。此外，该活动也获得了20余家爱心企业和单位的支持，共捐出2 349册图书，配捐金额达到404 137.29元。“读出趣味，读出爱”也邀请了各界名人成为活动宣传大使，对该活动进行宣传。相较于“读出趣味，读出爱”，“我读书很猛”阅读马拉松活动的参与挑战者只有591位，但是却获得83家合作机构和企业的支持，合作捐款总额80万，微博话题阅读量达1亿，话题量达41.2万，也邀请了275

位猛读大使。两者之间的传播效果都不相上下，公开的数据有所不同，但从募款金额的总额来看明显"我读书很猛"阅读马拉松活动更为成功。两者公开的数据也变相地显示了"我读书很猛"阅读马拉松活动和"读出趣味，读出爱"都是很成功的阅读类公益活动。

除了"我读书很猛"阅读马拉松活动和"读出趣味，读出爱"是国内较为成功的阅读类活动公益以外，国内关于阅读马拉松，助力乡村儿童的公益活动也不少，虽然规模较小，但是都为共同的目标，为特定人群提供帮助，提高他们的生活质量。

第二节　案例分析：阅读马拉松活动的 SIPS 模型解读

一、SIPS模型

SIPS模型是日本广告公司电通株式会社在2011年提出的社交媒体时代用户消费行为分析的工具，主要针对新型通信技术和移动终端兴起的背景下用户社交方式和行为的变化，目的是评估传播效果。该模型将用户的消费行为划分为四个阶段：共鸣、确认、参与、共享和扩散。第一阶段是共鸣（Sympathize），用户对产品信息产生情感上的共鸣，从而进一步交流互动；第二阶段是确认（Identify），用户通过外界确认激发其共鸣的产品信息是否具备消费的价值；第三阶段是参与（Participate），通过一系列的参与行为促使用户产生消费意愿和行为，促进传播主体和用户的交流；第四阶段是共享和扩散（Share & Spread），得到优质的消费体验后，忠实而活跃的用户会自发产生分享行为，主动地进行口碑社交化推广。

随着互联网的发展和时代的进步，用户行为模型不断改进，SIPS模型就是由AIDMA模型和AISAS模型发展演进而来的。AIDMA模型将用户心理分为五个阶段：引起注意、产生兴趣、培养欲望、形成记忆和购买行动，该模型强调卖方操控。进入互联网时代，AISAS模型凸显了用户的主动性，包括注意、兴趣、搜索、行动和分享，开始重视用户。在如今的社交媒体时代，SIPS模型适应了当下用户的特点，强调用户和企业的双向互动，在传播效果的评估上更加深入，呈现出非线性的特点。

如今，社交媒体上的信息快速更迭，丰富的信息很容易分散用户的注意力，导致企业吸引用户注意力的难度加大，成本增高。与其他用户行为模型相比，SIPS模型的意义就在于以引发用户共鸣为出发点，更符合用户日益增长的主动性特征与情感精神需求，强调企业与用户之间建立更深层心理纽带关系的重要性，也为用户主动分享的行为打下基础，在分享的过程中强化用户对企业和品牌的认可与共鸣，强化二者之间的连接，有助于形成更加忠实稳定的用户群体。

社交媒体的发展使得人们进行一键分享的成本变得更低，每个人都能通过发表观点来寻找圈层、发现圈层、融入圈层，在这一背景下，企业的营销传播活动在很大程度上依赖于人们的口碑传播，人们更加愿意通过与之有着相似社会背景和品牌使用经历的消费者，而不是“官方的宣传或口号”，来评价判断企业的品牌价值，进而成为品牌的潜在消费者。在公益传播营销活动中，幕天公益虽不是以营利为目的，但是探求如何能使公益活动触达更多受众，号召更多人并产生更广泛的社会效益至关重要。在此次“我读书很猛”阅读马拉松活动中，幕天公益积极在社交媒体布局，并且十分强调用户的参与和分享，恰好与SIPS模型的应用场景和该模型对用户行为的强调十分契合。在此我们选用SIPS理论对幕天公益开展的“阅读马拉松”等项目进行案例分析。

首先是幕天公益借助微信视频号，以熟人社交关系联合撬动私域流量，能够触达有效用户，让使用微信视频号的用户了解该活动，并基于该活动的公益性与有益性，一定程度上使用户在情感上产生共鸣。在视频号的传播中通过观看并发表评论等方式，用户也能进行进一步的交流互动。其次是幕天公益借助新浪微博话题，联动111位各界企业家、名人、专家学者、MCN机构增强了活动的社会效应。并通过全媒介的渠道进行宣传，扩大活动的影响范围，使用户确认其真实性、趣味性，并参与到该阅读活动中。通过基于之前的阅读活动积累的用户，结合微博、微信、抖音各平台的传播与分享优势，迅速扩散该活动的相关信息，形成共享态势。

二、基于SIPS模型的阅读马拉松活动解读

（一）共鸣

法兰克福学派代表人物哈特穆特·罗萨在其著作《加速：现代社会中时间结构的改变》中指出，社会的加速是由三个结构性的因素所推动的，分别是科技加速、社会变迁加速和生活节奏的加速。正是这样一种内循环使社会呈加速度的态势发展，而造成加速的动因则是社会的增长逻辑和竞争机制、永恒生命的应许以及加速循环。结果，社会加速导致空间、物、行动、时间和自我五种异化形式。罗萨最后给出的方案是：唯有"共鸣"——人的生命节奏与社会的加速节奏达成一致——才有可能解决问题。[①]然而，在个体忙于加速体验的过程中，人们彼此之间的关系和整个世界都变得更具流动性，也更成问题。于是，个体陷入一种忙碌的假象里，体会着另一种大众化的平庸。[②]

1."马拉松"式阅读形式搭建共鸣基础

加拿大传播学者麦克卢汉曾指出，媒介的关键并非根植于与文化内容相关的各类问题，而是在于传播技术本身。同样，碎片化阅读的盛行在一定程度上也可被视为移动互联技术的产物。基于人们社会生活节奏的迅即变化，尤其是社交媒体和平台型媒体的大量出现，碎片化阅读方式是移动互联时代媒介和网络技术快速发展迭代的必然结果。人们的生活被加速社会割裂成碎片时间，难以拥有足够的自我空间，这使得人们期望通过借助外力而进行连续性的"作业"，以此获得相应的稳定感与幸福感来缓解快速变化带来的焦虑与不安情绪。

---

① 哈特穆特·罗萨.新异化的诞生[M].郑作彧译.上海：上海人民出版社，2018：8、28、106、110、139、141、149.

② 黎文编译.加速：是我们理解这个时代的关键概念[N].文汇报，2013-8-5（11）.

在人们缺乏“连续性”“稳定性”时间的当下，进行“长时间的阅读”挑战能够激发人们的兴趣，而蜜得创益通过借助“马拉松”这一形象比喻更加强调时间维度与强度的重要性，在4月23日这天阅读4小时23分钟，又具有特别性与唯一性，能够激发人们的挑战欲与参与性。

2. 从家庭亲情情感关系建立共鸣起点

从文化情感层面讲，在中国传统文化观念中，“家”具有“根”的意义，不仅是遮风避雨的居住处所，也是人们情感的归宿地。中国人历来重视亲情关系，家庭和睦的观念更是深深扎根在国人心中。此次“我读书很猛”阅读马拉松活动也试图从家庭情感层面着手，以家庭融洽情感关系建立为依托，引起人们的心理共鸣。

蜜得公益抓住这一“碎片化”的社会痛点以场景营销的方式开展阅读活动，能够让人们沉浸式的观察到活动的开展并进行深度参与。微博直播、视频号直播的方式使得人们能够更便捷地参与到活动中。同时结合关系营销的策略，强调改变自己最好的办法是从改变关系开始，与亲友同阅，关注关系，看到改变，先“把自己改变为想要的样子”，再推动社会向善。而“同阅一本书”号召乡村父母陪伴孩子阅读，强调父母与孩子共同参与。在阅读分享和交流中，亲子关系得以改善，进而促进家庭教育发展，能极大地让需要改善家庭关系的人们产生机遇感与共鸣感。

3. 以良好阅读习惯为切口拓宽共鸣维度

一方面，阅读本身作为一种优良的生活习惯具有高度的社会认同性，2014年2月7日，习近平总书记在俄罗斯索契接受俄罗斯电视台专访时曾说过：“读书已成了我的一种生活方式。读书可以让人保持思想活力，让人得到智慧启发，让人滋养浩然之气。”2020年全国“两会”上，“倡导全民阅读，建设书香中国”再次被写入政府工作报告，这已经是该倡议被第七次写入政府工作报告。阅读已然一种广受倡导的生活方式。

另一方面，人们能够通过阅读来塑造自己有文化底蕴的“前台”人设。在社交媒体快速发展的当下，阅读时进行直播以及阅读后以图片、广播、视频等形式进行感悟分享也是人们进行自我形象塑造的重要手段。

（二）确认

在了解广告和产品的同时，人们会通过外界刺激与内心感知来判断产品的价值，对广告内容的真实性做进一步的确认。人们需要运用更多手段、从更多角度了解作品各个层面的属性，用于确认自己的态度，增强共鸣感。这个时候就需要更多的广告投放以及更深层次的信息覆盖。想要在这一阶段达到良好效果，就需要对目标观众市场进行准确的划分，并在此基础上开展精准营销。

1. 发挥关键影响力和大众影响力的作用

在确认阶段，此次"我读书很猛"阅读马拉松活动主要考虑到关键影响力和大众影响力两方面。一方面，蜜得公益充分发挥互联网"新意见领袖"的号召力，借助微博平台，联合明星艺人与各界名人和企业家，发起社会性的倡导，激起人们的阅读、讨论热情，推动"我读书很猛"阅读马拉松活动等微博话题的攀升，使得该话题阅读量达1亿，讨论量达41.2万，有效触达了更广泛的互联网使用群体，并通过KOL、专家、学者的参与、转发、评论，扩大了核心受众的辐射范围。

另一方面，不同于之前主要基于抖音等平台的社交属性，此次活动聚焦视频号，以更简洁的熟人社交圈获取人们在确认阶段的更多的信任，通过这种人际间的强连接增强活动的可信度。除此之外，已经参与取得良好成果的第一届"我读书很猛"阅读马拉松活动的人们，也得以通过朋友圈、视频号发挥口碑传播的效用，为第二届"我读书很猛"阅读马拉松活动提升可信度。同时，蜜得公益精准地邀请了许多跟阅读相关的机构，让他们在视频号上进行宣传互动，还与书店和政府机构进行合作，通过媒体发表相关的活动文章，增强社会影响力，提升参与该活动的说服性和可信度。

2. 进行精准的深度广告投放

在广告投放与更深层次的信息覆盖上，蜜得公益主要通过在几大主要城市的户外广告、地铁广告、天幕广告来提升活动的触达率。4月16日—5月10日，北京电视台、上海龙阳路地铁、广州花城汇/五月花广场、杭州西湖天幕、深圳地铁、南方新视界、全国银泰城陆续上线群星公益宣传海报，总投放曝光量达21 670万人次。在南方新视界12处广告位、广州2处广告位、北京6处商城广告位、杭州西湖天幕广告位、上海龙阳路地铁广告位、深圳5条地铁投放的广告使得活动在无形中触达了更多受众。

（三）参与

随着受众对媒体需求的扩展，现代交互性媒体的发展，让受众愈发渴望突破单向度供给，充分发挥主观能动性。①公益活动具有众筹性质，期望通过点滴之举汇成规模性的力量，因此需要吸引大量用户参与。随着前期全媒介渠道联动为活动预热，在4月23日世界读书日正式开启活动高潮，用户开始参与到“阅读马拉松”活动当中。

1. 线上参与为主

（1）直播和短视频。用户主要通过直播和短视频的方式实现参与。活动持续三天，2021年4月23日至25日期间，591位猛读挑战者通过自选同阅伙伴，共读一本书并坚持4小时23分钟的全程直播。此外，幕天公益还邀请用户进行阅读短视频接力，每完成一次，爱心企业摘星阁将会向乡村孩子送出1份价值72元的幕天亲子阅读公益大礼包，截至4月30日，已经有1 687个视频参与接力。如今，用户的注意力和时间日益碎片化，视频能够给人们带来身临其境的体验，直播更是能满足实时互动的需求，并且移动设备已经成为人们的标配，因此选择短视频和直播作为用户参与途径较好地迎合了当下用户的媒介使用习惯，为用户参与活动提供了方便。

（2）点赞、评论等其他参与方式。一方面，就直播而言，用户与主播之间、用户和用户之间的互动性强。用户与主播可以通过弹幕、点赞、送礼等方式展开一对一、一对多、多对一的即时互动，嘉宾们在探讨图书的过程中，正在观看直播的手机另一端的人们也能够通过弹幕和评论加入讨论；另一方面，就短视频而言，视频号设有评论、点赞和私信的功能，为用户提供了互动的机会，并且视频号是基于社交关系而形成的熟人圈层，

① 刘晓萍.“存在”的诉求与“吐槽”的狂欢——弹幕电影的受众心理分析［J］. 当代电影，2018（01）：151-154.

容易通过互动吸引更多熟人用户参与到活动当中。

2. 线下活动为辅

线下场景可以作为新的用户内容上传至平台进行广泛传播，用户的真实体验更具有说服力，也容易促成潜在用户的转化。为了增强用户的真切参与感，幕天公益也把赛场搬到了学校，并与线上活动相结合，体现公益性的同时，还发挥了关键影响力。活动邀请幕天公益第二届理事会全体成员、摘星阁创始人及旗下博主，前往湖南省岳阳市平江县加义镇中心小学（幕天公益项目合作学校），参加"想和你同阅一本书"阅读公益挑战并进行直播。尽管参与线下活动的用户有限，但彰显了其援助乡村的公益性，有效地提升了用户的好感度，并且辅以直播的形式能够为活动引流，促使用户参与到主体活动当中。

3. 奖励创作，凸显用户主体感

"阅读马拉松"活动还设有相应的激励机制，促使用户生产内容，实现用户参与。用户生产内容是一种新兴的网络资源创作模式，指以任何形式在网络上发表的，用户所创作的文字、图片和音视频等内容。[①]在同阅直播中，幕天公益承诺：如未完成4小时23分钟的共读挑战，每少一分钟猛读大侠需捐赠7.2元，支持幕天亲子阅读公益项目；如完成同阅直播达4小时23分钟，且一起捐劝募总额达到423元，将可获得猛读大侠专属公益证书。在短视频接力中，每完成一次，爱心企业摘星阁将会向乡村孩子送出1份价值72元的幕天亲子阅读公益大礼包。虽然不是直接针对用户的奖励，但这种通过参加活动间接捐款的形式仍然吸引了大量用户，591场直播和1 691个视频号UGC短视频足以可见用户的热情参与。

（四）共享和扩散

彭兰教授认为，从社会互动的角度看，分享是人们证明自己存在的方式，也是与他人互动的重要手段。媒介融合时代鼓励用户自传播，作为技

① 王晓红．短视频助力深度融合的关键机制——以融合出版为视角［J］．现代出版，2020（01）：54-58.

术民主的一部分，各种社交媒体产品的出现，降低了分享的门槛，提高了生产传播的积极性。[①]在整合营销传播的引导下，网友们热情参与活动的讨论与推广，微博话题阅读量达1亿，话题讨论量达41.2万。

1. 满足社交学习的需要，发挥独特作用

开卷有益，读书能够开阔人们的视野，丰富人们的精神世界。获取知识、提升自我的需要促使用户互相转发、共同商讨活动的内容。冯仑、范以锦、向熹、李敬泽、汤敏、王振耀、金锦萍、陈行甲、叶檀等111位各界大咖，推荐共读书目、分享公益海报，发挥专家名人的关键影响力。出于学习和教育的目的，这些专家名人以及含有相关阅读书目的活动推送、短视频和公益海报会被转发分享，尤其在学生群体、教师群体等知识分子群体中分享较多。

布尔迪厄指出："社会资本是现实或潜在的资源的集合体，这些资源与拥有或多或少制度化的共同熟识和认可的关系网络有关，为其成员提供获得信用的'信任状'。"文化资本是社会资本的一种，指借助教育行动所传递的文化物品。资本除了直接转换成金钱的经济形式之外，还以文化的形式存在。有时出于提升或转化社交资本的目的，用户也会有意识地分享扩散相关内容，比如一键分享到朋友圈，主要用于维护或塑造"文化人"的人设，以赢得他人的认可和尊重，积累自身的文化资本。

2. 利用熟人社交关系，撬动私域流量

本次活动充分利用了熟人圈层这一社交强关系进行营销，这一点在共享与扩散环节发挥了重要作用。

一方面，在传播渠道上，本次"阅读马拉松"活动借助微信视频号进行推广和宣传，由于视频号是内嵌于微信之中的一项功能，因此在将短视频转发给微信好友或者微信群十分方便快捷，并且点赞评论等互动能够直接延伸到熟人间的正式对话中，通过对"阅读马拉松"活动、参与情况和阅读书目的交流与讨论，用户能够对其中的优质内容达成共识，从而

① 汪美晨. 基于SIPS模型的网络文学的符号消费研究［D］. 南京大学，2021.

促进分享与转发。

另一方面，在活动内容上，"阅读马拉松"活动强调两人阅读一本书，巧妙融入亲情、友情和爱情元素，不仅对阅读形式做出了规范，而且丰富了此次活动的内涵：书不贵，和亲友共读的时光很珍贵，阅读不只是一个人的事情，它更是亲友、重要的人之间关系上的特别连接，引发用户的情感共鸣。参与过的用户可以转发到家庭群和朋友群，未参与的用户可以通过分享链接寻找能够和自己共同阅读的人。让更多人在"读书这件大家都习以为常的小事"中，看见关系，看见行动，看见改变，让更多人愿意和亲友发出"想和你同阅一本书"的邀请。

3. 联合关键影响力和大众影响力，广泛触达用户

本次活动不仅联动各界企业家、名人、专家学者和明星KOL，发挥关键影响力；还联动MCN机构、高校社团、书店和学校共同参与，增强活动的社会效应。

在关键影响力上，粉丝在共享与扩散的过程中发挥着重要作用。粉丝往往会以明星等名人为中心形成群体，且该群体具有较强的圈层属性。圈层内的成员对其喜爱的名人有着很高的拥护度，并且成员之间有着较强的黏性和认同感，彼此信任度高，社交壁垒低。当这些名人为活动宣传时，粉丝会快速响应，大量转发。并且当名人们亲身参与到活动中时，也会带动粉丝纷纷参与，掀起传播的浪潮。

在大众影响力上，"阅读马拉松"活动联动各机构和团体。MCN机构号召旗下明星艺人博主为公益"打call"，微博带话题互动，分享公益海报；思维运动会组委会联合哈尔滨继红小学公益捐书5 000册，近300位高校社团志愿者提供志愿服务，德思勤等线下书店设置同阅直播专区，进行公益阅读直播。将营销下沉至大众，为活动信息的触达提供了便利，线上线下相结合的方式提升了活动营销的说服力，再加上活动本身的公益属性，能够提升用户的好感度，促使用户在人际沟通中或者社交媒体平台上进行推荐和分享。

第三节　案例访谈："在做有意义的事情的同时，建立有意义的关系"

一、公司介绍

MID蜜得创益事业群（简称蜜得创益或MID）是由南方精英传媒及其创办的幕天公益、蜜的未来公益、关系实验室等组成，致力于推动"人与人及自己、人与社会及自然"的关系改善，从而实现社会向善的生活方式提案机构，助推包括幕天捐书、撑书撑少年、肯德基·有爱好好说等多个公益项目活动的策划与执行。

二、访谈对象

刘敏，蜜得创益CEO，幕天公益品牌创始人。曾任《南方周末》报系管委委员、精英杂志出版人。参与多个著名公益项目，2013年创办幕天公益品牌，免费午餐秘书长、千天社区基金会理事、上学路上监事，曾获第九届中国公益节年度公益人物奖、中国社会福利基金会2019年"公益事业推动者"等称号。

覃婷婷，幕天公益副秘书长、蜜得创益事业群品牌经理、蜜得创益关系实验室负责人、289书院主理人，参与策划执行包括第一至第三届阅读马拉松系列公益活动在内的多个项目，熟悉公益营销全流程。

三、刘敏访谈记录

（一）项目背景

Q：您在之前接受《公益时报》的采访的时候有提到"阅读属于重要不紧迫的事情"，当时如何从众多社会议题中选择"不紧迫"的阅读作为切入点的呢？选择这样的一个公益定位有什么考虑呢？

A：做出这个选择当然包含多个原因。主要是个人的偏好、自己的成长经历，在这个过程中能够体会到阅读对自己在开阔视野各方面的价值和帮助，而且它没什么门槛。能否遇到一个好的老师，学校的硬件能否改善，这些都是个人控制不了的，但是自己去找几本好书看这个事情不难不复杂，也不需要依赖谁，这是不需要谁的帮助就可以做的事。阅读在我看来是这样的，我相信这样的一个逻辑对于现在的青少年也是一样成立的。当然这部分也包括我们幕天公益最开始从做幕天讲坛去乡村学校的时候，跟这些孩子们接触起来也会知道阅读是对他们而言是一种开阔视野的方式。

Q：为什么尤其关注乡村儿童的精神成长呢？

A：城乡之间对精神世界的培养是存在差别的。其实获取信息的方式是非常多的，阅读只是其中的一种方式，尤其纸质书的阅读更是其中的一种而已，对于城市的孩子们来说，他们可以更多地在图书馆、博物馆等公共场所获得非常多的精神支持，但是乡村的小孩能获取到的这种公共服务比较少，所以阅读会成为很重要的一个支撑点。第二点在我们看来，因为我们给他们的核心支持不是去帮助他们考试考得更好，而是在于一个人的精神世界怎么样能够越来越丰富，怎样能够自洽，能够获得能量上的滋养，所以从这个点来想这件事情，这是非常重要的，而且可能是大家做得不够多的一件事情。

（二）创意生成与活动策划

Q：在2019年中国互联网公益峰会的演讲中，您曾提到要"持续探索与生产好的新的故事内容，以故事感人"，请问您是如何挖掘阅读这件事的故事性和情感性的？

A：其实我们在项目执行中会非常关注这件事情，就像对于阅读的重要性，其实大家是没什么争议的，对吧？它就是一个大家都认同的道理而已，但是这种事情很难让大家即刻做出行动，反而用故事来讲效果会更好，比如说像我们之前的一个案例，我们支持的乡村学校最开始是以鞋盒来装他们学校的书，当我们把这样的一个故事讲出来的时候，确实是能够影响到挺多人的，包括我们在腾讯公益的公众号上，用这样的方式来介绍这个项目，从而带动人们对议题的关注，或者是筹款，其实效果都挺显著的，类似这样的故事还是挺多的。

（三）竞品相关

Q：您认为公益领域或者行业是否存在竞争？如果是，当下的公益行业的整体环境如何？如果不是，为什么？

A：其实谈不上竞品，因为整个公益行业现在的问题不是做的人太多，而是太少了，所以从包括像“担当者行动”，到同在广州的“满天星”其实都在做公益阅读这件事情。我觉得现在不是大家有竞争，而是在整个议题上，我们的社会影响力都还不够，需要共同协作，一起推动这个议题产生更大的社会影响力，才能有更多的社会关注和支持，我觉得目前公益领域应该还处在这样的一个阶段。

（四）活动内容与形式

Q：关于活动形式的变化，2020年的“一个人读书”，2021年的“同阅”，2022年的“阅人”，加入司马迁书院的阅读场景，对于阅读形式概念的流变你们是如何考虑的？

A：因为我们的活动是一个公益倡导活动，那么在做公益倡导的过程中，最终的目标都是一致的，都是为了让更多人关注“阅读”这个议题，那如何让大家参与其中呢？我们有变的部分，也有不变的部分，比如像“马拉松”“阅读时长”这些概念是一样的，但是也有变化的部分，比如从一个人读书到和别人共同读一本书，再到阅人阅自己，类似于读懂别人这样的形式，目的都是做更多的探索，在不变中创造一些新的变化，希望用这样的探索让更多人来关注这个议题。

Q：是不是随着时间的变化，它会更强调阅读对于社交关系的帮助，以及使阅读变成更加经世致用的一件事情，是吗？

A：我们会更加关注的一点是，在做有意义的事情中建立有意义的关系，因为人是社会关系的总和，人肯定是在各种社会关系中的，一个人的行为的变化往往是需要外界助推的。所以无论是在乡村这一端，和同龄人一起阅读，和师生一起阅读，还是亲子之间一起阅读，乃至我们在城乡之间搭起的桥梁，城乡间的小孩一起阅读，其实都是为了去创造一些场景，这样子的场景会让参与者有印象更深刻的，更特别的一些体验。通过这些体验，无论是对于阅读的信念价值感，还是对于公益这件事情的价值感都会有更好的提升。

Q：我们也了解到从今年五月开始推出"阅读周"的活动，活动的常态化转变意味着什么？

A：因为整个活动的目的是养成行为习惯，在我看来，像我们做了很多捐书的事情，但是捐书只是停留在物质层面，我想最有价值的部分是通过这些行为能够让更多青少年，尤其是乡村的小孩们养成对阅读的习惯。这个习惯怎么养成呢？言传不如身教，像我们自己，比如说我们的副秘书长每周都可以坚持做到每周一次长时间地阅读，在这个过程中我有好的体验，用这样的信念感去影响更多人，所以包括我们每周去访问不同的学校，看有没有孩子们愿意来体验这件事情，类似这样的一个交互，和每年4月23日世界读书日一次性的形式不一样，这样的倡导更日常，也更多像是一对一式的示范性倡导，它会带来不同的感觉。

Q：在接受《公益时报》的采访中，您谈到"以愿景交集连接更多伙伴"，请问如何在独特性理念和多方共识的权衡中确定自己的愿景？

A：我们的愿景包含，希望每一位少年都有向上生长的机会，希望更多的孩子都拥有阅读的资源，养成阅读的习惯，当然不同的机构在这个事情上既有相同的部分，也有不同的部分，所以我们追求的是和更多人找到相同的部分，举个例子，同样倡导阅读，但理由可能是不同的，有些机构倡导阅读只是为了推广传统文化，我觉得也可以，机构从自己的角度去推广阅读即可。

Q：之前您有谈到不迎合、不征服，能否具体谈谈这个看似双方都不让步的理念是如何实践的呢？在各个伙伴利益诉求不一样的时候，又是如何统合各机构的不同利益诉求的？

A：就是找交集，我们只对交集的部分有要求。举个例子，同样做一个“阅读马拉松”活动，如果某个书店和我们合作，它只要愿意跟我们共同去倡导这件事情，整个“阅读马拉松”活动可以选择做迷你马、做半马，以及现场会有很多人在一起阅读的，或是分开阅读，就类似这种各种形态，我们都可以去做到授权联动。不追求一模一样，在核心理念上大家有共识，愿意共同用这个标识，去做这个事情就好了，形态上可以有各自的创意定制化的部分。

Q：您之前也有提到过筹资、品牌、项目执行这“三套马车”对吧？项目执行之后对品牌是有助益的，请问“阅读马拉松”活动这个项目完成后对品牌来说的价值是什么？

A：“阅读马拉松”活动的起点是一个公益倡导，可以理解为一种品牌传播，当我们开始做这个事情的时候，确实吸引到了更多人和企业机构，这对我们在筹资方面是有实质性的帮助的。当然我们获得投资之后，也就可以去做更多的项目执行，形成一个循环。在当下这个常态化的过程中，因为我们日常的这种马拉松活动，其实又会使执行当中产生更多的故事，形成这种影响力上的扩散，也会使投资产生新的正向循环，所以这是一个动态的互相促进的过程。事实上这个项目让我们对两端都产生了新的连接，一端是有影响力的人，或者说愿意支持资助这个项目的机构，我们和他们产生了互动和连接；另一端是在乡村这一端，我们有机会和更多的乡村学校去做推广联动。

（五）公益领域相关问题

Q：您之前有提到将日常生活中的痛点和需求与公益的相关策划相结合可以破圈传播，那请问您是如何把握痛点的呢？谈谈您对此的心得？

A：其实我们有时候会看到，社会问题是有它的母命题的，就跟我们观察热搜一样，每个热搜都不一样，但当我们去分类，去合并同类项的时候，就会发现很多议题是会重复出现的，今年出现了，明年又再次出现了，这样就说明本质上它背后是一个长期的社会痛点。

举个例子，比如像亲子关系这个议题，它其实就会阶段性地出现，无论"鸡娃"还是辅导作业，它背后的根源其实是在于亲子教育、亲子关系上，我们就将这种痛点跟阅读项目进行结合，比如说构建亲子共读一本书这样的场景。很多时候，我们观察到很多亲子之间之所以在沟通中经常出现问题，有时候是因为缺乏沟通话题，但如果说他们共同读过同一本书，那么其实对他们之间的互相理解是有非常大的帮助的，是可以抓取出来类似这种社会痛点，和我们的公益倡导形成一次联动。

Q：那在项目的执行过程中，会不会随社会痛点的涌现和变化，不断去完善项目的方案或者愿景，因为刚刚您提到亲子关系，像亲子关系这种痛点，是不是也会促成项目活动形式的转变呢？

A：是的。第一是有所不变的部分，比如说"阅读马拉松"这个项目，我们持续地做下去，并且加入一些新的形式，比如说刚才说的亲子共读一本书，甚至哪一天我们可能会做同辈共读一本书这种形式，推动阅读习惯的养成；第二是在这个过程中会发现，可能很多时候父母理念的改变是很重要的，我们在亲子共读一本书的时候只是行为上的体验，但要在理念上也做出改变，所以我们又推出了自驱型养育的项目，会有共同的书籍和课程等切入进来，但本质上这已经是属于一个项目生发出的另外一个项目了。

Q：您认为如何判定公益营销的成功？

A：公益营销的成功本质上在于投产比，比如说一个机构在一个项目上投入的资金人力产生的影响力和各方面指标，来判断这是不是投产比较高的一个项目？在我看来，无论是公益组织还是商业组织，本质上的衡量指标都是解决社会问题的效率，在不同的议题、不同的场景下，效率不同，成果会有不同，所以并不会因为是做公益，就天然产生一个更好的解决方案，最终要看效率。

Q：您会将转发量、阅读量、讨论度之类的数据作为重要指标吗？

A：应该说是一个参考指标，但不会那么简单和绝对。因为在这个过程中，如果单把某个指标绝对化，可能也容易导致操作不当。

Q：请问您如何看待“阅读马拉松”这一公益项目的生命周期呢？这个项目会一直做下去，持续IP化吗？

A：我们现在还是比较有信心的，经过几届活动之后，基于外界给我们的各种反馈和我们内部执行团队自己的感受，都觉得非常有意思，虽然还是很艰难的，包括我们现在接触下来的很多学校，无论是老师，还是家长、孩子们，可能从来都没体验过这种长时间的阅读，可能很多人连40多分钟的完整时间的阅读都没有真正体验过，推广起来的时候有没有难度，当然是有的，但是我们对这个事情比较有信心的原因在于，它其实真的跟马拉松是一样的，当从来不跑马拉松的人去跑步，一开始是挺痛苦的，但是当我们慢慢养成习惯，体能突破某一界限之后，跑马拉松是能够产生多巴胺让我们快乐的。

其实阅读也是一样，我们很多时候之所以觉得阅读枯燥，比如说很多人觉得看书不如玩游戏好玩，那是因为没看进去，没跨过那条界限，就像真正看了一本好的书，包括好的小说、经典的小说，大家是可以通宵去看书的，所以需要的只是助推，需要的只是外界的助力之后让人们跨过那条界限，让人们体会到这里面的乐趣。所以对“马拉松”这个IP、这个产品，我们还是非常有信心的，包括后面看到有些其他公益机构持续地推“阅读马拉松”这个概念，我们觉得这样也挺好，增强了我们对这个事情的信心。

Q：如果其他公益机构也用了“马拉松”这样的概念的话，你们会感觉到有压力吗？这样是不是会对品牌或者项目后续的资源积累产生一定影响？

A：压力会有，但我觉得这种竞争是对大家都有好处。同样做一件事情的时候，谁能做得更好，反而是能够激励我们的团队去更好地进化，垄断不会产生进步，竞争才会产生进步，我们的信念感是这样的。

Q：您对于公益组织如何做持续性的社会倡导有没有自己的心得？

A：我觉得首先是持之以恒，就像为什么我们说需要价值观的驱动、信仰的驱动一样，当一个人只有持之以恒地去做一件事情的时候，它的可信度才会提升。就像我们现在才做了三年，到我们做了20年的时候，别人就不会来质疑我们为什么做这个事情，时间是会让说服力变强的，所以一个是选择自己真正感兴趣的、令人有使命感的领域去做公益，持续性就会更强。其次才是说怎么样有更好的创意、想法、形式去呈现它，那是在"术"的层面上的探索，我觉得最难的依然是在最内核的部分，也就是说你做的这件事情是个取巧的事情，还是真的非常有使命感的一件事情。

Q：您认为互联网对公益产生了哪些影响？

A：比如在公众筹款这一块，现在移动支付在筹款领域的应用占比是非常高的，以前学过一些关于筹款的课程，像英国的公益筹款非常重要的场景是类似于写信写贺卡，我觉得这类场景在我们国家其实是比较少的，其实反而更多的是在新媒体上做传播，传播中怎样直接带来筹款，这是一个非常典型的案例。未来大家可能也还会持续去探索，比如说在直播在这些场景下能不能做更好的公益倡导、公益筹款，也包括像阿里巴巴用区块链的技术助推公益之后，对于整个公益的可信度的提升，这些东西怎样推动公益发展，我觉得都在做一些非常有意思的探索，说不定未来都会对公益形成一个非常大的影响。公益组织本质上不是一个科技机构，尤其对于我们这种小型的NGO组织来讲，我们肯定是没有办法做太具有原创性的东西，但是我觉得公益组织应该随时保持一个开放的心态，去拥抱、去使用先进的手段和技术。

Q：在科技高速发展的当下，刘老师您能不能畅想一下未来的公益会有怎样的发展路径？

A：因为科技的发展，社会公众接收社会信息的渠道是越来越多的，无论是在这种文字的新闻、视频、图片，包括游戏、支付等都会有越来越多的渠道。那么我们怎样利用好这些渠道，能够倡导一种公益理念公益行为，并且助推行为的养成，其实这一块的话，我觉得想象空间依然是非常大的，就像当年支付宝推出蚂蚁森林的时候，用捐步数来倡导环保理念，其实取得了非常大的成效。

Q：我们看到幕天官网上的奋斗目标写着“致力于成为我国最具影响力的阅读公益组织”，如何理解“影响力”呢？

A：“影响力”就是当我们发出一个号召的时候，有多少人愿意来响应我们，愿意来一起跟我们共创，一起去推动这个事情，我想这是最内核的一个目标。

（六）关于个人和蜜得

Q：您为什么选择做公益？

A：其实公益往往是举手之劳，因为大家都会有一个愿望——我们生活在这个社会，生活在这个世界，你会希望这个社会这个世界变得越来越好，当然有政府的责任，也包括企业的发展给我们的生活带来变化，帮助我们的生活越来越好，但是总有一些部分是属于第三部门的问题，即政府没有解决的问题，也是企业解决不了的问题，那就需要大家行动起来，其实公益很多时候就起到了这样的作用，怎样用公益的方式来推动这个社会变得越来越好，这里首先来源于自己的兴趣爱好，因为你喜欢这个事情，所以你去付出努力的时候，做完之后自然会有成就感，至少从我的角度不认为投入时间去做公益这件事情是一种牺牲，其实和一个人因为热爱花时间去打游戏，因为热爱花时间去钓鱼，我想是一样的，其实都是需要投入时间。实践的过程中虽然也会遇到困难，但是给自己依然会带来很多内心的成就感、愉悦感、满足感。

Q：媒体从业经历如何助推您现在的公益事业？

A：媒体的工作环境自然而然导致你会首先关注社会问题，包括存在哪些社会问题，这个社会问题为什么会存在？哪些人的哪些行为方式已经在为解决社会问题做出一些努力了，但依然可能有些问题没有解决，原因又是什么？自然而然会更多地关注这些议题，了解的信息量也会大一些。所以很多人从媒体转型去做公益，我想逻辑都差不多。用我们的话来讲，是从一个报道者转为一个行动者的角色转变。

媒体从业经历对做公益的帮助首先体现在对社会议题的关注，对于哪些社会议题更容易引起社会公众的关注，在这块我们会有一些自己的经验自觉，这是一方面。另一方面，当然是因为你比较有经验，多方的能力和资源自然而然会多一点，自然认识了很多不同行业的人，甚至还有一些有影响力的人物，自然可能会更有机会向他推荐自己的公益项目，邀请他一起来做公益倡导，在这方面还是会有些影响的。

Q：您曾经在演讲中也表达过这样一个观点——筹人比筹款更加重要。请问幕天公益在筹人方面的独特资源体现在哪里？

A：谈不上独特资源，只是说这个项目起始的时候是因为邀请了那些有影响力的人，我们一起来参与这个项目的发起、倡导，所以自然而然地可能在起始的阶段，相对应的支持者就比较多；在这个过程中，除了认认真真做好项目执行以外，我们确实也比较关注怎样能够联动更多人来参与这件事情，所以在无论在公益倡导的创意还是各方面都会有一些持续的努力，多多少少总是会有一些成果的。

四、覃婷婷访谈记录

（一）创意生成与活动策划

Q：为什么将“马拉松”这个概念搬到阅读项目中来？

A：我们推荐乡村孩子阅读42.3分钟，迷你马拉松跑下来的话，也是40分钟左右，正好是匹配的，然后有了这样一种概念。但你可以从更深的层次去理解——无论是跑马拉松还是看书，都需要花时间静下心来，然后去长时间地沉浸其中，这个事情必须是要坚持的，但过程会很痛苦。尤其是一个不跑马拉松和不爱看书的人，让他去长时间地看书，本身就是一种折磨人的行为。这个概念我们大概当时就是这样提取的。

Q：为什么为这个话题取了“想和你同阅一本书”这个名字？

A：首先，契合蜜得创益的品牌定位，改变自己最好的办法是从改变关系开始，与亲友同阅，关注关系，看到改变，先“把自己创变为想要的样子”，再推动社会向善。其次，结合幕天公益亲子阅读项目特色，“同阅一本书”源自幕天亲子阅读项目，项目号召乡村父母陪伴孩子阅读，强调父母与孩子共同参与。在阅读分享和交流中，亲子关系得以改善，进而促进家庭教育的发展。最后，也是更底层的设计理念——设计突破固有认知的创意体验，改变人的行为。

世界读书日4小时23分钟的同读直播有点“神经”，但令人“记忆深刻”，阅读不只是一个人的事情，它可以与亲友、重要之人在关系上产生特别连接。

Q：原有的策划有没有在活动进行过程中根据舆论的走势之类进行更改呢？

A：策划核心从公益传播的目标出发，结合节点展开，和舆论关系不大。当然第一稿策划和定稿策划肯定改过无数个版本，原因很简单，不同的合作方诉求不同，开拓的资源也会带来新的考虑，简单来说就是“愿景交集”。

第一、二届“阅读马拉松”活动在社交平台上都遇到“大雷”——罗××的新闻、赵××和冯××离婚的新闻爆瓜；娱乐花边新闻在微博、抖音上直接把关于世界读书日的几乎所有话题全都压下去。项目组会监测读书日同类话题的热搜榜趋势，以及互动账号的互动情况，根据实际情况调整发布的内容和时间。

Q：项目分析中有谈到第一届“我读书很猛”阅读马拉松活动的成功经验为积累了相当重要的品牌资产、影响力、活动经验。请问能否具

体谈谈第一届对第二届的帮助，同时第二届又为第三届积累了什么经验、资源或者教训吗？

A："我读书很猛"阅读马拉松活动成为品牌IP，每年都会有新的品牌方提前主动联系项目组，看看可以如何合作；当然也有因为时间安排冲突或者规划调整暂时不参与的情况。项目组成员相对稳定，但在活动中都会有新情况出现，解决新问题的过程便是学习的机会。大到方案重新调整，线下活动无法正常开展，小到微博文案怎么写。比如2022年，原定的7场线下公益直播，因为突发情况，所有嘉宾无法到达现场，其中包括项目执行人员。在活动前一周，我们临时调整了所有安排，全部活动转成线上。

人的关系维护是非常关键的，每年我们都会邀请各界爱心伙伴通过公益发声（社交平台发文、发视频、参与直播挑战、参与线下活动）来支持，都需要花费大量的时间去沟通，日常也需要花时间去保持联系，思考如何给对方创造额外的价值。

沟通被拒绝的情况也很多，尤其是新开拓的资源。有时人家根本就不会回复信息；沟通了100家机构，可能只有10家回复消息，1家达成浅度合作。

（二）竞品相关

Q：我留意到同省有毕业后公益图书室，满天星也打出了"6.22阅读马拉松"的概念。如何确定自己项目的独特定位呢？是否会将其当作竞品？

A：除了毕业后还有满天星，其实我们都是公益伙伴，大家的定位不同，整个幕天整体的公益理念的定位就是做公益倡导，本身要通过一些产品和设计，让目标受众改变自己的行为，公益有很多种形式，比如满天星做阅读项目，就会非常系统，就是不仅提供书，还会告诉人们这本书相应的一些课程，然后还会有老师教孩子如何完成这样的一个课程体系。

其实我们的核心是想通过阅读的方式去影响乡村孩子，有一种方式叫作图书角，捐足够多的书，拿到了书之后，要去阅读。还有阅读的方式，就是跟家里的人、跟学校做配合。比方说你今天阅读了之后我会给到你一些行为上的触发，就有一个人陪着你去阅读，阅读完之后进行打卡积分，然后会给一些，比如说小证书荣誉的称号，用这种的方式去做，我们的理念是这样的，所以就和他们不一样。

每一个机构的定位可能是不同的，所以我们还会有其他的一些项目，比如家长课堂、家长培训班，让小孩子去看书不一定行得通，但我们可以影响家长，家长可以一起来学习。我们有另外一个项目叫自驱型养育父母培训班，那就是家长该有的课程，然后给这些群体做书，然后有这样的一个线上的翻转课程，妈妈们爸爸们可以来学习，然后在里边交流自己遇到的一些养育问题，里边的助教老师给到一些反馈，给他们提供持续的服务，从多个关系维度去做这个事情。

Q：认为公益领域或者行业是否存在竞争？如果是，当下的公益行业整体如何？如果不是，为什么？

A：我一般不思考竞品竞争问题。因为在公益行业的核心，要依靠筹款，产品能不能吸引到筹款方，就比如有的人、有的机构是走公募，有的机构是走的大额捐方，有的公募做得特别好，公募一年就可以筹几百万、几千万、上亿元，那他和那些企业就不属于所谓的竞争关系。我感觉其实不存在所谓的很明显的竞争关系，其实我们是做阅读的，我们也会有经常的合作，比方说我们会向乡村学校推荐阅览室，为了方便学校管理，配的书足够多的时候，就会帮学校去申请一些新的阅读系统。我们就是这种相互合作的关系。但不做整体的行业调查，就很难直接给出这样的一个结论，我个人的感觉是这样的，如果做了相关的行业交流，可能会得出和这个不太一样的反馈。

Q：所能筹到的钱、影响力是否还是存在着一种此消彼长的竞争关系呢？

A：其实还是会有一种情况，就看你的产品能不能吸引平台，愿意为你投入更多的资源。为什么说我们要和平台去找到愿景的交集，因为愿景的交集是我们都想做这个事情，我们做这个事情的方法和策略路径是一样的，然后我们可以怎样合作，能给到什么样的资源，给到什么样的支持，大家都是量力而行的，你也不可能要求啥也不给别人，所有东西都是免费给到你的。我觉得公益不是这样的，就所有东西都要讲究效率，公益行业也是要讲究效率，我们追求的是什么样的活动方案，是可以既达到这样的一个目的，又能够高效地去完成的，并且是具备可执行性的。

其他机构也有非常好的案例，不是说我们这个机构的案例多么突出，我觉得更厉害的还有很多。每一个不同的公益机构，它的使命愿景是不一样的，它自己的专长也是不同的，那它覆盖的对象也是不同的，它要做的事情也是不一样的，那它跟平台的合作的方式也是不同的、是相差非常远的，比如相比于一个做抗震救灾的项目阅读公益项目在筹款上面面临的压力就是非常大的，大家一定会先救急救难，阅读永远都不是人们认为最重要的东西，你可能一年不读书，没有一点关系，但你不能一年不吃饭。

公众对于一个公益项目也好，慈善也好，他的理解是不同的。我们作为这个行业里边的人，对于公益发展的形态、公益理念的变化，是清晰的，但对于其他可能根本就没有参与过任何公益行为和慈善行为的人而言，就会认为公益机构的人就是免费的劳动力，你们这些人就是为了社会大爱去做这样的一件事情。但实际上公益本身就是一个非常普通的行业，跟你做其他事情，是一样的也有行业的规则，也有职场这样的一个分类。

所以说可能任重而道远吧，作为一个比较小众的行业，发展也还没那么完善，又爆出大量不太好的新闻。当别人不愿意去了解这个行业的时候，它让人记住的就是红十字会郭 × × 那些事情，这就是一个矛盾点。

(三)活动营销与推广

Q：选择传播平台的时候考虑了哪些因素？为什么选择的短视频平台从第一年的抖音转向了第二年的视频号？

A：哪个平台的传播效果好，和哪个平台的合作好，就考虑用哪个平台，哪个平台给我的资源更多，那我就跟哪个平台合作。第二个问题的话，因为视频号当时刚刚推出不久，抖音肯定比视频号要成熟，抖音的用户更多。因为视频号入驻的人没那么多，那我为什么要考虑用视频号呢？我要做的是公益性传播，当然是哪个平台的影响力更大，就会用哪个。

第二年，我们也是正好跟视频号沟通，发现大家都想要在世界读书日的时候去做一些跟阅读相关的公益传播，然后大家就一块合作了，这就是最真实的一个状态。我们是直接跟微信视频号负责这个板块的那一个人，就是你有这样的资源线，然后方案出来了，你就找他谈一下，有没有合作的可能，有了合作的可能之后，大家就一起沟通出以什么样的合作方式合适。

为什么选择视频号，是因为已经达成了这样的一种合作方式，所以说你在达成合作的过程中，一定有多方的沟通：为什么要用这样的一个创意点？怎么去找双方关注的平衡点？所以会有很多话题标签，还有他有想要的话题标签，我有想要的话题标签，那就双话题。所以像“四月正是读书时”是视频号的官方整体活动，它除了有官方整体活动之外，还会有一些跟不同的机构合作的，比如之前是和上海的单向书店合作的。它邀请于和伟老师作为主持人，当时会有现场直播，和我们乡村学校的理事长冯伦老师当时就做了连麦。

考虑到每一个App之间的排他性是比较强的，尤其是前两年。你用微信，可以直接点击视频号，并且可以直接分享，也不需要再切换到另外一个App上。所以为什么说视频号更容易去撬动，在视频号里只要点个赞，所有的微信好友都能看到你点了个赞。这其实是利用了平台的规则，平台的规则每年都在变。比如像我是不用抖音的，而且每一次跳转抖音对于我就很麻烦。

Q：对于视频号博主的选取有哪些考量？如何选择合作的MCN机构和KOL需要具备什么品质？

A：我们是有专门的同事负责维护KOL资源的。首先要评估一下他们合不合适，愿不愿意支持，然后有没有什么不良的背景，不然的话就算做出来了也会被下架。核心考量就是KOL的影响力，它决定了会影响多少人关注到这样的一个公益议题，但当你去和别人去沟通的时候，必须首先认可你的这个理念本身，并且对方有能力有时间去做这样的配合。如果对方不认同你，根本就不会去思考这件事情。

为什么会选择KOL，其实KOL就具备关键影响力，可以理解为一个普通人发了一篇帖子可能没什么人看，但是让一个“顶流”发布帖子，他的粉丝团就可以马上看到，马上去转发，更多的素人就可以在平台上看到，看到了之后，可能就会被触发，想要去捐钱，能点击这个链接，可能觉得这个项目好，就为这个项目捐一些钱，就可以给这个项目带来公益筹款。就和我们在抖音中关注那些达人一样，为什么拥有上千万粉丝的达人，他发一条东西就有那么多人浏览，有那么多人点赞，是因为他有足够的群众基础，本身就具备大众影响力。

同时，我们在做的时候，会确定目标对象，然后就是考虑怎样去找到这些目标对象。就比方说我们在做视频号这一块的时候，是视频号给我们推荐了很多博主，有一些是专门做亲子类的，然后本来他自己就会带一些货，比如卖书，那就非常合适，当时我们推广的其实是亲子阅读嘛，当时我们做整个公益传播，将亲子阅读包作为一个礼物送给乡村学校的孩子。那亲子类的大号其实是非常合适的，这些博主很能够理解为什么从亲子关系方面讲阅读这个事情，养成小孩子阅读的习惯，很多是因为爸爸妈妈看，然后带动小孩一起去看。

还有一些明星，他可能本身就热衷于给公益提供支持，那他不需要一定很关注阅读本身，只要他的形象足够正面，然后有这样的一颗公益的心，可以发挥他的影响力，能够去支持这个项目。包括很多公益圈的前辈，也会过来做公益大使，为我们“打call”，用自己的媒体号，发海报，发视频，以及参与我们的阅读直播，这些都是公益行为。就看怎么样去维护各方面的资源线。

Q：在此次活动中，微博和视频号分别承担了什么功能呢？在两个平台上营销策略和思路有无不同？

A：核心功能就是公益传播，其实想覆盖的面更大，我就会选择更多的公益平台去做。而且微博天然的传播速度会比视频号快很多，用户本来就多，我们在几个平台其实都有上线自己的公益项目，所以尽量覆盖更多的平台。但每年在策略上会不一样，可能也会做一些取舍，会判断整体创造的公益影响力，包括整个团队的时间和精力，在每一个品牌的策划的内容，同时合作的方式不同，那可能就会选择要不要在这个平台或者要不要新增别的平台。

从很多活动的前、中、后期来看，前期一般都会做一些视频预想，或者是一些话题的预想，然后到核心的高潮部分，我们都会有自己的活动和直播的活动。结束之后，在平台会做一些视频的回顾，以及在一些主流媒体上面发布一些文章、一些报道，基本上就是这样，无论是商业的还是公益的，现在基本上都是按照这样的一种比较成熟的传播方式来运作。

Q：有没有考虑在微博上购买一个热搜位置？

A：像我们公益的传播是和平台达成合作的，平台本身都会推出自己的活动，只要找到和平台的合作点，那平台是会提供支持的。平台通过运营，然后再加上那一天（阅读日），大家一定会最关注读书这件事情，所以它的热度就会自己上来，它就会变成热搜。我相信没有任何一个公益机构会花钱去买热搜，那个是商业机构的行动。

Q：在宣传的过程中，公益广告投放到了广告牌和媒体，并且在不同时间穿插，请问在户外广告和媒体广告、线上和线下的广告的组合战略方面是怎样考虑的？场次和时间的又是如何确定的呢？

A：考虑的维度是变化的，没有固定的节奏，主要受几个关键因素的影响。广告点的排期、线上话题的预热节奏、关键活动的时间安排、资源的配合、合作方的诉求。线上和线下触达的人群场景不同，引起的人的行为也会不同，比如线下广告很容易营造节点气氛，筹款转化率不高，但视觉传播效果很好。

Q：因为你们也考虑到4月23日是周五，且对活动时长要求较高，请问此次阅读马拉松活动中除了调动关键影响力，又如何调动公众参与呢？

A：先选择目标人群，盘点幕天能触达的乡村受益人资源，梳理合作方的资源，不同渠道的公众参与方式不同。比如书店，可以设置阅读马拉松活动阅读挑战直播区，进入书店的读者，可以报名参与，完成42.3分钟的纸质书阅读，即可获得迷你马拉松挑战认证一份。再就是看传播渠道有哪些，简单来说就是，找人帮你转发活动信息。

Q：请问有没有制定应对风险的备选方案或者一些规避风险的措施呢？

A：计划赶不上变化，所有总结出来的备选方案都是曾经踩过的"坑"。我认为，所谓的备选措施不是提前预设的planB，而是当问题出现了，团队的所有人能够快速做出反应，做出当下更妥当的决定。最好的备选方案就是团队的成员各司其职又相互支持。

举个真实的例子，我们负责运营志愿者的同事，在活动当天可以直接转为微博文案和话题运营的负责人；前端负责沟通合作方的同事，可以负责直播嘉宾的对接管理；每个人都会主动监测各场直播，看评论，直播互动，后台对接；到深夜最后一场直播，所有人都会守在电脑或者手机前，整理各方的数据。团队成员相互熟悉每个环节，出现"bug"需要"顶上"的时候，大家都会主动承担起责任，团队坚持的基本原则是"做减法"和"见招拆招"。

Q：认为做公益项目的营销推广相较于其他项目来说有什么特别之处？又有何难处？

A：哈哈哈，不用满足甲方"五彩斑斓的黑"的诉求算吗？我想谈个人的看法，不代表官方立场。这几年的经历让我非常认同科特勒提出的社会营销理念——"改变目标人群的行为"。这也是我们的"必读书目"，策划、运营、传播、筹款等工作，都会围绕这个核心来展开。我认为理论肯定是好的，只是实践中一定会遇到很多不确定性，这些不确定性就是"难处"，具体体现在预算、人员、谈判策略、意外等。

（四）公益领域相关

Q：为什么说筹钱比筹款更难？

A：其实都难。比方说联系了100个人，会不会有10%的人给你捐钱？如果都还没有触及愿意为这件事情一起出力的人，他怎么可能给你捐钱。公众筹款里边有一个产品叫“月捐人”，比方说我觉得这个项目好，然后每个月捐500块钱，然后绑定了银行卡，每个月捐500块钱，你想那些人为什么会成为月捐人，要么就是因为参与了这个活动，要么认为这个活动真的非常好，要么就是为了深度体验，我就是你的志愿者，我就想给你捐钱，我不是只捐一次，我愿意月捐，就意味着每个月都会从里边转账，我们很难一次用一张海报就能够打动别人，我觉得这是一件非常难的事情，影响人很难，所以才会说筹人比筹款难。

除了别人认可你这个组织，认可你的项目，认可这个项目的人，认可人是最难的。你怎样跟这些人产生正向的关系，并且这个关系能够从此一直延续下去。他愿意支持你一次，愿意支持第二次，最难的是愿意长期地支持你，捐钱也好，捐时间也好，捐自己的关系也好。

你可以“乞讨式”地说，要不你捐五块钱给我，然后我去给小孩子筹一本二手书，但是你没有告诉别人为什么，别人为什么要去筹这本书，这件事情到底是为了什么。所以让这个人愿意认同你，然后愿意花时间精力做这个事情，那真的是比筹钱更难的。

Q：您刚提到月捐人和获得持续支持的困难，请问您能否告诉我们第二届阅读马拉松活动在获得长期支持者方面效益如何？同时上次您提到有专门负责维持长期支持者的同事，能否具体谈谈是怎么做的吗？

A：如果从筹款的角度来看，那就是带来了80万的募资成果。我们经常说“筹人”，就是和人建立有意义的关系。简单分成四种类型——受益人、捐赠人、志愿者、工作人员。

受益人，就是公益项目服务的对象。我个人认为，参与公益不是“你想捐什么就捐什么"。良性的参与公益的方式应该是双向平等的。我们帮助别人的前提是，对方需要帮助并且自愿接受帮助。如果可以，在帮助别人的时候也尽可能减少对方的压力。比如，学校开展为乡村孩子捐图书的活动，有人二话不说把自己的书都捐了。捐到学校发现，大部分图书不适合乡村孩子阅读。这个过程带来了很多浪费：快递费、库存积压、选书成本等等；接受捐赠的学校也有心理压力，扔也不是留也不是。

幕天在全国都有公益合作的乡村学校，除了实施自发的公益项目外，也会为学校带来其他的公益资源。我想多次合作关系也会变得更好，当关系足够好的时候，支持力度也会更大，公益的效能也会发挥得更大吧。

捐赠人，就是捐钱、捐物、捐时间的人。找到捐赠人是最难的，没有成文的方法，多试，失败了就继续试。我很喜欢用一句来回应这个问题——"如果你想让别人哭泣，那请你自己先哭泣"。把自己的事情做扎实，认同你的人才会为此提供帮助。

志愿者，以志愿者的身份为项目提供志愿服务的伙伴们。我们得到过大量志愿者的支持，社群管理、剪视频、做海报、写文章。如果要回答怎么找到这么多的志愿者？答案很容易理解——网上搜索联系方式、合作伙伴或者亲朋好友的推荐。搜索的多了，就慢慢积淀下来了。

工作人员，最关键就是找到价值理念相符的伙伴。

Q：您在项目分析中谈到挑战——如何平衡"用户体验、扩大传播影响力、链接多方资源、公益筹款"四者间的关系？请问最后是如何迎接这个挑战的呢？

A：应该这么理解，第二届阅读马拉松活动的目标是以阅读公益倡导为主的，设计一个与阅读有关的用户行为，利用可用的渠道，也就是你提到的"链接多方资源"，最大限度地让人们获取信息，感兴趣的人看到了可能就会参与，也就完成了用户体验，传播链路基本就结束了。

关于筹款，熟悉各个平台的规则，配合平台进行筹款。如果平台已经获取公开募捐资格，那就入驻平台，上线公益项目，发内容的时候带上筹款锚点。筹多少钱就看具体转化了。从第二届阅读马拉松活动单个事件来看，以公益倡导为主，以公益筹款为辅。我认为，前三者是个组合拳，拆不了。

（访谈人：杨雅然、周心怡、陈淑娴、马珂、康明媛、魏寻）

Chapter 6

第六章

自然堂 × 伽蓝集团："种草·喜马拉雅"

公益是企业社会责任的重要组成部分，是企业公民理念的延伸，有助于维护企业长远利益、契合社会发展需求。公益营销是品牌以做公益的形式展开营销，其最终目的在于塑造品牌形象、深化品牌认知或提升用户好感。调查显示，超70%的中国受访者希望品牌拿出实际行动来支持公益事业。在消费者观念的推动下，公益越来越成为品牌发展路上的助推器。

源自喜马拉雅的自然主义品牌自然堂是伽蓝集团旗下的核心品牌，秉承"取之自然，回馈自然"的品牌公益初心，聚焦喜马拉雅生态保护，打造自然堂源头公益模式，助力实现自然堂从"大"品牌迈向"伟大"品牌的愿景。自2017年第一季"种草·喜马拉雅"项目开始，自然堂就在不变的大主题下，不断尝试品牌公益营销的新模式。2022年，自然堂"种草·喜马拉雅"第六季以"然力觉醒"为主题，延续"种草项目"五季以来种植绿麦草的传统，以西藏人工植草和活动营销传播双线开展，在藏区进行实地勘察、播种、收割的同时，通过与多领域品牌联合发声、公益直播制造关键事件以及借助媒体宣发活动通稿的方式进行传播造势，提供线上购买实现"云种草"与线下门店活动"赠草种"双渠道，为消费者链接了解品牌与参与公益的新纽带。"种草·喜马拉雅"在年复一年的传承中一次次加深自然堂品牌文化中"喜马拉雅"的印记，也在消费者心中一遍遍加深自然堂的印记。

第一节 案例复盘："然力觉醒——回归传统 CS 渠道"

一、项目背景

自然堂源自喜马拉雅山脉，独特的第三极地貌孕育出丰富的雪域珍稀植物与海洋矿物质，为自然堂提供了原料与创意源泉。从自然堂品牌成立开始，"保护环境：每年都拿出产品销售收入的一部分用于环保基金，保护喜马拉雅环境"就一直是自然堂秉承的品牌价值观。同时，全球气候变暖、草地沙化，喜马拉雅地区生态日渐失衡。自然堂结合专家团队合理开发荒滩、荒地、沙地、严重退化裸露地等，通过种植绿麦草，改善喜马拉雅雪域生态环境。

自2016年成立自然堂喜马拉雅环保公益基金开始，自然堂"种草喜马拉雅"公益项目每年开展一季，用"种草"串联起了"公益"与"带货"两大营销目标，到了2022年，第六季项目遇到的最大困难在于活动时上海的特殊性，喜马拉雅公益项目不得不及时调整人员调动与营销策略。

5月1日，自然堂种草喜马拉雅公益活动第六季正式开启，在海拔4 200米的西藏日喀则市拉孜县锡钦乡岗西村，自然堂与当地村民一同播种下100万平方米绿麦草，持续六年深耕西藏生态环保。同时携同热心公益事业的品牌与媒体，一同加入种草行动践行公益之心。10月28日，自然堂视频号、伽蓝美妆云店、自然堂商超云店直播间开启三场自然堂种草喜马拉雅公益行动直播，与消费者们共同见证了自然堂公益草场绿麦草的收割。在媒体传播方面，本季活动也受到了《人民日报》、中国广告、中国品牌网、中国财经网等媒体的广泛报道，《人民日报》更是连续多年宣传自然堂种草喜马拉雅公益行动。

图1　自然堂种草喜马拉雅公益行动第六季海报
（图源：微博@“自然堂”账号）

二、营销目标

（一）消费者端：深化老客心中品牌源头公益认知，增加新客群

通过种草公益，在消费者心中强化、根植品牌基因文化与公益IP认知；同时公益项目本身易获得消费者的好感，通过直播号召更多的公益合伙人加入，公益不断“出圈”，吸引潜在年轻消费者的关注与参与。

（二）商家端：提升品牌知名度和美誉度，提升品牌曝光量

借助种草公益项目，提升自然堂品牌的社会公益形象，提升品牌责任感与美誉度，扩大品牌影响力；通过不同渠道和手段（自媒体、权威媒体、新闻财经、行业媒体等）传播种草项目，扩大声量，提升品牌与产品曝光度。

（三）政府端：恰逢党的二十大开幕，打造为生态扶贫的典型案例

通过种草公益项目，实现精准扶贫，打造为生态扶贫的经典案例，站在响应扶贫、助农、环保等政策的新高度，受到《人民日报》的报道，提升了品牌形象；同时2022年恰逢党的二十大开幕，2022年12月20日上海

市委书记陈吉宁走访调研伽蓝集团，公益项目与生态扶贫有助于提升对政府的好感度。

（四）产品端：宣发“超级酵母喜默因”，为新产品造势

2022年，自然堂自研成分“超级酵母喜默因”面世，其酵母菌株源自喜马拉雅高寒山脉，喜马拉雅公益项目助力“超级酵母喜默因”提升话题度，并为之后添加了该成分的“自然堂头皮护理”系列产品与自然堂第五代小紫瓶进行了预热，“每购买1瓶自然堂第五代小紫瓶，自然堂将向中华环境保护基金会捐赠10元，用于种植100万平方米的绿麦草”，并促进新产品购买。

图2　第五代自然堂小紫瓶发布会
（图源：微博@“自然堂”账号）

三、案例对比

（一）“种草·喜马拉雅”同系列活动对比分析

“种草·喜马拉雅”在2017年至2022年的六季活动均涉及种植草场、产品捆绑销售、公益合伙人参与、借助媒体传播，并且自2019年第三季活动开始举办的“种草·喜马拉雅”活动加入直播，开辟传播新路径。

具体而言，相较于前五季活动，2022年第六季“种草·喜马拉雅”活动主要包含以下五个方面的差异点。

（1）草种。2022年初春，在环保基金会考察草场后，提出试种新草种——皇竹草。

（2）护肤品。2022年与“种草·喜马拉雅”活动捆绑销售的产品“小紫瓶”，采用的喜默因技术打破了国外对酵母技术的垄断，突破了国内行业的酵母技术瓶颈，无论是对于行业还是对于自然堂而言都是质的飞跃。

（3）媒体传播。相较于前五季活动而言，第六季“种草·喜马拉雅”活动的传统媒体传播规模缩减。

（4）直播。第三季至第五季的直播活动分别以“自然堂 × 美丽挑战团海拔挑战”“高海拔直播秀”“自然堂 × 京东超级品牌日”为主题，于自然堂喜马拉雅发源地举办，第六季直播活动因受公共卫生事件的影响，未能前往西藏举办，但本季在上海举办的“直播”从公益角度而言收效更佳——往年直播借由电商平台传播，辐射人群更加注重物质层面的利益，本季直播脱离电商平台，因而在一定程度上可以链接到更热衷于公益事业的人群，实现真正意义上的公益互动。

（5）顾客群。较之前五季而言，第六季“种草·喜马拉雅”活动回归传统CS（Customer Satisfaction）渠道，更加注重线下门店的活动宣传与顾客维系。尽管第六季的活动从外部看来较少，但对于自然堂私域渠道，如云店用户则能够获得更为丰富的信息。

总体而言，2022年“种草·喜马拉雅”第六季活动可以总结为以下三点。

（1）沿袭传续。自然堂品牌成立之初，便秉持师法自然、取于自然、用之自然的品牌成长发展理念，如此延续六载，薪火相传，生生不息。而“种草·喜马拉雅”自2016年启动，于2017年开展第一季，直至2022年开展第六季直播活动，“取之自然，回馈自然”的活动初心贯穿其中，成为自然堂经营公益两道并重，企业社会责任兼具的具体体现。

（2）开拓创新。首先，第六季活动捆绑销售的“小紫瓶”是自然堂研发科技能力之佳的体现，也是自然堂力担行业发展之责的表现。其次，在电商平台日盛的当下，自然堂回归传统CS渠道，聚焦传统客群，是自然堂在客群渠道方面的转变。

（3）意外之喜。因特殊情况而不得不临时调整策划的第六季活动可算作自然堂某种程度之上的“因祸得福”——当自然堂进行将目光回归传统客群，脱离电商平台这一“返璞归真”的实践时，使得其获得借助“种草·喜马拉雅”活动识别、链接自然堂的高黏性、高忠诚度客群的机会，并且为之后“种草·喜马拉雅”活动与上述客群进行更为深入的合作联系奠定基础。

（二）科颜氏：“熊猫公益”活动对比分析

图3　科颜氏“熊猫公益”宣传海报
（图源：微博@kiehls家的骨头先生）

1851年，科颜氏（Kiehl’s）创立于曼哈顿，2000年，正式加入欧莱雅集团（L’ORÉAL），2009年6月，正式进入中国内地，开设专柜，并正式取中文名为“科颜氏”。

2012年起，科颜氏携手山水自然保护中心连续11年开展野生大熊猫栖息地保护项目。在此期间，该项目在公益成效、传播规模等方面均取得了优秀成果。同时，熊猫公益项目与自然堂“种草·喜马拉雅”活动同属生态保护性质，因此作为对比活动具有参照性与合理性。

表1　“种草·喜马拉雅”与“熊猫公益”活动对比

项目	自然堂：“种草·喜马拉雅”	科颜氏：“熊猫公益”
时间	2016年启动，2017年开展第一季，延续开展了6年	2012年启动，延续开展了11年
理念	取之自然，回馈自然	以行动保护野生大熊猫栖息地环境

（续表）

项目	自然堂：“种草 · 喜马拉雅”	科颜氏：“熊猫公益”
内容	“生态+扶贫+产业”三位一体布局，以生态保护为主线，辅以活动直播、产品销售等内容	① 保护实践：专项巡护、清除猎套威胁、治理水源污染等 ② 公益销售：推出熊猫公益限量版白泥净肤面膜，以部分销售净利润支持熊猫公益活动 ③ 传播方式：品牌联名，如2021年与泡泡玛特联名推出公益新品；名人效应，如代言人刘昊然助力活动宣推、漫画家坛九创作相关作品；线下活动，如2019年以环保为主题的沉浸艺术展、2022年成都“熊猫绿洲”快闪展览
成效	公益种草改善高原生态环境 生态扶贫带动贫困农户脱贫 培育产业助力地区持续发展	① 保护覆盖722平方公里 ② 13.84万张红外记录照片 ③ 8万多当地居民受益

表 2　“种草 · 喜马拉雅”第六季与“熊猫公益”2022 年公益活动对比

	“种草 · 喜马拉雅”第六季	“熊猫公益”2022 年公益活动
活动主题	然力觉醒	净肤·净源
公益产品	小紫瓶（喜默因技术）	亚马逊白泥净肤面膜
活动内容	① 保护实践：在日喀则种植100万平方米绿麦草；试验种植皇竹草 ② 传播方式：媒体声援；名人宣推；直播	① 保护实践：增加净水装置并对水源垃圾进行清理以改善野生大熊猫栖息地生态环境；为当地居民开展水源保护实践与教育，提升居民对野生大熊猫水源及栖息地环境的保护意识 ② 传播方式：媒体声援；代言人宣推；线下活动；直播

从自然堂“种草·喜马拉雅”项目与科颜氏“熊猫公益”项目的对比层面而言，二者同属生态环保项目，虽然具体面向有所差异，但无论是在生态保护的具体行动方面，还是在活动宣传推广的传播方面都立足于项目

基础，进行具有针对性的实践。同时，两个项目均为长期项目，具有持续性、长远性，无论是“种草·喜马拉雅”，还是“熊猫公益”，在以往的项目实践当中均彰显了品牌形象塑造与公益责任承担的重要地位。而两项活动也在多年持续举办的过程中在经营、社会两条赛道之上取得了瞩目成果。

从自然堂“种草·喜马拉雅”第六季与科颜氏“熊猫公益”2022年活动的对比层面而言，二者在各自的活动主题之下，进行活动内容的具体策划。具体而言，对于“种草·喜马拉雅”第六季而言，本季主题“然力觉醒”意为“自然堂”（然）、“品牌力”（力）、“十年磨一剑”（觉醒），聚焦其科研团队攻克技术难题而研发的新品“小紫瓶”。同时，在其传播渠道方面通过回归传统CS渠道，推陈出新，实现渠道突破。对于“熊猫公益”而言，则在主题“净肤·净源”之下，延续往年丰富的活动传统，开展宣推活动，聚焦本年度公益新品“亚马逊白泥净肤面膜”。总体而言，二者各有所长，但从具体传播营销方面，自然堂“种草·喜马拉雅”第六季活动的创意性、趣味性相较熊猫公益2022年公益活动较为不足。

四、项目创新

“种草·喜马拉雅”第六季无论是与其以往的五季活动对比，还是与科颜氏“熊猫公益”2022年活动对比，其最大亮点与创新点即为——回归传统CS渠道。

对于化妆品而言，CS渠道是电商之外的第二大销售渠道，但是在电商平台蒸蒸日上、直播带货方兴未艾的现状下，CS渠道面临着渠道分流、客流锐减、价格坍塌、毛利下降的困境。因此，即使是作为具有公益性质的营销活动，CS渠道都不是品牌最重要的选择。

如前五季“种草·喜马拉雅”均采取与天猫、京东两大电商平台合作的营销路径。这一路径一方面可以借助电商平台优势进行大规模客群辐射，实现公益营销利益方面的最大化可能；另一方面，电商平台所辐射的客群在某种程度上并不是公益活动的核心面向群体，他们更加关注折扣优惠等物质性利益，而非公益活动本身的价值意义。因此第六季“种草·喜马拉雅"将回归传统CS渠道，看似是从新兴平台回归传统的"反旧"之行，但实际上对于公益项目本身而言，却是"创新"之举。

CS渠道在诸多化妆品销售渠道中拥有最悠久的历史，也是时至今日仍不可被替代的渠道。相较传统电商、社交电商渠道，CS渠道以其线下面对面的交互性、社会性能够与消费者达成更为直接与紧密的联结；相较于百货渠道、KA渠道（即Key Account，是指大型卖场，如沃尔玛、家乐福、华润万家等销售渠道，又称商超渠道）、Shopping Mall渠道（一种新型的超级购物中心，很多化妆品品牌选择在Shopping Mall开一家自己的单品牌店）、OTC渠道（即Over the Counter，被称为非处方药渠道，又称药房渠道）、专业线渠道而言，CS渠道以其具有的独立性、完整性能够更好突出品牌个性，更易让消费者建立对品牌的认知；相较直销渠道而言，尽管直销渠道能够搭建更为紧密的人际网络，但其对外性、规模性却不如CS渠道。

对于"种草·喜马拉雅"项目而言，其所具有的公益性质，希望项目参与者能够真正理解项目的公益初心与公益故事，成为真正意义上的公益合伙人。因此CS渠道所能提供的与消费者的联结，成为消费者了解公益故事的基础。因此选择回归CS渠道对于"种草·喜马拉雅"项目而言一则"承前"，维系最原始、最忠诚、最具黏性的客群；二则"启后"，为其后续活动的策划开发与公益项目主旨更加契合的合作群体。

五、项目执行

受到2022年1—11月客观环境影响，2022第六季"种草·喜马拉雅"活动在整体策划上不断变化。虽然并未如愿实现草场线下直播等公益溯源活动、从自然堂品牌源头展开新一季"种草"，然而，从前期筹备到传播造势再到具体执行，第六季"种草·喜马拉雅"活动在不断调整中得以顺利收官，且在有限的传播链路和执行空间中达成了意想不到的新效果。

（一）活动筹备（2022年2—8月）

2022年第六季"种草·喜马拉雅"活动2022年2月在伽蓝（集团）有限公司内部初步立项，随后由主办方中华环境保护基金会专家进行本年度的草场考察。结合当地土壤、气候等自然环境和前期围栏实验结果，中华环境保护基金会和伽蓝集团共同确立了绿麦草和皇竹草两类公益草场种植草种。

为了保证项目的持续性、科技性、公开性，在中华环境保护基金会的主导下，自然堂喜马拉雅公益专项基金计划于2022年4月发布了2022年度“种草·喜马拉雅”项目人工牧草种植长期合作伙伴征集公告，并于8月发布后续“种草·喜马拉雅”见证的活动执行及传播策划单位征集公告，为后续活动具体落地和营销传播造势提供了前期基础。

（二）传播造势（2022年10—11月）

2022年第六季“种草·喜马拉雅”活动的整体传播投放尤其是传统媒体声量有所削减，与之对应的是传统电商平台媒介投放的增加和自然堂云店系统会员传播、线下CS渠道人际传播声量的增长。整体而言，传播造势以“然力觉醒　种草喜马拉雅”为主题，大致可分为合作然力预热、关键事件造势和扩大余热声量三个阶段。

1. 合作然力预热（2022年10月19—27日）

传播预热期间，新浪微博@自然堂官方账号开辟“种草喜马拉雅”话题页面，并联合新浪微博@伽蓝集团JALA集团官方账号，以“然力觉醒”为关键词，对2022自然堂种草喜马拉雅第六季的即将开启进行预告式发稿，发稿内容结合图文、视频，以自然堂品牌自2016年坚持至今的种草公益行动为核心故事，讲述品牌走进喜马拉雅、追溯自然原力、传播绿色希望的公益故事。

关键词“然力觉醒”在预热期展现自然堂——然力品牌力的同时，也与品牌源头——自然之源喜马拉雅相关，并在关键词内涵上勾连2022年自然堂品牌的科研创新——超级酵母喜默因，更与本年度“种草·喜马拉雅”活动全程捆绑单品——自然堂第五代新升级小紫瓶中源于自然的创新成分相契合，在内容传播上真正做到了“然力预热”。

预热期间，本年度活动的一家合作媒体“人民国货工程”及8家跨界品牌在新浪微博平台联合为自然堂“种草·喜马拉雅”活动进行公益发声。合作品牌包括来伊份、飞越（VFLY）、鲜芋仙（MeetFresh）、一兆韦德健身、BONCAKE-新锐甜品专家、噢麦力（OATLY）、满记甜品（Honeymoon Dessert）等各领域国货品牌，覆盖微博粉丝达337万，深化了多元领域的消费者品牌认知，通过跨界合作、共赴公益提高了预热期的基础传播声量。

图4　自然堂联合其他品牌进行公益发声
（图源：微博"自然堂"账号）

与此同时，品牌第一篇新闻通稿《2022然力觉醒，自然堂种草喜马拉雅第六季溯源启航》于10月26日起在官方媒体、新闻财经类媒体和行业媒体上逐次发布，品牌官方微信公众号、抖音及视频号也开始集中推送"种草·喜马拉雅"相关的图文故事和视频叙事，将见证直播开始前的传播热度烘托到最高潮。

2. 关键事件造势（2022年10月28日）

本次自然堂"然力觉醒　种草喜马拉雅"活动以三场公益直播为关键事件，于10月28日在自然堂视频号、伽蓝美妆云店系统和自然堂商超云巅

图5 《人民日报》客户端开屏广告
（图源：《人民日报》客户端）

直播间同步展开了三场自然堂种草喜马拉雅公益行动直播，与消费者共同见证了2022年自然堂公益草场绿麦草、皇竹草的收割过程。

直播同样以#然力觉醒　种草喜马拉雅#为话题，全程涵盖以买代捐活动、直播抽奖活动、种草六季故事分享、自然堂公益植物园连线、草场收割见证和创新成分喜默因介绍等内容，从品牌自然溯源、年度科研创新、公益落地见证等多方面向消费者公开、透明地呈现了自然堂品牌坚持种草、做实公益的真诚初心，也以“直播见证”的方式向消费者和社会大众切实展示了自然堂品牌坚持种草六年六季至今的公益成果和社会责任担当。

直播日前后，《人民日报》客户端开屏及通栏广告位信息流曝光、品牌官方微信公众号直播预告都为直播关键事件进行了预热造势，对整体活动的关键事件进行了目标引流。

3. 扩大余热声量（2022年10月29日—11月3日）

直播结束后，品牌自2022年10月29日起积极利用传播长尾期扩大传播声量。

其中，品牌官方视频号自2022年10月29日起发布公益草场收割见证相关视频；《人民日报》在2022年10月30日发布《自然堂种草喜马拉雅第六季溯源起航　深耕藏区生态环保》；品牌的第二篇新闻通稿《2022自然堂然力觉醒种草喜马拉雅第六季收官，持续助力实现共同富裕》于11月1日起在官方媒体、新闻财经类媒体和行业媒体上陆续发布；行业媒体“青眼”和CBO focus（研究和解读化妆品产业的网络财经媒体）也结合品牌通稿各自发布原创稿件，对自然堂品牌深耕“种草·喜马拉雅”活动做出了全方位介绍总结和高度评价，以其种草“世界屋脊”的实际行动比拟中国品牌的公益决心新高度。

（三）活动执行（2022年5—12月）

1. 赠草种+云种草，创新私域营销新渠道

2022年5月1日，自然堂“种草·喜马拉雅”公益活动第六季正式开启。在海拔4 200米的西藏日喀则市拉孜县锡钦乡岗西村，伽蓝集团自然堂品牌和中华环境保护基金会与当地村民共同播种下100万平方米绿麦草、皇竹草，继续深耕西藏生态环保公益实践。

由于2022年年中疫情防控，公益草场的人工维护面临诸多困难，原定于七八月份举行的自然堂“种草·喜马拉雅”公益见证仪式也不断推迟。经过5个多月的自然生长，本年度播种的绿麦草、皇竹草存活率约为90%，收割见证公益直播策划随之调整，并计划于10月28日正式上线。

而以消费者的名义种植绿麦草、皇竹草的相关营销活动自2022年10月1日起就已在伽蓝集团、自然堂品牌的线下门店和云店系统正式展开，持续到2022年12月3日左右结束。

不同于以往五季“种草·喜马拉雅”活动以传统电商天猫、京东等合作为主的营销渠道，今年的第六季“种草·喜马拉雅”活动主体营销主要依托伽蓝集团自有云店系统和品牌线下CS门店渠道，其中云店系统所链接到的亦是线下门店所触达的客户，云店系统内的活动参与、直播下单、机制讲解均由服务客户的线下BA（Beauty Adviser的简称，美容顾问）工作人员通过人际传播渠道实现。

在具体的营销形式上，自然堂品牌自10月1日起在云店及线下经销商门店的第五代小紫瓶销售中开启“以买代捐”相关活动，即消费者每购买一瓶自然堂第五代升级版小紫瓶，自然堂就会向中华环保基金会捐赠10元用于公益草场种植。除了实现“云种草”，并获赠“公益合伙人”证书之外，前两万名通过线下CS渠道参与公益种草的消费者还可获赠限量明信

片，随卡片附赠的草种真实鲜活，经过浇水和培育可以发芽。

通过赠草种加云种草的营销小巧思，自然堂在2022第六季“种草·喜马拉雅”活动中真正盘活了云店会员消费者和线下CS渠道老顾客对品牌公益实践的心智打造过程，用小草种以小见大地将自然堂深耕西藏生态的多年公益愿景切实展现到每一位消费者面前。不同于以往传统电商直播间强调直观折扣的营销手段，2022年度自然堂品牌借公益营销更多地提升了老客户的品牌黏性和品牌忠诚度，在用小草种讲大故事的过程中实现了自然堂品牌魅力和溯源魅力在会员消费者群体中的精准触达。

2. 云店购+云见证，讲好品牌公益新叙事

2022年10月28日，在“以买代捐”活动铺垫、造势近一个月后，三场自然堂种草喜马拉雅公益行动直播在自然堂视频号、伽蓝美妆云店、自然堂商超云店直播间开启，与消费者们共同见证了2022年度自然堂公益草场绿麦草、皇竹草的收割。

图6 自然堂公益行动直播预告
（图源：微博）

三场直播主题皆与传播造势一致，为#然力觉醒　种草喜马拉雅#。直播间营销机制同样以“以买代捐”为主，通过直播当天的事件营销热度助力云店购进入爆发期。除此之外直播环节中还增设了抽奖活动，以提高直播观众的参与度。

以绿麦草、皇竹草成熟期收割见证视频仪式为由头，三场直播在“云见证”之外还设置了多层关键内容。

第一层关键内容，即连线伽蓝集团公关传播经理陈涓玲博士，听其分享六年来亲身经历的“种草·喜马拉雅”故事，故事核心围绕“种草·喜马

拉雅”活动给西藏当地生态、民众生活带来的公益实效，如提高村民收入、改善土壤环境、助力荒滩变良田等。

第二层关键内容，即连线自然堂喜马拉雅科研中心的藏族工作人员次仁央吉，跟随她前往自然堂公益植物园，回溯品牌源头，带领直播屏幕前的每一位消费者、公益合伙人近距离感受植物园中所呈现出的喜马拉雅的万千色彩与美好的生命力。其中，工作人员次仁央吉是从西藏当地走出的女大学生，也是自然堂在往季“种草·喜马拉雅”活动中接触、熟悉并纳入自然堂公益实践的新生力量，更是自然堂品牌帮助当地女大学生、提供就业机会、关注边区教育的体现之一。

第三层关键内容，即追溯品牌源头，通过对自然堂喜马拉雅公益植物园的探访引出对自然堂产品自然原料的介绍，如自然堂冰肌水重要原料龙胆花的种植环境介绍、自然堂温泉水水源地介绍、自然堂2022新酵母成分喜默因的科研历程介绍等。

三层关键内容的层层递进由浅及深、由近及远地呈现了六年来自然堂由深耕“种草·喜马拉雅”公益活动到关注藏区发展、承担社会责任再到契合品牌源头、完成品牌自洽的公益叙事。

三场直播的结束也并不意味着2022年第六季自然堂“种草·喜马拉雅”活动的全盘结束。收割意味着收获，公益草场所收割的绿麦草、皇竹草会在11月、12月由当地牧民、村民进行售卖或农牧使用，真正将公益种草成果转化为当地发展资源。

六、营销效果

2022年“种草·喜马拉雅”活动通过多平台、多渠道传播，深化品牌源头文化与“种草·喜马拉雅”公益IP认知，在提升品牌知名度和美誉度，建立和强化与消费者联系的同时，打造了生态扶贫的典型案例，赢得专业媒体宣传背书。

在官方自媒体端，微博#种草喜马拉雅#话题页累积话题阅读数达4.6亿，100.3万以上的人次参与讨论，2022年“种草·喜马拉雅”活动新增阅读数超1千万，讨论数26.7万以上。活动期间，伽蓝集团、自然堂微信公众号发出3篇推文，互动次数达9 712次，官方微博发稿16篇，总互动数近500次，官方视频号、抖音号发稿6篇，总互动数达3 127次。“人民国货工程”媒体，以及“来伊份”“飞越”“鲜芋仙”等8家跨界品牌联合为公益发声，微博覆盖粉丝337.8万以上，互动数超300。

与此同时，借力其他媒体，扩大活动声量。超百家全国专业媒体，包括中国财经新闻网、中国品牌网在内，总计发稿90余篇，稿件阅读数超1 269万次。《人民日报》客户端，包括开屏信息流、通栏信息流在内，总曝光量超2 884万，《人民日报》发稿曝光量达33.2万。阅读量第一的化妆品行业媒体“青眼”发稿阅读量达7 523，中国化妆品产业首家以专业财经视角研究和解读化妆品产业的网络财经媒体“CBO focus”发稿量达近300。

活动期间，“两微一抖”、直播间等平台用户自发反馈积极，相关负责人表示，线下CS渠道联动线上云店增强了用户黏性，也为“种草·喜马拉活动”未来将着力关注CS渠道成功试水，但由于活动持续周期长，本季活动的用户感知、品牌美誉度、扶贫效果等具体数据仍在持续整理和分析中。

第二节　案例分析：“种草·喜马拉雅”5R模型解读

一、5R模型

自20世纪80年代开始，数字科技发展并且渗透到企业运营的各个方面，品牌与品牌化越来越受到重视，被视作区分于其他公司的竞争手段，跨国经营与全球化趋势越来越明显。在此背景之下，美国西北大学唐·舒尔茨教授提出了整合营销传播的理念，5R（Relevance、Receptivity、Responsive、Recognition、Relationship）理论是整合营销理论的基础。舒尔茨认为传统的4P模式仅提到客户或利润，其本质具有封闭的倾向，而5R理论是基于“顾客创造价值”的营销传播理念，整合营销活动应由产品驱动转变为由顾客驱动，将顾客放在企业的中心位置。

此理论模型也是本文案例分析的主要模型框架。

从整合营销传播的价值创造圈中，可明确5R的关系：整合营销把顾客置于组织的中心，价值不再像传统的模式一样依序增加，而是由顾客来主导。在传统的营销增值系统之外，前4个“R”反映出营销人员想要提供给顾客的额外价值，而在价值创造圈外围的是单独的关系要素。

在整个价值创造圈的中心是目标顾客。中心外第一个圈层是传统意义上的营销活动。包括了传统营销因素4P，有产品、服务、渠道、价格、促销或是其他信息等。除此之外，研究者还加入了一些与产品价值相关，可以影响消费者选择的其他因素，例如与终端顾客相联系的品牌的推荐者和社群影响。可接触性指消费者可以获取商品或者服务的难易程度。

第二个同心圆包括“整合营销传播中的5个R”的第一层。与以产品为出发点的4P逻辑类似，整合营销传播聚焦于以下几点。

1. 关联（Relevance）

又译作相关力。这一要素是指企业提供的商品或服务与顾客真正的需求契合度有多高，也就是企业营销活动应该围绕着顾客想要的商品和服务展开，而不是企业目前能够提供何种商品或服务。在此基础上，企业还应注意如何围绕消费者的需求进行及时有效的沟通，如何以具有吸引力的价格，使用合适的分销系统，将切合消费者需求的产品传递给顾客，在顾客需要的时候便捷获取自己想要的信息。

2. 感知（Receptivity）

又译作开放力。一方面，要明确顾客在什么时候想要获取商品信息或是在什么时候最想要购买商品，以此来决定营销者何时将信息和商品送达顾客。所以在这个环节需要解决的问题是通过何种渠道，可以确定与顾客沟通的触点，在这个触点上，顾客更愿意接受信息和激励计划，从访问者或者从潜在顾客转化成购买顾客的欲望最强。另一方面，开放力还指企业对于新技术、新想法甚至新的商业模式的接受度和开放程度。

3. 反馈（Responsive）

又译作响应力。在整合营销传播背景下，响应力一方面是指在触达顾客后，企业推送的信息、商品、服务是否是顾客真正需求的，企业对于顾客的需求和欲望感知能力到底有多强；另一方面，当信息传达给顾客后，顾客对于商品和服务的感受以及反馈的便捷性也至关重要。

4. 回报（Recognition）

又译作识别力。识别力也包含两个方面的内容：一方面，是指企业能够在触达顾客时迅速识别，并将其与企业内部系统里的相关信息对应起来；另一方面，识别力是指顾客是否可以从庞大的信息流中辨别和选择该品牌，即是否可以察觉到品牌与其他竞争品牌的差异性。

5. 关系（Relationship）

又译作关系力。前四个R所反映的是营销者想要为顾客提供的新的附加价值。在这一新的价值创造圆圈系统的最外圈则是一个要素——关系力。这一要素在营销中代表了很多含义。例如，客户关系管理、顾客关系营销及一对一营销，这些营销趋势其实都围绕着关系。在营销中，这一术语基本上是指营销企业可以在根据数据、分析和主要基于信息技术不同形式传播的基础上，与顾客之间建立起一种关系。但在整合营销传播活动中，顾客在主导建立关系，营销者只是依据所获得的信息传递价值。

国内学者赵剑林则提出了5R营销理论相较于之前营销理论的改变：与传统4P理论相比，5R理论的核心从一般交易转向了建立顾客关系，更加强调和突出了顾客的核心地位。此外5R理论的转变还在于：第一，关系营销已经成为当代市场营销的主要理念和手段，它不仅仅强调赢得顾客，更强调提高顾客的忠诚度、长期地拥有顾客；第二，重视长期利益，除了注重企业短期的利益回报，也从长远考虑企业的品牌建设与发展；第三，强调企业与客户的双赢，不再仅从企业的利益着眼，而是将企业利益与客户利益紧密地联系起来；第四，高度重视对顾客的承诺，把企业的服务、质量与营销结合起来；第五，关注产品性能和服务给客户带来的利益，希望通过与顾客建立长期稳定的关系从而实现长期拥有客户的目标。

二、基于5R模型的自然堂"种草·喜马拉雅"解读

1. 关联

关联主要指企业可以为客户提供什么样的产品和服务。因此，企业的整合营销活动需要考虑的是与用户建立关联，提供用户所需要的产品和服务以满足用户的需求。

在生态关联方面，自然堂#然力觉醒 种草喜马拉雅#公益项目的开展地位于青藏高原喜马拉雅山脉，青藏高原位于中国西南部，被誉为"世界屋脊""地球第三极""亚洲水塔"，是珍稀野生动物的天然栖息地和高原物种基因库，是中国乃至亚洲重要的生态安全屏障，是中国生态文明建设的重点地区之一。喜马拉雅山脉位于青藏高原南巅边缘，是世界上平均海拔最高的山脉，也被称为"极中之极"。在喜马拉雅山脉的冰雪和峡谷之中，孕育着难以计数的生物物种，因此保护喜马拉雅山脉和青藏高原生态环境，对促进中国和全球生态环境保护有着十分重要的影响。

党的十八大以来，我国将生态文明建设提升到"五位一体"总体布局，大力树立和践行绿水青山就是金山银山的理念，坚持走文明发展之路，努力建设美丽中国。习近平总书记在2020年中央第七次西藏工作座谈会中提出，要牢固树立绿水青山就是金山银山的理念，坚持对历史负责、对人民负责、对世界负责的态度，将生态文明建设摆在更加突出的位置，守护好高原的生灵草木、万水千山，把青藏高原打造成为全国乃至国际生态文明高地。在2022年的党的二十大报告中，再次指明了生态文明建设的重要意义，大自然是人类赖以生存发展的基本条件。尊重自然、顺应自然、保护自然，是全面建设社会主义现代化国家的内在要求。

在自然堂公益项目的前期策划过程中，团队专家考虑到了全球气候变暖、草地沙化，喜马拉雅地区生态日渐失衡这一全人类共同面临的环境困境，试图对荒滩、荒地、沙地、严重退化裸露地等进行合理开发，通过种植绿麦草防风固沙、保持水土，改善喜马拉雅雪域生态环境。自然堂紧紧

围绕用户、国家及全球民众关切的生态环境议题，从公益草场的建立，到当地植物资源的保护、研究及开发，不断探索深化，努力促进人与自然和谐共生。

在经济关联方面，共同富裕是中国特色社会主义的本质要求，是中国式现代化的重要特征。要坚持以人民为中心的发展思想，在高质量发展中促进共同富裕。自然堂#然力觉醒　种草喜马拉雅#公益项目在策划过程中，以“种草公益带动精准扶贫”为锚点，通过养草肥田提升土壤肥效、改善土壤结构，进而增加耕地面积。同时，自然堂在项目实施中雇佣贫困群众参与种植、维护、收割等劳动，为贫困群众提供增收渠道，因此，自然堂种草喜马拉雅公益行动具有显著的扶贫效益。值得关注的是，在2018年，自然堂与西藏农牧学院展开龙胆草人工驯化种植产学研一体化公益项目，通过规模化人工驯化种植，一方面，能够替代人工采摘野生龙胆草、减少对当地自然生态的破坏；另一方面，为当地注入新兴产业、提高土地效益增加农民收入。该项目创新性采取“企业+公益基金+示范基地+藏族农户”的公益模式，为村民切实带来了收入。首先，为建设公益植物园，自然堂喜马拉雅环保公益基金向鲁朗镇扎西岗村村集体租用50亩土地，村民由此获得租金。该项目一方面能够替代人工采摘野生龙胆草、减少对当地自然生态的破坏；另一方面为当地注入新兴产业、提高土地效益增加农民收入。该项目创新性采取“企业+公益基金+示范基地+藏族农户”的公益模式，产生了较好的社会效益。其次，在种植和维护过程中，项目委托扎西岗村村集体聘请当地村民进行劳动，每人每天平均工资200元左右，村民增加了收入来源。最后，项目产出的龙胆草，由自然堂向村民统一采购，作为产品生产原料。从2018年开始，自然堂向林芝当地采购回收化妆品原料龙胆草和农产品松茸、虫草等共计53万元，逐步实现生态扶贫的目标。

在客户满意方面，第六季自然堂#然力觉醒　种草喜马拉雅#公益项目为提高用户感知价值和用户关联度，在整合营销传播过程中，设计“公益合伙人”证书，以及2万份能够“浇水发芽”的明信片，发放给购买自然堂小紫瓶的消费者，让消费者获得切实的体验。因此，一些消费者踊跃地参与活动成为公益合伙人，并且通过朋友圈等人际传播途径增强了活动声势。

2. 感知

感知主要是指客户产生购买意愿或从生产厂商那里认知产品的过程。在产品感知方面，在“然力觉醒　种草喜马拉雅”整合营销活动中，自然堂借助产品，搭建起用户与此次公益活动的关联。超级酵母成分“喜默因”就是这次活动中的典型代表。伽蓝集团历时多年，在喜马拉雅收集了成千上万种细菌、真菌和古菌，通过对喜马拉雅自然环境基因测序，分离出特有菌株558株，建立起喜马拉雅特色菌种库。缘于多年来的厚重积累，伽蓝研发团队发现了具备独特基因的喜马拉雅酵母菌种，并从中筛选出极端环境下的酵母菌“喜默因”。这一成分已应用至自然堂第五代小紫瓶中。在这次整合营销中，自然堂带动用户成为公益合伙人，凡是购买自然堂小紫瓶的消费者，都将获得一张自然堂种草喜马拉雅的公益合伙人证书，此外自然堂会以每位消费者的名义在喜马拉雅种下10平方米的绿麦草。如此形成了一个“自然—产品—用户—回归自然”这样比较完整的关系链条，使用户能够更加真切地感受到自身的消费行为与此次公益活动、大自然所产生的联结。并且活动期间，在云店系统上的答疑互动也能够从多维度增强用户对于品牌的感知力。

在具身体验方面，“然力觉醒　种草喜马拉雅”整合营销活动一共策划了三场公益直播，通过直播让用户能够更加具体真切地感受到此次公益活动的进展，与用户共同见证了自然堂公益草场绿麦草的收割。例如在2022年10月28日的直播间里，自然堂连线了在西藏林芝自然堂喜马拉雅科研中心的次仁央吉，跟随她来到自然堂公益植物园，回溯品牌源头，带每一位公益合伙人（用户）近距离感受喜马拉雅的生命力，同时与用户进行实时互动。直播间用户表示“好想去看看”“看完好燃”“暂时去不了喜马拉雅，但可以使用来自喜马拉雅的馈赠”。通过直播活动，自然堂扩大了种草公益行动的影响力，增强了用户对于种草公益行动的感知力。

3. 反馈

反馈主要是指客户产生需求时，企业如何响应。2022年第六季自然堂“然力觉醒　种草喜马拉雅”公益活动的用户反馈和感知调研仍在统计中，因此需要后续结合结案报告进行统计。但是，由于2022年的活动，自然堂活动策划方对于未来的活动有了初步的构想。第六季自然堂“然力觉醒　种草喜马拉雅”公益活动将直播现场由西藏转回了上海，直播平台集中在自然堂自有平台和云店系统，因此直播覆盖由以往的广大电商平台的消费者转向曾经在品牌线下门店消费、客户关系忠实的消费者，与会员一一进行线下互动以及线上的答疑。因此，这次活动的黏性增强并重新激活了老用户、忠实用户的品牌关系。在这一活动反馈和成效之下，自然堂计划依照第六季的模式对下一年的活动模式进行调整，计划聚集线下会员用户、头部客户、KOL、媒体及部分热衷公益的社会人士开启真正的自然堂溯源之旅。

4. 回报

回报主要是指企业在市场中的地位和美誉度。“自然堂种草喜马拉雅”公益活动积极响应了党的二十大关于“实现全体人民共同富裕，促进人与自然和谐共生”的号召。同时，党的二十大报告再次明确指明了生态文明建设的重要意义。“大自然是人类赖以生存发展的基本条件。尊重自然、顺应自然、保护自然，是全面建设社会主义现代化国家的内在要求。”“自然堂种草喜马拉雅”公益行动恰恰积极践行了是生态文明建设。

经历6年的持续“种草”，“自然堂种草喜马拉雅”公益活动的影响力已成为品牌力的重要组成。自然堂“喜马拉雅”的品牌IP已更加深入人心，它提供给消费者的不仅仅是产品的功能，更是一份关注自然与环境的情感链接，更是品牌社会责任与担当的示范样板，而这些都是铸造一个品牌高度的养分。

自然堂公益行动的合作伙伴——中华环境保护基金会秘书长刘春龙对自然堂的公益行为提出肯定，他表示：“自然堂为雪域高原生态保护和服务民生福祉发挥了积极的作用。山在远方，路在脚下，很高兴我们见证了社会企业公益的行动，看到了社会公众力量为保护和改善自然生态环境所做出的努力，对此感到欣慰和自豪。”

随着第六季“种草喜马拉雅”公益行动的深入推进，《人民日报》、中国品牌网、中国财经网等各大媒体对其进行了广泛报道。其中，《人民日报》更是连续多年报道“自然堂种草喜马拉雅公益行动”，引发全民热忱。

随着国家提倡的可持续发展观越来越深入人心，消费者的可持续消费观念也与日俱增。自然堂作为源自喜马拉雅的自然科技品牌，每一个行动都秉承着“取之自然，回馈自然”的品牌理念，通过公益营销充分地展现出品牌社会公益责任，强化消费者心中的品牌文化和公益IP认知。

“自然堂种草喜马拉雅”从生态和扶贫的角度，用喜马拉雅丰富的自然资源为产品赋能，体现了国货品牌的社会责任感和民族责任感，不断向世界达到着中国品牌的新高度。“自然堂种草喜马拉雅”公益行动凭借多年在喜马拉雅地区深耕生态环境和人民美好生活的公益行为，成功入选“生物多样性100+全球典型案例”，为全球的可持续发展作出了贡献。

5. 关系

关系主要是指买方和卖方之间的长期互相促进的所有活动。2022年是“自然堂种草喜马拉雅”公益活动持续开展的第六年，在过去的几年里，“自然堂种草喜马拉雅”公益活动使得荒漠土地变成了绿洲，对促进地区可持续发展起到了积极作用，受到了社会各界的关注和肯定。同时，树立了维护生态安全的企业责任形象，展现了助力地区生态文明建设和脱贫攻坚的企业担当。

在与产品用户的互动中，“自然堂种草喜马拉雅”公益活动把准了公益项目的切入点，将生态修复和牧民致富结合起来，较好搭建了捐赠企业、受益群体和社会大众为了一个目标而共同努力的平台，与社会大众、捐赠企业和受益群体建立了良好向善的公益关系。2022年，“自然堂种草喜马拉雅”公益活动进入第六季，自然堂带领越来越多的人参与到这一公益活动中，让消费者也成为“自然堂种草公益合伙人”，促进用户的关注与参与，

2022“然力觉醒　种草喜马拉雅”公益活动的累计总曝光量超过5 553万。值得注意的是，受突发情况的影响，公益活动的直播现场无奈由西藏迁回了上海，由此直播所覆盖的人群较以往有了不同。以往的主要关注用户在于广大电商平台的消费者，而2022年自然堂通过官方云店系统，重新触达曾经在品牌线下门店消费的用户，真正意义上与会员一一进行线下互动以及线上的答疑。在云店系统的互动答疑重新激活了老用户、忠实用户的品牌关系，使2022年公益活动的黏性增强。

在与当地居民的关系互动中，“自然堂种草喜马拉雅”公益行动为当地种植业结构优化、实现草牧业生产与生态相协调、打造乡村振兴新局面奠定了坚实的基础，助力共同富裕，给当地藏族同胞带来更多工作机会和可替代收入。同时，自然堂结合自身优势，秉持所倡导的理念，提升当地群众有关美丽健康生活的知识技能，如开展美丽课堂巡讲。自然堂品牌从公司内部抽调技术骨干担任授课教师，向鲁朗镇下辖的行政村村民传授化妆品使用技巧、皮肤保养等知识。每次课堂结束，自然堂还向村民免费捐赠化妆品。自2018年7月至2020年9月，持续为鲁朗扎西岗村、拉月村和东巴才村的150多户村民发放慈善公益捐赠产品，累计共发放价值35万元的自然堂产品。美丽课堂活动帮助当地群众接受美丽理念、促进生活品质提升。并且自然堂品牌从公司内部抽调技术骨干担任授课教师，向鲁朗镇下辖的行政村村民传授化妆品使用技巧、皮肤保养等知识。从成效来看，有更多的当地年轻群众，在接受美丽课堂培训后，具备了时尚意识，更加注重仪容仪表和精神面貌展示，学会利用网络直播平台，宣传自己家乡特产或自己家庭的旅馆；有更多的中老年群众，人生首次开始接受化妆品的使用习惯，促进健康美丽生活的观念形成。

在与其他社会主体的互动中，自然堂坚持多方协作，种草喜马拉雅公益行动建立了多方参与的平台，让政府部门、商业伙伴、公益机构、科研机构、合作社、消费者等不同力量参与到行动中来，一方面，避免了单个企业在资源和专业能力上的不足；另一方面，扩大了公益项目的社会影响，吸引更多社会力量关注高原生态。在#然力觉醒　种草喜马拉雅#公益项目中，自然堂携手中华环境保护基金会，邀请一兆韦德、来伊份、满记甜品、等社会主体共同展开公益营销活动。

三、案例反思

受到外部客观因素的影响，2022年活动整体规模缩小，并由以往的西藏当地直播间改为在上海进行直播；整体时间线过长，七八月的收割见证仪式直到11月才收官，整体活动略显拖沓。在经历了一系列策划调整后，自然堂团队在第六季的"种草·喜马拉雅"活动中交出了满意的答卷。基于现有资料和采访内容的分析整理上，我们也对本次活动的内容与形式进行了反思和建议。

1. 传播声量较小——借势平台流量，提升品牌知名度

2022年自然堂缩减了在传统媒体上的投放，直接活动也从以往的跟传统电商合作转向依托自身的云店系统和私域流量，从重新聚焦于线下渠道的长远规划来看，这一转向不仅锁定了核心用户，也契合了公益真正的内核，可以称得上是一大创新和突破。但从营销效果来看，传统媒体宣传的缩水，以及电商平台合作的终止，导致本次活动在传播声量上远不及以往品牌和产品的知名度未能提高，也未能广泛辐射，扩大受众群。品牌在企业发展中起到了重要作用，一方面，要树立现代品牌策略意识；另一方面，要对品牌策略有一个正确的认识。可以利用电商平台的公域流量，通过粉丝经济提高曝光率，让更多消费者知道自然堂这个品牌。以这种方式获得大量的忠实粉丝，吸引消费者的目光，推出新产品巩固留住消费者。另外新媒体环境下微博、微信等的营销也是必不可少的，例如在小红书上的美妆博主的推广都可以实现营销。在新媒体环境下应充分利用媒介发挥品牌的绝对优势，结合消费者需求开展营销活动。

2. 后续反馈缺位——开拓响应渠道，重视消费者心理

在整合营销传播的背景下，响应力指当信息传达给顾客后，顾客对于被提供的商品和服务的感受如何，以及品牌对顾客需求做出相应反馈的便捷性。自然堂在"种草·喜马拉雅"活动中通过给线上云店和线下CS渠

道的消费者提供“公益合伙人”证书来营造顾客对公益的参与感，并在后续向环保基金会捐赠相应的金额。但是在后续结果的反馈环节，却没有相应的渠道使消费者及时获悉，对于买了公益产品的消费者很难知道自己的钱是否花在了实处。这也在一定程度上导致后续几季消费者活动参与度的降低。未来，自然堂可以通过小程序、短信等渠道让消费者实时关注公益结果。此外，参照南京红山动物园的认养系统，顾客通过资助认领特定动物，获得主人证书，并展示在网页上。自然堂也可以将消费者与特定地块绑定，使其在官网平台上认领自己的草场，增强其成就感和参与感。

3. 活动形式单调——拓展多元活动，线上线下共同发力

在商业场景中，品牌活动策划是提高市场份额的有效行为。活动策划可以提高企业的知名度和品牌美誉度，也可以提高品牌和产品的市场份额。根据活动目的分类，常见的活动策划包括营利目的和宣传推广。根据活动地点，可分为线上活动和线下活动。第六季“种草·喜马拉雅”活动在消费者的参与层面上设计策划了“种草明信片”和公益合伙人证书等互动形式，但相对来说仍较为单调，缺乏更广泛的吸引力。未来，自然堂应拓展更加多元的活动形式，聚焦活动的丰富性和趣味性，线上线下共同发力。比如联合线下门店布置商场展览或快闪活动，通过多种媒介形式向消费者展示“种草·喜马拉雅”公益活动，梳理了历年公益成果，吸引潜在消费者。此外，随着视觉经济的发展，品牌更加注重包装设计等外在形象，自然堂通过瓶身打造种草活动的特殊联名款（比如印刷喜马拉雅风光、草种特摄等），或在瓶身上印刻消费者名字彰显公益合伙人身份，提高了消费者的参与度并激发其购买欲。

4.“孤掌难鸣”——品牌联合，跨界联名实现价值增值

近年来，人们消费观念转变，消费者购买国产品牌的意愿明显提升。国产化妆品在营销上也越来越趋于国际化水准，比如完美日记与《中国国家地理》共同打造的十六色眼影盘、毛戈平与故宫的联名产品、珀莱雅与中国航天的跨界联名都曾掀起一阵热潮。借鉴这种经验，与知名IP等共同创新成为品牌发展与营销独特的路径。扩大市场份额并结合两家企业文化，

在优化配置资源的同时能够提高品牌在市场上的竞争力。自然堂应该选择契合项目主旨的品牌，联名推出活动或新品，取长补短，建立与消费者之间的情感连接，巩固忠实的消费者群体。此外，营销方式也不能落入单一的窠臼，在联动时还应更多发掘深度尝试。例如橘朵与泡泡玛特的联名产品将独特的盲盒形式融入彩妆发货环节，再比如赞助KOL出席相关时装活动、举办线上线下相关IP艺术展览等，都可能对联名产品的口碑传播和意义挖掘产生积极影响。

第三节　案例访谈："公益营销是连接品牌与消费者、企业与社会责任的新方式"

一、公司介绍

伽蓝（集团）股份有限公司是一家集研发、生产、销售、服务于一体，聚焦于化妆品、个人护理品、美容功能食品产业，规模和实力领先的中国化妆品集团企业。伽蓝集团先后创立了中国原创高端美妆品牌——美素、源自喜马拉雅的自然主义品牌——自然堂、敏感肌肤护肤品牌——植物智慧、针对年轻人的高功效护肤品牌——春夏、专业功效性护肤品牌——珀芙研、个性化的专业彩妆潮牌——COMO等多个品牌。

自然堂作为伽蓝（集团）股份有限公司旗下产品，2001年创立于上海。以天人合一的中国哲学思想为基础，倡导乐享自然，美丽生活的理念，针对中国人的文化、饮食和肌肤特点进行研制，甄选珍稀天然成分融合先进科技，致力于为中国消费者提供更好更专业品质的产品和服务。

二、采访对象

吴金桦，伽蓝集团公关经理。2022第六季"种草·喜马拉雅"项目负责人。

三、访谈记录

（一）“种草·喜马拉雅”活动

Q：《自然堂守护喜马拉雅公益白皮书》指出，“该项目在2016年启动之初，就制定了五年的行动计划”，2022年作为活动的第六季，可以被视作第二段公益征程。是什么原因使得“种草·喜马拉雅”活动在持续五年之后进入下一阶段？

A：自然堂源自喜马拉雅，致力于给消费者带来来自喜马拉雅的珍稀馈赠，帮助消费者实现乐享自然，美丽生活这一理念。企业发展根植于社会，理应回馈社会。自然堂坚持以保护性开发喜马拉雅资源和回馈当地居民作为品牌坚守理念，带给消费者喜马拉雅的万千色彩和美好的生命力，同时也心怀感恩。自然堂正是秉承“取之自然，回馈自然”的品牌公益初心开展了“自然堂种草喜马拉雅”公益活动。一直以来，自然堂将保护生态环境当作最重要的企业社会责任，并通过“种草·喜马拉雅”项目为当地的生态环境和人民生活带来积极的影响。

Q：这一阶段的“种草·喜马拉雅”活动会持续几年？

A：公益行动要想实现成效，就需要长期投入。“种草·喜马拉雅”公益活动是自然堂践行企业社会责任的重要公益项目，会一直持续下去。

Q：我们了解到“种草·喜马拉雅”活动在2018年与西藏农牧学院开展了龙胆草人工驯化种植产学研一体化公益项目，那么这个项目是否还在推进，有什么新的进展和值得分享的成果吗？

A：项目还在继续。2018年，自然堂正式确立了品牌源头基地——鲁朗小镇。7月，自然堂与西藏农牧学院展开龙胆草人工驯化生态栽培示范项目，栽培的植物用于科研和作为化妆品原料使用。该项目一方面，能够替代人工采摘野生龙胆草，减少对当地自然生态的破坏；另一方面，能够推动当地发展新兴产业，提高土地效益增加农民收入。该项目创新性地采取了"企业+公益基金+示范基地+藏族农户"的公益模式，取得了较好的社会效益。

Q：在五周年的白皮书里有提到自然堂在当地举办的美丽课堂，目前美丽课堂互动形式是否还在延续，是否有创新？是否有新的与当地居民互动建立关系的形式，并给他们的生活带来改变？

A：自然堂品牌从公司内部抽调技术骨干担任授课教师，向鲁朗镇下辖的行政村村民传授化妆品使用技巧、皮肤保养等知识。每次课堂结束，自然堂还向村民免费捐赠化妆品。自2018年开始，持续为鲁朗150多户村民发放慈善公益捐赠产品，累计共发放价值超百万的自然堂产品。

Q：我们了解到自然堂有很多公益活动，包括直播间中陈涓玲博士也透露未来将会关注到对西藏女大学生的帮助，那么在您看来"种草·喜马拉雅"活动在众多公益活动中扮演了怎样的角色？

A：喜马拉雅是自然堂创造美的灵感源泉，也是自然堂的品牌DNA。自然堂，师法自然之道，崇尚自然之美，保护性开发喜马拉雅的自然资源。自然堂"种草·喜马拉雅"公益活动是自然堂秉承"取之自然，回馈自然"的原则，履行企业社会责任、保护品牌源头的重要项目，是自然堂守护世界第三极生态环境，积极参与生态文明建设的重要实践，推动乡村振兴，实现共同富裕。它所体现的就是自然堂的责任与担当。

Q：您觉得对自然堂品牌来说，"种草·喜马拉雅"这类公益营销和其他营销相比有什么独特价值？

A：区别于其他的营销方式，公益营销不仅能够提高品牌的声量，还能进一步跟消费者产生深度沟通，引发其情感共鸣，同时能在生态、扶贫、乡村发展等方面带来公益价值。多年来，自然堂品牌通过实地探访、实地直播及多渠道短视频传播的形式，借助明星、媒体和跨界品牌公益合伙人的影响力，打造了具有自然堂品牌特色的、可持续发展的源头公益模式，既契合自然堂品牌使命，又符合当地社会发展的需求，积极响应，实现共同富裕。

Q：整体来看，您怎么评价“种草·喜马拉雅”这个公益IP打造至今的成果？

A：2016年，自然堂携手中华环保基金会成立了“自然堂喜马拉雅环保公益基金”，至今已向中华环保基金会捐赠2 200万元。自然堂种草喜马拉雅公益项目已持续六载深耕，在西藏日喀则地区种植466万平方米绿麦草，推动行业实现绿色发展，不仅改善了当地生态环境，为居民带来了丰富的牧草资源，同时带动了贫困农户脱贫，助力乡村振兴，实现共同富裕。自然堂种草喜马拉雅公益行动凭借多年在喜马拉雅地区深耕生态环境和人民美好生活的公益行为，更是成功入选了“生物多样性100+全球典型案例”，为全球的可持续发展做出了贡献。

（二）2022第六季“种草·喜马拉雅”活动

【策划】

Q：2022年公益活动的总体背景会和以往几年有什么不同吗？2022年的公益活动有什么新变化，因为了解到2021年8月前往自然堂公益草场，进行了一场种草仪式的直播，2020年“双11”又举办了一场绿麦草丰收庆典直播，那么2022年正好赶上上海的特殊情况对活动开展有什么影响吗？以及2022年在政府沟通、公司本身运营情况方面会和往年有什么不同吗？

A：总体其实没有什么太大的变化，我们原本想在当地做一系列的溯源活动，但是没有办法进行。所以原计划是在7月份开展的见证仪式，但随着客观情况一拖再拖，无法到西藏，最后实在没有办法了，所以无论是我们的消费者，还是我们的一些公益合伙人也好，都是以直播、视频录制以及线上互动的形式，做完了整个活动。

除了对活动本身来说有影响外，公司本身的情况和往年相比没什么不同，只是针对我们线下的活动会有一些影响。

Q：2022年的主题是然力觉醒，除了"回溯品牌源头"的含义，拟定这个主题还有什么深意？

A：首先在构想这个主题的时候也算是有一个背景，我们伽蓝通过10年的打磨，可以说是终于研制出了超级酵母喜默因，这种成分突破了行业内关于酵母的"卡脖子技术"，也打破了国外对于这种技术的垄断。所以对于我们国货而言，以及对于我们整个自然堂而言，也算是一个质的飞跃。

回到"然力觉醒"这四个字，"然"，其实顾名思义就是指自然堂，"力"，其实我们想要展现的就是品牌力。所谓"觉醒"就是终于十年磨一剑，研制出超级酵母喜默因这样一个很好的成分，并应用到我们的产品当中。也是想通过这样一个主题，让更多的消费者知道我们自然堂的品牌源头在喜马拉雅，同时也知道我们整个的活动，想要突出超级酵母喜默因。因为其实2022年我们整个活动所捆绑的单品就是第五代新升级的小紫瓶，也是想通过这样的一个方式来向我们的消费者传递这样的信息。

Q：2022年直播活动邀请到陈涓玲博士分享她与喜马拉雅的故事，以及连线参观当地研究中心和公益植物园是围绕这个主题（然力觉醒）特别设计的环节吗？（因为了解到2021年的主题是自然堂在路上，从16日启动4 000公里巡游，从上海到西藏，27日在当地开启"种草仪式"是十分契合"在路上"的主题的）

A：算是一个特别设计，但是其实我们的初衷，包括陈博士的这场直播的本意是类似于这种在路上2.0的概念。因为我们原本是希望到达每一个站点，比如林芝的植物园、林芝的工厂，到达我们品牌的源头，可能是想这么一路播下去，但实际还是受到疫情的影响，不能够身临其境地真正走到这几个点位。就像我之前说的，我们就通过这种直播、连线，以及视频录制的方式，向大家展示自然堂品牌的源头。

【实施】

Q：本季“种草·喜马拉雅”活动整体的时间线是什么样的，在之前提到的白皮书中我们看到了“种草·喜马拉雅”活动的大致流程是基金会进行项目考察，由政府部门进行土地筛选，再由专家进行科研攻关，然后进入活动的核心部分，也就是员工、合作伙伴和当地农户以及合作社种草，再由当地农户进行维护和收割，那么2022年也是这样的流程吗，和往年相比有什么新的变化吗，方便大概介绍一下不同阶段的执行时间吗？

A：流程其实是没有变化的，因为基金会是有一些硬性要求的。比如刚才你说得很详细，我们需要去考察项目的落地，公益基金的款项到位，到5月是我们播种的时间，10月1日到10月5日是我们收割的一个时间节点。2022年的时间线因为特殊情况，一直在调整。本来是七八月份的见证仪式，到最后就变成了我们收割的见证仪式。直播当时有一些画面都是我们的草已经收割后的场景。

因为没有办法给你具体的时间，只能大概说一下。其实我们是在春节以后，大概二三月份才把这个项目真正地立项。环保基金会的老师会在三四月份的时间就去我们当地的草场考察，看适合种植什么样的草。包括2022年也是第一次想在我们草场种植皇竹草。我们原来种的草叫绿麦草，这个草第一是可以改善土壤的环境，第二它的生命力特别顽强，在一些极端恶劣的环境下也可以长得比较好。草场野兔子特别多，但皇竹草是野兔子的最爱，2022年中科院的老师们也想试验一下，看看皇竹草能不能长得起来。这需要我们耗时耗力做一个围栏把这块草地给围起来，还好2022年皇竹草也长得在我们的预期范围内。所以2022年我们种植的草的品种有两个，一个是皇竹草，还有一个是绿麦草。

播种的时间就是我刚才说的5月，5月是播种的时间，这期间其实在刚刚播种完以后，我们当地的牧民要定期去维护、浇水，也要看西藏当时的天气。据村民的目测，草的生存率能达到80%—90%，还挺高的。每年的9月份左右，草其实都已经很绿很高了。10月，这个节点就是我们的收割时间，我们会动用一些收割的机器，邀请当地的牧民帮我们进行收割，收割完了以后，当地的农销社再对草进行二次的售卖，当地的村民也是可以用到这些草的。

到后面的节点就是11月、12月，有一些草可以进行售卖，以及当地的这些村民也可以使用这些草。

每年数据一般是要到来年的四五月左右才能够把数据公布给大家。比如这些草我们今年卖了多少钱，给当地的村民创收了多少，这个数据可能要到明年才能给到大家。

Q：我们在各个平台包括在10月28日的直播当天都看到了播种活动，以及在研究中心和公益植物园拍摄的视频，同时我们在中华环境保护基金会也看到征集本季种草活动见证活动的公告，那么拍摄视频的执行也是这个见证活动的一部分吗？

A：对的，也是我们克服了种种困难。确实是有两三个摄影师是在当地待了2—3个月的时间，等到可以出去拍一些东西的时候，他们就拍一些素材，剪辑一个视频出来，过程还挺坎坷的。

Q：直播的形式是否是2022年进行创新的？

A：直播的形式之前也有用过，只不过之前我们是在西藏当地直播的，但2022年是在上海直播，形式其实差不多。但和往年相比，直播的平台也不一样，以往我们会跟电商合作，会在我们的淘宝、京东账号上进行直播。2022年我们是在自己的直播平台、我们自己的云店系统进行直播的。

Q：这种"以买代捐"的公益机制在2022年持续了多久，是只要购买小紫瓶自然堂就会捐赠10元，还是只在"种草·喜马拉雅"的活动期间活动有效？因为了解到10月28日直播当天可以在直播间购买产品就可以获得公益合伙人的证书，那么这种消费者"云种草"的公益行为持续了多久，不在直播间购买小紫瓶也能获得这样的公益证书吗？

A：所谓的"以买代捐"，其实我们只是以消费者的名义，在当地去种植绿麦草。整个活动的时间为两到三个月，约从10月1日到12月3日。这三个月，以这种形式在线下的门店，包括云店购买产品的消费者，提供一个公益合伙人的证书。同时我们会向环保基金会捐赠相应的金额。但实际上我们每年其实都已经先把钱捐给了环保公益基金会，实际上是只多不少的，我们其实每年都有固定的金额。

Q：您刚刚有说到你们的活动可能会根据2022年活动的一些创新点去进行活动的调整。我想问一下你们2022年的这些活动有没有根据往年活动中当地一些居民或用户的反馈，进行一些具体的调整？

A：其实2022年整体的感觉是一直在调整，我们最开始的规划，其实想做一个溯源之旅，会邀请一些媒体和KOL与我们一同前往西藏的各个驻点。但2022年因为去不了，就导致我们一直在改方案，不停地在调整，其实也没有参考往年的这种项目的案例。当时，首要任务是要把项目执行下去，其次是怎么能够让它的传播声量更大一些。我们其实是在见招拆招，主要就是根据大环境的变化去进行一些调整。比如大部队的人去不了西藏，我们就派一支小分队到西藏进行直播，但是实际情况是我们都已经到机场了，航班取消了，我们也真的是没有办法去了，当时是面临着这么一个情况，所以就果断地把直播间从林芝搬回了上海。

【成果】

Q：2022年活动结案是否进行过用户的公益活动感知调研，能否提供感知调研数据？

A：这个我们也会做，但是目前来说还没有办法给出完整的统计数据，需要等到之后结项才能给到。

Q：公益营销过程中是否有对企业的品牌美誉度和影响力进行测算？如抓取网络中的用户评价关键词、统计各大平台粉丝数量的增长等。

A：其实相关工作我们现在还仍在进行中，我们确实会对整个营销过程中自然堂品牌的美誉度以及影响力，进行一些数据的捕捉。但是还没有办法给你们一个具体的数据。因为其实这个项目，从年初到年尾其实是全年都有相关动态，所以工作我们也是一直在做。

Q：在分析项目的传播效果时，您和团队会单独分析各平台的"自来水"讨论吗？您觉得从这方面体现出的消费者心智打造、品牌认知塑造效果怎么样？

A：首先，2022年跟往年最大的区别就是我们嫁接的平台是线下的CS渠道，往年我们是通过电商的，比如我们会跟天猫合作，会跟京东合作，但2022年比较特殊。我们的CS渠道有好多数据，目前来讲，没有办法真正就像天猫那样捕捉得那么精准。因为比如BA介绍的一些老客户，以及其他的一些线下客户、消费者，他们到我们线下的一些经销商的门店购买产品，他们有些数据我们没有办法捕捉得很精准。

因为2022年是我们第一年和线下的CS渠道进行这样的合作，其实我们能很直观地感受到，线下门店的这些BA也好，消费者也好，对于整个活动的参与度还是挺高的。我们当时设计的一些环节，比如公益合伙人的证书，以及我们专门做了一个类似于明信片，但可以浇水发芽的卡片，可以实现真正意义上的种草。我们当时做了2万份草的卡片，也确实全都发给我们的消费者了，所以可见他们还是很愿意去参与这样的一件事情。而且大家也确实很踊跃地成为公益合伙人，他们有很多人会去发朋友圈呼吁身边的一些人，让大家到自然堂门店去买小紫瓶，我们真的会在喜马拉雅种植1平方米绿麦草或10平方米绿麦草，真正意义上地在做公益，其实对于消费者而言，他们也还是很感兴趣的，尤其是线下的CS渠道这部分人群。

Q：和自然堂以往几年的"种草·喜马拉雅"项目相比，您怎么评价2022年的项目效果？与以往相比您觉得有何新的效果增长？

A：其实我们是开辟了一个新的合作渠道——线下的CS渠道。我认为2022年的自然堂项目和以往项目相比最大的一个区别就是，2022年我们不能到达西藏的草场去共同见证，无法在当地进行真正的直播。

但是2022年我们在上海做直播，我们觉得反而效果跟以往相比效果会好一些。所谓的好，我是加引号的。2022年整个给我的一个最大的感觉就是我们所辐射到的人群和往年是不同的。往年我们可能通过这种电商的平台来进行一些辐射，这些人群可能对于这种公益活动的参与度并不是特别高，这种电商的消费者可能会更在意活动给他带来的直观的折扣是多少。但是2022年我们通过这场直播来走我们线下的CS渠道，去真正意义上与我们的会员进行一些线下的互动交互。陈博士在直播间对消费者提到的各种各样的问题进行了答疑解惑。参加直播包括两类人：第一，对自然堂品牌的黏性很强的，忠诚度很高的这样一群人；第二，就是对我们自然堂品牌的源头十分感兴趣的这样一部分人群。

所以我们由此而有了一个新的想法，就是在2023年的"种草·喜马拉雅"项目中，我们可能会抽取一部分的观众，以及一些头部的客户，甚至有一些头部KOL，以及媒体人，可能会邀请这样一群人，以及我们还会从社会上再去招募一些感兴趣的人，真正地来一场自然堂的溯源之旅。所以这也是通过2022年的这件事情，我们对于明年的一个构想。

因为原来我们的活动在天猫也好，京东也好，它是会有一个项目保护的。比如要跟天猫合作，我们就不能在京东发声。往年我们都是和电商平台进行合作的，往往忽略了线下的这一部分客户群体，所以我们又回归了。包括刚才也说到了明年的构想，可能明年我们不仅要跟电商进行合作，同时线下门店CS渠道的这些客户，同样也是我们值得关注的客户群体。

Q：因为从我们找到的各种资料来看，2022年在宣传传播上，在线上能看见的活动不是很多，包括像您刚刚说到的线上打卡三天就能够获得公益证书，我们在各个平台都没有见过这样的一种形式。所以我们想了解一下我们没看见的比较新的形式有哪些？

A：我就先简单地说一下。云店系统其实是有点偏向私域的，连接我们所有线下的门店所链接到的客户。所以我们发一些直播、活动的链接，其他的消费者是看不到的，也没有办法购买。也就是说一些网购消费者没有办法直接在我们云店系统下单购买产品。云店系统的客户是一定要通过到我们线下的一些BA下单，是以这样的合作模式进行的。

我给你讲一个比较有意思的事，为什么2022年黏性这么强？第一是时间跨度比较大，再一个由于是偏私域的模式，客户有问题会问BA，BA就会第一时间去做解答，这样一个问答来回的过程，跟天猫和京东不大一样，天猫和京东可能就是我直接下单，可能发了我一个证书就结束了，如果有人再想了解这个项目，就只能通过一些推文、视频了解项目的背景。

但是我们的BA，或者说我们的云店系统跟传统电商不一样，能够直接在线解答一些问题。有一些比如夫妻店，消费者跟老板的关系建立了很长时间，可能有十几年、二十几年。自然堂现在有这么一个项目，消费者买一瓶小紫瓶就可以成为公益合伙人，他可以更深入去了解什么是自然堂的源头、喜马拉雅、种草等，就会使得这个活动的黏性、互动性更强。

2022年我们和往年有一个很大的区别，我们在一些传统的媒体上的投放减少了很多。因为我们跟传统电商合作，平台也会自带一些流量，以及平台也会给我们一些很好的媒介资源来进行投放。

但2022年因为它嫁接在我们自己的云店系统，所以外界人看来好像是没什么声音，可能在《人民日报》等媒体上发文、发视频，项目就结束了，可能会给大家这样一种感觉。但是在我们云店的这些会员，他们却不是这样认为，他们就会觉得这个项目还挺热闹的。他们买了东西，又回购产品了，成为我们的公益合伙人，还获得了可以种草的明信片，就会觉得这种活动很有意思。

Q：从政府的角度来看，国家“三农”工作核心正由脱贫攻坚阶段向乡村振兴阶段转变，您觉得这对“种草·喜马拉雅”未来目标拓展、策划创新是否有影响？

A：影响谈不上，我觉得这是一个国家的大方向。我只谈到一点，这个项目对我们自然堂来讲，是持续的，2023年会有第七季，但实际上这个项目我们已经做了8年，未来项目还会继续做下去。

其实同样就自然堂这种企业的社会责任而言，我们这个项目既然真正能够改善当地的生态环境，同时也能为当地的村民能够带来一些收入，能够帮助他们脱贫。我觉得这个项目它是有意义的，不管是国家有没有政策，我们也同样会继续做下去。

我也就是代表自然堂来表决心，这个项目只要可以继续做下去，我们就会一直做下去。

（访谈人：朱月萌、毛昕颖、彭雯婷、权心儿、伍清桦、闫玉玺）

Chapter 7

第七章

鸭鸭羽绒服 × 快手磁力引擎：冬奥微电影《冲鸭！冬泳妈妈》

快手磁力引擎在冬奥的黄金节点，携手《三联生活周刊》和鸭鸭羽绒服，推出微电影《冲鸭！冬泳妈妈》，以快手冬泳爱好者鲍文霞为主角，讲述了冬泳妈妈希望冬泳申奥的故事。在奥运赛场之外，快手磁力引擎以普通人的视角，传递奥运精神，回应大众情感，其合作品牌以新市井营销的方式深化了品牌的温度感知，成为成功的营销案例。

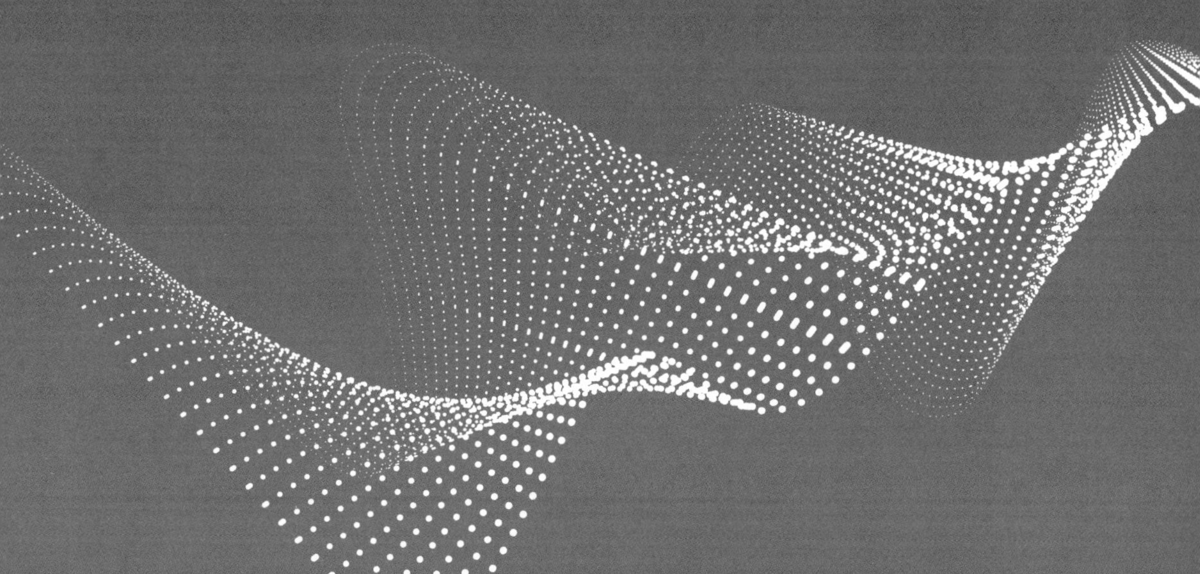

第一节　案例复盘：快手磁力引擎——冬奥营销节点微电影

（一）项目信息

1. 项目背景

2022年，万众瞩目的北京冬季奥运会如约而至，群众对于冬日运动的关注度和热情日渐高涨。本届冬奥会是历史上收视率最高的一届，全球观众超过20亿人次，其中，受关注度最高的冰雪项目是短道速滑、冰壶和花样滑冰。然而，这类冰雪运动难度大，门槛高，基础设施要求高，在短时间之内无法“飞入寻常百姓家”。

那么，有没有一项运动，能真正跨越中国大江南北，并在冬季拥有广泛的群众基础？

磁力引擎发现，无论是北方小城齐齐哈尔，还是南方都市武汉，从嫩江到长江，每一个冬天，都有广泛的冬泳爱好者在江中挑战自我。而在快手，活跃着超过2 800万的冬泳爱好者，他们每日在快手分享点赞冬泳日常，面对即将到来的冬奥，以自己的力量为冬奥加油。过去70年，冬泳在民间受到越来越多的人的喜爱，冬泳申奥成为“同一个梦想”。

但是，拥有如此广泛群众基础的冬泳，为什么没有出现在冬奥会上？

磁力引擎深入了解后发现，原来在民间，广大冬泳人已经在为“冬泳上冬奥”开始了不懈的努力。北京冬奥来临前，冯玉芹与王小红等冬泳爱好者发起了“我是冬泳人我要上冬奥”全国签章巡游活动，25天跑遍5个省份21个市县，完成“千人签章万人签字”。磁力引擎希望将这段真实故事刻画成影像，留存于2022年的快手冬奥记忆里。

2. 创意洞察

在冬奥这一营销节点，许多品牌常用“明星选手”进行英雄营销和

图1　冬泳的发展与历史

（图源 :《北京日报》客户端）

“点燃赛场”进行民族情绪营销。但明星与平凡人之间存在鸿沟，通常需要用户以仰视的视角看待明星的故事，而市井生活中的平凡人故事，会更好地让大众产生共鸣。

对于快手市井化的社区氛围来说，更需要找寻到平凡人与冬奥之间的链接是什么，找寻到每位普通的中国人的奥运梦。于是磁力引擎找到了一群“平凡梦想家”，以一段“冬泳申奥”的真实故事作为创意原点，以“一个内容核心+多个品牌助理+∞个话题讨论”为策略，以层层递进为模式，以帮助“冬泳人申奥”实现梦想提升品牌温度。

（1）真实故事：微电影不仅根据真实故事改编，更大胆地启用了全素人冬泳爱好者作为主演及核心配角，冬泳爱好者的出镜，让故事片在可看性和趣味性的基础上，增加了几分故事真实感，甚至是热爱的真实感。

图2　影片《冲鸭！冬游妈妈》中的片段

（图源：影片《冲鸭！冬泳妈妈》）

（2）真实冬泳人：影片中的人物原型之一，是现任大连美国国际学校冬泳协会会长冯玉芹女士。在2022年冬奥会来临前，冯大姐与王小红等冬泳爱好者发起了“我是冬泳人我要上冬奥”全国签章巡游活动，25天跑遍5个省份21个市县，终于完成了“千人签章、万人签字”。

图3　冬泳申奥的真实事件
（图源：中国游泳协会网站）

（3）真实营销：旨在借助这样一部讲述当代“阿甘精神”的微电影，塑造品牌方——磁力引擎作为市井梦想的发现者与助力官的品牌形象。利用真实人物故事与站内用户生态，构建优质商业化平台，提升快手磁力引擎的营销驱动力。

图4　影片《冲鸭！冬泳妈妈》中的片段
（图源：影片《冲鸭！冬泳妈妈》）

3. 策略实施

北京冬奥会召开，全民冬奥氛围高涨，为冬泳这项在国内尚显冷门的冰雪运动引发大众关注创造了最佳契机。磁力引擎以“一部微电影+一场线上助力+一次社会热议”的组合拳，将民间故事通过快手真实重现，以冬季运动撬动观众情绪，并以商业向善为宗旨，引发网民的关注。

（1）一部微电影：联合快手冬泳用户打造微电影。磁力引擎以“冬泳申奥”故事为切口，联合《三联生活周刊》，携手品牌伙伴鸭鸭（YAYA），由快手用户冬泳妈妈鲍文霞主演，推出影片《冲鸭！冬泳妈妈》。影片以民间“冬泳申奥”新闻为原型，多位冬泳人本色出演，讲述了一位致力于让冬泳项目进入冬奥会的冬泳妈妈，在与“松花江四大泳王”“以泳会友”寻求签章助力的过程中，发生的一系列啼笑皆非又令人感动的故事。

图5　演员选取现场照
（图源：磁力引擎）

（2）一场线上助力：快手站内发起冬泳签章线上助力活动。磁力引擎在快手站内，发起“冲鸭冬泳妈妈”线上签章助力，联动鸭鸭、加多宝、昆仑山、美团、盼盼等品牌伙伴，以及多位快手达人，分享冬泳故事，参与冬季运动。

（3）一次社会热议：联合《三联生活周刊》掀起社会议题。为吸引更多人关注冬泳运动，了解冬泳爱好者，磁力引擎联合《三联生活周刊》推出纪实报道《万人签章，他们想为“冬泳”做件大事》，采访签章申奥发起

图6　品牌助力和线上签章
（图源：磁力引擎）

人、救援队员、四世同游冬泳家庭等。与此同时，磁力引擎、快手正能量、快手体育、《三联生活周刊》等20多个账号在快手、视频号及微博发布转载《冲鸭！冬泳妈妈》微电影，数英及广告门等媒体深度解读，100多个媒体报道。

图7　从冬泳申奥到社会议题讨论
（图源：《三联生活周刊》关注报道）

（二）创意执行

1. 营销目标

以独具国民特色的冬泳运动视角切入，关注平凡人的伟大梦想，讲述有着“快手特色”的冬奥故事，同时联合品牌伙伴共同加入助力活动，传递磁力引擎商业向善的力量。借势北京冬奥，让“冬泳申奥”来获得更多支持，同时，在冰雪热潮下将视线转向小众的冬泳群体，帮助人们通过快手关注到不曾被看见的生活，传递品牌向善价值观，提升用户品牌好感度。

2. 目标人群

目标人群涵盖快手市井化社区用户，在冬奥的氛围中对冰雪项目萌生兴趣的普通观众、冬泳运动爱好者，尤其是活跃在快手的2 800多万冬泳爱好者。《冲鸭！冬泳妈妈》以有笑有泪的真实故事激发共情的力量，致敬和打动有着未竟的梦想并始终为之前进、前路漫漫而从未忘记初心、披荆斩棘但仍然热爱生活的千千万万个市井普通人。

3. 主题信息的设计

“冬泳妈妈”将一项需要投入热情与精力的冰雪运动，与亲切口语化的“妈妈”这两个看似风马牛不相及的名词并用，营造出巧妙的反差感，提前揭示了真实故事的一部分，吸引观众对微电影中的人物冲突继续一探究竟。此外“冲鸭”是近年来流行的网络词汇，为“冲呀”一词的谐音，是一种卖萌的加油表达方式，带有充满朝气、斗志盎然的意义，并且嵌入了用户品牌名“鸭鸭”。“冲鸭！冬泳妈妈”直接地传达了普通人物为特定目标而奋斗的励志信念。

4. 信息风格的设定

《冲鸭！冬泳妈妈》，将目光聚焦在一群未登上赛场的人身上，成功做

直播视角，寒风瑟瑟中，一位俄罗斯女主播裹得严严实实的在湖边做采访，声情并茂的用俄语讲述冬奥会里加入了冬泳项目，并采访当事人“董姐”的感想。

主播：“冬泳，是冬奥会今年新加入的一项体育项目，这次冬泳申奥的成功远远离不开一位来自中国东北的阿姨，正是她坚持不懈的申奥，才能让我们在这个全球盛事里一睹冬泳的精彩，下面，请我们的这位申奥阿姨董姐来说几句吧～”（流利高频俄语输出）

镜头摇到了一旁的董姐，她看到镜头转向自己后赶紧将身上披的毯子拽下来，露出“冻人”的泳衣套装。

董姐：“首先，我要感谢各位老铁的支持，没有你们的支持……”

一旁的大爷突然入画，将地上的毯子捡起来重新给董姐披上，嘴里念叨着：“停停停，不太对。”

画面回到客观视角，原来是一群大爷大妈聚在冰湖边模拟排练。

大爷喝了口手中的枸杞茶，气定神闲的说：“你应该首先感谢我们的国家和这片黑土地养育了我们，不能一上来就先感谢老铁。”

另一个大爷坐在自己的三蹦子上，后斗里拴着刚在集市上买的大鹅，插话说：“我嗰着你甚至可以先朗诵一段诗歌做开场白，有仪式感一点。”

一个大妈用胳膊怼了怼一旁的俄罗斯女孩：“还有你这个研究生，你母语讲的那么快谁能听明白？”

俄罗斯女孩白了大妈一眼，用东北话回了一句：“跟我讲的慢了你能听懂似得…”

突然远处传来大爷的呼喊：“懂，听得懂～没有人比董姐更懂冬泳啦！～”

大家循声而望，一个大爷在冰湖里仰泳，冰冻的湖面上放着一个大音响，播放着DJ版的“董小姐”。

图8　电影的部分文字脚本

（图源：磁力引擎）

到小人物与冬奥的真实链接，由快手冬泳爱好者本色出演，朴实的镜头语言展现了普通人的热爱，四则小故事流露出公路片的幽默，传递东北人的喜剧感，让短片在轻松的氛围下，自带鬼畜的洗脑魔力。无缝衔接快手市井化的社区氛围，也与当下阖家欢乐的热闹年味相呼应。

（三）效果评估

1. 传播声量

（1）以独具国民特色的冬泳运动小视角切入，携手众多快手冬泳用户共同打造冬奥微电影《冲鸭！冬泳妈妈》，将冬泳人的真实故事搬上荧幕，微电影播放量超1 000万，讲述具有“快手特色”的冬奥故事。

（2）在快手站内，磁力引擎携手鸭鸭等一众品牌，发起线上签章助力活动，以运动点燃热情，为市井生活里的每一份平凡梦想发声，站内活动曝光1 800万次，设置站内话题页，用户通过观看微电影，点击拍摄加油视频，完成线上签章助力，超过120万用户参与其中，活动影响力持续扩散。

（3）磁力引擎、快手正能量、快手体育、《三联生活周刊》等20多个账号在快手、视频号及微博发布转载《冲鸭！冬泳妈妈》微电影，数英及广告门等媒体深度解读，100多家媒体报道，相关活动及传播累计总曝光达3 000万。

（4）获得北京、长春、邯郸、威海、齐齐哈尔等数十个地方泳协的支持，关注每一个平凡的伟大梦想，传递快手平台温度。

2. 专业认可

（1）2022年数英奖：创意单元—视频组—短片类（入围）。数英奖（DAwards）是业内首个全透明在线公开评选的广告营销创意奖。数英平台汇聚了广告行业爱好者、从业者、专家的诚实表达，结合数据算法的分析提炼，识别出并表彰那些达成广泛精确触达、兼备智慧和创意的广告营销案例。在2022年数英奖中，《冲鸭！冬泳妈妈》获得创意单元—视频组—短片类入围奖，其中，在数英平台评分7.8分，专业评委的评价以正面褒奖为主，体现了业界专业人士对该视频广告的认可。《冲鸭！冬泳妈妈》源自冬泳者申奥的真实故事跌宕起伏并充满力量感，影片叙事贴近生活，充满市井气息，与快手的平台调性和用户紧密贴合。尽管篇幅较长，不利于传播，但瑕不掩瑜，具有较高的社会意义和价值。

（2）2022年金投赏商业创意奖：品牌公司组|整合传播营销类（单项）（提名奖）。“金投赏商业创意奖”自2008年创建于上海，经过十五届的发展沉淀，已经成为亚洲备受关注、也是全球颇具影响力的中国本土的国际化奖项，每年超1 100百家专业的设计、广告、媒体公司会提交年度最优秀作品及案例参与金投赏的评选。

2022年，快手磁力引擎受邀在金投赏创意奖举办专场论坛，磁力引擎摘得软件及网络服务类“年度品牌”称号，将16座奖杯收入囊中，营销能力与项目效果得到了专业评审，以及行业资深人士的高度认可。快手磁力引擎能够在本届金投赏众多参赛方中脱颖而出，获得评审青睐，一方面，依托平台独特的文化氛围，扎根于新市井生态，挖掘更动人的真实力量，另一方面，相比于宏大叙事，更着重关注平凡人群的不平凡梦想，凸显平台的社会价值；更重要的是，快手为品牌解锁更多营销势能的同时，能够解决实际生意问题，完成商业价值突破。

（3）2022上海国际广告奖：营销传播|非营利慈善类（铜奖）；营销传播|互联网服务/线上平台类（铜奖）。

（4）2022中国广告长城奖：内容营销（铜奖）。

（5）2022大中华区艾菲奖：热点事件（铜奖）。

3. 用户价值

微电影《冲鸭！冬泳妈妈》以“冬泳申奥”的真实故事为切入点，将冰雪运动与普通人的生活相连接，激发了观众对于冬泳运动的兴趣与热情，尤其引发了快手平台广大冬泳爱好者的共鸣与自豪。同时，线上签章助力活动吸引了众多快手用户的自发参与，相关出演者和参与其中的活跃用户收获了一定的粉丝。

4. 渠道价值

短视频与直播平台的模式正在悄然改变品牌与用户的关系，在公域有活力、私域有黏性、商域有闭环的生态下，品牌可以在快手持续实现扩圈、连接、经营和洞察等价值。[①]微电影《冲鸭！冬泳妈妈》在快手“市井化”社区的播放量超860万，站内活动曝光1 800万次，近60万人参与线上签章助力，话题#冲鸭冬泳妈妈#登上快手热搜榜单第6位，达到了较好的品牌对内传播效果，也发挥出了快手“市井化营销”的“人的价值”。

但是，《冲鸭！冬泳妈妈》系列创意营销没有选择集结公众号等平台建构传播矩阵，也没有选择其他短视频平台作为传播阵地，而是以媒体解读和深度报道为主，究其原因，一方面，仍是因为主要目标受众是快手用户尤其是2 800万冬泳爱好者用户；另一方面，微电影形式的视频广告篇幅过长，不利于直接在视频平台传播。

5. 品牌价值

鸭鸭，这个拥有50年历史的老字号国民羽绒品牌在快手平台上别出心裁，焕发活力。微电影《冲鸭！冬泳妈妈》中的“冬天”与“冬泳”两大元素，让鸭鸭羽绒服有了天然的展示舞台。同时以“冲鸭”的口号贯穿全片，更让鸭鸭将展现国民羽绒力量与冬奥健儿弘扬中华体育精神完美结合，

图9 与鸭鸭羽绒服合作示意图
（图源：磁力引擎）

① 崔鹏. 快手商业化提出新市井生态，推动公域、私域和商域结合［EB/OL］.（2021-10-28）［2022-12-29］. https://www.jiemian.com/article/6756982.html.

巧妙地用谐音梗在冬奥营销里分了一杯羹。冬奥会开幕后的30天内，鸭鸭在快手的销量达到1.2亿，并多次登上快手服饰类排名榜单。

《冲鸭！冬泳妈妈》这一成功的创新营销案例不仅借势快手强大的冬奥营销资源助力鸭鸭品牌扩圈，更以市井化的温情故事，给予品牌大众层面的深刻感知，助力品牌在快手平台建立营销新主场。

第二节　案例解析：《冲鸭！冬泳妈妈》日本电通蜂窝模型解读

（一）日本电通蜂窝模型

1. 理论基础

日本电通蜂窝模型以大卫·艾克教授的品牌认同系统理论作为基础。艾克教授认为，“品牌识别结构包括核心识别和延伸识别：核心识别——品牌中心、永恒的精髓——随着品牌进入市场，推出新产品，仍会保持不变。延伸识别包括组合成互相联系、有意义的集合，以实现一定的特征和竞争力。”[①]以此为出发点建立了一个品牌认同系统。

在这一模型中，艾克指出品牌可被视为：① 产品；② 组织；③ 人；④ 符号。这四个概念虽然有所区别，但目的一致，即帮助品牌管理人全面考量品牌的不同层面，并借助各层面使品牌认同更清晰、丰富。

有关品牌结构层次，艾克认为品牌各要素应围绕核心认同并丰富核心认同。电通蜂窝模型脱胎于艾克教授的品牌认同模型，但并没有打破品牌认同系统内部的结构体系，而是巧妙地利用了蜂窝的自然结构，让各要素围绕品牌的核心价值更为合理地组织起来，实现与顾客的沟通，并在沟通中保持信息的一致性。电通模型中的品牌核心价值的含义，在本质上与基

① 戴维·阿克. 创建强势品牌［M］. 吕一林译. 北京：中国劳动社会保障出版社，2014：53.

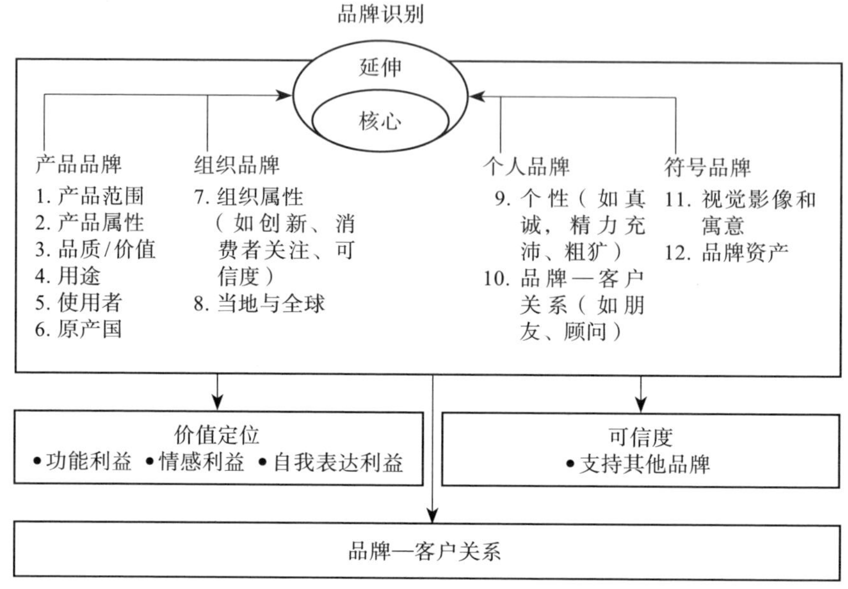

图10　艾克的品牌认同系统理论[①]
（图源：维基百科）

本认同一致，只是从价值的角度进行表述，使其具备更强实操性。[②]

2. 理论简介

日本电通蜂窝模型以核心价值为中心，由符号、权威基础、情感利益、功能利益、品牌个性、典型（理想）顾客形象六个品牌要素呈蜂窝状构成，核心周边的六个要素环环相扣，同时分别与核心及其相邻要素关联，组成一个成长与扩张的结构。

电通蜂窝模型所定义的各元素的基本含义[③]。

核心价值：代表着一个品牌最中心、最本质，且不具时间性的要素。

符号：视觉影像和隐喻，将抽象的品牌形象凝结成具象。

权威基础：彰显品牌价值的基本事实，包括产品的特征、过去的历史、

① 戴维·阿克. 创建强势品牌［M］. 吕一林译. 北京：中国劳动社会保障出版社，2014：61.
② 陈书舫. 基于日本电通蜂窝模型的欧莱雅集团品牌建构研究［D］. 浙江大学，2010.
③ 胡晓云，谢冰心. 日本电通蜂窝模型——品牌建构与管理的有效解决方案［J］. 中国传媒报告，2004（1）.

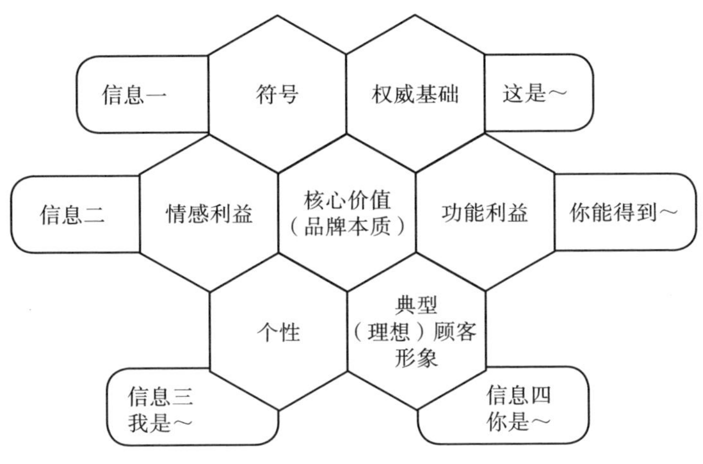

图11　日本电通蜂窝模型

（图源：维基百科）

推荐者等。

个性：品牌自我表现的差异化优势，是与典型消费者建立良好关系的方法。

情感利益：引发消费者的情感共鸣。

功能利益：向潜在消费群展示对其有意义的功能性作用。

典型顾客形象：典型顾客形象或者称理想化的顾客形象。典型顾客形象能成为一个品牌个性的强力驱动来源，让典型消费者接受品牌价值、帮助品牌成长。

电通蜂窝模型借用蜜蜂建构蜂巢的"累积"概念，通过消费者的品牌认知层次来理解品牌创建。其关键是思维活动以思维结晶的形式一点一滴地累积在一种精巧的构架中①。并且，这种架构随着思维活动和思维结晶的累积而不断丰富和扩大。营销传播是一种累积的过程，在这个过程中，产品的信息不断储存、处理和反馈，那么信息的一致性则是顾客接受、处理及储存品牌信息的重要考虑，因而围绕品牌核心价值的其他品牌元素都是

① 赵洁．蜂窝模型在构建品牌资产中的应用［J］．商业时代，2009（11）：29-31.

统合在一致性的品牌信息之上。

3. 文献回溯与模型应用

国内关于电通蜂窝模型的研究逐渐兴起，但数量有限。通过对中国知网和维普期刊的搜索，发现与电通模型相关的论文共9篇，除1篇谈及电通蜂窝模型对企业品牌资产的作用，[①]其余文献都集中于其在品牌建构中的应用。目前国内最为综合、全面的理论研究来自胡晓云、谢冰心的《日本电通蜂窝模型——品牌建构与管理的有效解决方案》一文。[②]该文对于电通蜂窝模型之理论背景、理论基础、模型结构、内容关联等进行了充分阐释，并分析了电通蜂窝模型对品牌定位策略和品牌延伸评估的贡献。该文也成为本书分析的主要参考文献。

电通蜂窝模型在西方国家的研究很少，或与电通公司在国际化上的不成功相关。英文商业类数据库与电通蜂窝模型相关文章鲜见。何辉在《电通如何成为第一——全球最大广告公司的智慧、经验、方法与技巧》一书中对电通国际化迟钝的原因进行了剖析，认为其中最主要的深层原因有两点：① 日本的文化与其他市场的文化差异巨大，用本国的文化思维去理解国际化的市场往往不能获得成功；② 日本有自身顽固的商业传统和习惯，在国际化市场上缺乏足够的应变能力。[③]

电通蜂窝模型在分析、评估品牌核心价值、品牌多层次含义、品牌—顾客关系、品牌延伸方面均有独到价值，因此本书将其作为品牌评估和分析的工具。

（二）案例分析：基于日本电通蜂窝模型的《冲鸭！冬泳妈妈》创意营销解读

1. 符号：品牌价值的视觉表达

（1）注重视觉影像和隐喻，突出宏大叙事中的民间主体。磁力引擎以“冬泳申奥”故事为切口，联合《三联生活周刊》，携手品牌伙伴鸭鸭、快

---

① 赵洁. 蜂窝模型在构建品牌资产中的应用［J］. 商业时代，2009（11）：29–31.

② 陈书舫. 基于日本电通蜂窝模型的欧莱雅集团品牌建构研究［D］. 浙江大学，2010.

③ 何辉. 电通如何成为第一——全球最大广告公司的智慧、经验、方法与技巧（第一版）［M］. 北京：中国物价出版社，2005：22.

手用户冬泳妈妈鲍文霞主演，推出影片《冲鸭！冬泳妈妈》。影片结合移动互联网视觉影像技术，以民间“冬泳申奥”新闻为原型，营造出全社会喜迎冬奥的全民体育大联欢氛围。在这一主线之下，突出宏大叙事中的民间个体，使之符号化、具象化、人格化，讲述冬泳妈妈与“松花江四大泳王”“以泳会友”寻求签章助力的过程中发生的一系列故事。

（2）抽象的品牌形象，具象的短视频表达。理论认为，基于对消费者不同层次的认知目标的了解，在品牌传播中，应该理清品牌本身的层次含义，然后根据品牌价值核心的各元素，把这些信息逐层、完整地传达给消费者。如果能够把各层次的元素一一给予分析、表现，然后统合于品牌核心价值，这样品牌的定位和构建策略自然就水到渠成。

为了让更多的人关注冬泳运动，了解冬泳爱好者，磁力引擎联合《三联生活周刊》推出纪实报道《万人签章，他们想为“冬泳”做件大事》，通过采访签章申奥发起人、救援队员、四世同游冬泳家庭等，描摹出一幅“冬泳浮世绘”，受到超过10万人关注。尽管品牌形象本身较为抽象，但在具体的故事讲述、报道呈现、人物表达中变得符号化、具象化、人性化。

同时，影片的创作过程中，磁力引擎联合鸭鸭、加多宝、昆仑山、美团、盼盼食品等，以及@琪怪儿、@DADA与她的船长等快手达人联合助力合作品牌。在快手站内发起“冲鸭冬泳妈妈”线上签章助力活动，超60万用户参与线上助力，打卡支持冬泳人的申奥梦。通过具象化的短视频呈现，让更多用户对品牌进行关注、点赞甚至消费。

2. 权威基础：支持品牌价值的事实

（1）产品特征：真实性与故事性。磁力引擎巧妙地以“冬泳”这一在国内有着广泛群众基础的运动，凭借“真实故事、原生用户、品牌联合、议题发酵”四大亮点，在同质化的冬奥营销中杀出重围，帮助冬泳爱好者以另一种形式圆梦。一方面，视频内容取材自真实故事，“小人物的大梦想总会在快手被更多人看到”；另一方面，快手站内真实冬泳人参演、社会议题的广泛传播，使品牌价值得以加持。贯穿影片的“冲鸭”助力，以及天然的羽绒服使用场景，实现鸭鸭在本次微电影中深度定制，巧妙实现品牌影响力的扩散。

（2）推荐者：全民体育与用户参与。每年冬天，全国各地众多冬泳爱好者在江中挑战自我。快手活跃着超过2 800万冬泳爱好者，他们每日在快手分享点赞冬泳日常，为即将到来的冬奥加油。北京冬奥来临前，冯玉芹与王小红等冬泳爱好者发起了“我是冬泳人我要上冬奥”全国签章巡游活动，25天跑遍了5个省份的21个市县，完成“千人签章万人签字”。如此庞大的冬泳爱好者群体，加之喜迎冬奥过程中的全民关注热潮，为品牌营销注入了强劲动力。

3. 情感利益：情感上的共鸣满足

情感利益主要是指是品牌通过一系列品牌活动，让消费者能够在体验、感知、消费等过程中获得情感上的共鸣或满足。

（1）主线故事：鼓励大众追求个人梦想。冬泳是一项在我国民间具有广泛受众基础的冬季运动，但冬奥会虽然具有丰富的冰上项目和雪上项目，却唯独缺少了水上项目，这样的遗憾多年来也一直萦绕在冬泳人的心头。

快手正是关注到了冬泳爱好者近年来对“让冬泳上冬奥”所付出的不懈努力，于是作为“市井梦想的发现者与助力官”，快手以微电影的形式展现了民间对冬泳入冬奥的热情和努力，为广大观众讲述了一个动人的平凡梦想家们的追梦故事。

影片的播出，使得冬泳人的付出被更多的人所关注到，也让广大观众更加深刻地体会到，世界或许不会因为个别人的一腔热血而改变，但小人物的大梦想总会在快手被更多人看到，梦想可能平凡，可能渺小，可能看似遥不可及，但是它一定是伟大的，是值得为之不懈奋斗的。这极大地鼓励了大众对于梦想的追求，也强烈地激发了观众的共鸣。

（2）副线故事：助力大众感受温暖亲情。在影片中，除了冬泳人为了“让冬泳上冬奥”而不懈奋斗这一主线故事，家庭亲情的矛盾也十分令人动容。

在奋进时代成长、相信只要肯拼就一定能成功的长辈，与看似独立有主见、但骨子里信奉一切躺平的“女儿”一代之间的矛盾，是本片的副线。

冬泳妈妈的梦想最初并没有得到家人的理解，母女关系甚至从冷淡升级到发生冲突。但最终，这位母亲得到了女儿的理解与支持。

我们每个人在生活中都不可避免地会与父母、家人产生或多或少的矛盾，而这个影片也能够使观众从中找到自己的影子，从中产生亲情的共鸣。故事最后母女和解的温馨场面也更是能够使得观众感受到心灵的慰藉，温暖的亲情似乎使“冬泳”这一项目不再寒冷。

（3）全方位真实感：加深受众共情。首先，在故事内容上，其四则故事均来源于真实经历。以民间“冬泳申奥”新闻为原型，进行了一定的戏剧性改编。当时，冬泳爱好者们历时25天，跑遍5个省份、21个市县，终于完成了“千人签章、万人签字”，其中历经坎坷波折。也正是由于取材于现实，整个影片才能在展现其故事性和冲突性同时，又不脱离实际，能够更进一步地以情动人。

其次，在演员选取上，启用全素人冬泳爱好者作为主演及核心配角。除了女儿这一角色为演员外，其他角色都为真实冬泳爱好者进行本色出演。比如主演冬泳妈妈鲍文霞，是齐齐哈尔冬泳协会副会长，在影片中扮演泳王的同样是来自吉林与齐齐哈尔的冬泳爱好者。他们都曾参与2021年由冬泳爱好者们发起的“我是冬泳人我要上冬奥”全国签章巡游活动。虽然真实小人物的演技很有颗粒感，但也正是这些“不修边幅、不加设计”的演绎，使得整个故事的展现更为真实，也更能使人动容。

再次，在镜头拍摄上，游泳镜头均为冬泳实拍。拍摄中鲍文霞和泳友两度入水：“平时一天只下一次水，毕竟零下二十多度，想到要给冬泳做宣传，说啥也不能放弃。”影片选用真实的冬泳场景，而非室内拍摄和后期剪辑，带给观众一种更加沉浸式的真实冬泳体验，减少违和感，能够拉近观众对于影片场景的距离。

最后，在影片语言上，以朴实风格为主，并带有东北式幽默。影片中演员们的对话带有浓重的东北特色，有着东北特有的幽默感，这也使得影片营造了一种轻松的氛围，甚至带有一种“洗脑”魔力。这也使得主角的形象更为饱满，受众更容易沉浸其中，心情跟随着故事情节发展跌宕起伏，有强烈的情绪感受。

（4）用户亲身参与：提升获得感。在发布影片之后，快手发起了线上版“签章申奥”助力活动，将线下的“签章申奥”概念平移到线上。用户只要动动手指即可参与圆梦助力，参与方式简单，让受众亲身参与其中，而非一个局外人、旁观者，从而增强受众的参与感、获得感。

4. 功能利益：有意义的功能性作用

功能利益指的是向潜在消费群展示对其有意义的功能性作用，也是产品或服务的基本功能价值。

（1）对鸭鸭等品牌：提高品牌曝光率，增加商业盈利。在影片中，羽绒服品牌鸭鸭也进行了巧妙植入：影片中的冬天与冬泳两大元素，让鸭鸭羽绒服有了天然的展示舞台，片中的角色每日所穿的外套便是鸭鸭羽绒服；每当故事讲到温暖之处，鸭鸭羽绒服都会以一种能够带来温暖的形象出现；此外，全片贯穿“加油鸭”“冲鸭”等口号，鸭鸭将展现国民羽绒力量与冬奥健儿弘扬中华体育精神完美结合，让观众在不经意间感知到其品牌的角色与价值。

成立于1972年的鸭鸭，一直以来的定位就是做国民羽绒服，在大众间有着良好口碑，但随着市场环境的变化，品牌一度陷入增长困境。而《冲鸭！冬泳妈妈》影片的推出，也使得它的品牌曝光度和知名度有了较大程度的提升，为品牌发展带来了新的机遇。

除了鸭鸭外，许多其他品牌也都凭借与快手的合作，在快手开辟了营销新阵地。如快手还联动加多宝、昆仑山、美团、盼盼等品牌，以及@琪怪儿@dada与她的船长等快手达人，发起为冬泳爱好者签章助力活动——“冲鸭冬泳妈妈”，分享冬泳故事，参与冬季运动，为冬泳梦想助力，推动老品牌焕发新生，新品牌实现跨越。

（2）对快手：提升品牌形象，并促进用户关注与品牌合作。在冬奥营销节点，快手没有采用绝大多数品牌所常用“明星选手”进行英雄营销和“点燃赛场”进行民族情绪营销等方式，而是在冰雪热潮下将视线转向小众的冬泳群体，帮助人们通过快手关注到不曾被看见的生活，并鼓励普通人追求梦想，传递了品牌向善的价值观，提升了用户对于快手的好感度。与此同时，也使得快手的用户数得到了进一步的提升。

此外，也吸引了更多品牌入驻快手，与之展开合作，这都在极大程度上推动了快手的进一步发展。

5. 个性：品牌自我表现的差异化优势

个性是品牌自我表现的差异化优势，是与典型消费者建立良好关系的方法。

（1）关注平凡个体。腾讯董事会主席兼首席执行官马化腾曾表示："快手专注于服务普通人日常生活的记录和分享，拉近了人与人之间的距离，是中国移动互联网一款非常贴近用户、有温度、有生命力的产品。"

快手磁力引擎是"连接者"。在快手，那些最难被互联网世界连接的人、最难被记录的人，因为短视频，被接入了这个时代。作为快手商业化营销服务平台，磁力引擎联合众多合作品牌，关注快手平台上的平凡个体，借势北京冬奥，被更多人看到，依托于快手这个"去中心化"的平台，"一个人的冬泳申奥之旅"这样小众的作品才有机会被我们发现和认知。

快手磁力引擎也是"赋能者"。平台助力每一个平凡人物的伟大梦想，微电影及其后续活动让"冬泳申奥"拥有了更多支持的力量，传递了快手磁力引擎商业向善的价值观，提升了用户的品牌好感度。

（2）新市井文化。在冬奥期间，京东邀请谷爱凌拍摄微电影，安踏则联合国家队打造数字藏品。不同于同期其他"冰雪营销"，《冲鸭！冬泳妈妈》将目光聚焦在一群未登上赛场的人身上，讲述了一对母女历尽坎坷坚持为冬泳申奥的故事，成功做到小人物与冬奥的真实链接，情感共鸣和故事选择上都使人耳目一新。

故事源自真实的经历，由快手冬泳爱好者本色出演，朴实的镜头语言展现了普通人的热爱，四个小故事带有东北式幽默，一句句"老铁"展现着快手平台特有的草根文化。微电影既彰显了快手温暖市井化的社区氛围，又突出其一直以来对于用户的陪伴，成功塑造了一个有温度、有力量的品牌形象。

（3）助力乡村振兴。快手平台上有超过5亿的用户，这种平台用户的广泛性意味着它已经深入基于中国庞大人口的城市和乡村人群，所以品牌可以在快手上实现新市井营销。正因为如此，在营销层面，快手磁力引擎更多关注到社会发展、乡村振兴和共同富裕，不仅仅是公益广告，更多营销项目的立意都将上升到人文关怀的高度，将微观的个体命运与宏观的国家命运联系在一起。

6. 典型顾客形象：理想化的顾客形象

典型顾客形象能成为一个品牌个性的强力驱动来源，让典型消费者接受品牌价值、帮助品牌成长。

（1）品牌目标人群。说到小红书，会想到美女、美妆、种草；说到B站，就会想到二次元、鬼畜。而说到快手，会想到的是人间烟火、整活的“老铁”。快手平台上最关键的是新市井中的这些人，他们有自己的一套生态的语系。

这些多元的、有烟火气的“老铁”们，他们就是快手平台最核心最宝贵的财富，也是新市井中最重要的人。快手磁力引擎的目标人群正是被这种新市井人的价值观吸引而来的人，他们会对一声声“老铁”产生亲切感，会与博主们产生有趣的化学反应。他们通常生活在三四线城市以及农村，主要集中在26—35岁，占整体用户数量的43%，在学历方面比起其他平台用户会更偏低。在快手上做品牌营销基本上离不开新市井中的这些人，品牌会通过这群人来讲故事或者种草，品牌的转化、曝光都离不开新市井人群的价值。

（2）营销活动目标人群。《冲鸭！冬泳妈妈》是公益微电影，了解并追求强转化强关键绩效指标（KPI）类型的营销活动，营销目标比较宽泛，针对的营销圈层涵盖体育垂类爱好以及整个关注快手平台的人群。

快手平台一直连接着这些不被看见的、从事着小众体育运动的默默无闻的小人物，他们也有喜欢的运动，他们的运动同样热血，但他们甚至没有机会站到冬奥会的舞台上。这次营销活动就提供了一个机会，能够在这样重要的一个节点，让本不被看见的大多数被看到，让他们抓住宝贵的圆梦机会。因此，这次营销活动的目标人群，便是这群有着一腔热血却缺少展示机会的人。

冬泳人不仅是要把他们的梦想送到冬奥会上，同时也是家族梦想的延续。当活动通过《三联生活周刊》把这个平凡而不凡的故事报道出来时，观众的评论都非常触动人心，你会看到全国各地的人都在讲述自己的父亲、爷爷是怎样的冬泳爱好者。所以通过《三联生活周刊》的报道可以看到，更多冬泳人群的力量喷涌而出。

这也是营销活动选择与《三联生活周刊》联名合作的原因。快手超5亿的用户基本上覆盖了中国大多数网民，是一个很庞大、很多元的圈子。而《三联生活周刊》的用户更多的是城市中可能会关注这类社会话题的人，这可以帮助营销话题产生一个很好的扩圈效应。当在大家在这篇报道下交流、讨论、评论时，这已经不仅仅是一部微电影传达的一小撮人的故事，甚至不再是一个营销活动，而是成为一个社会公益层面的、值得我们去探讨的议题，产生了很好的议程设置效果。

第三节　案例访谈："新市井营销，挖掘'普通人的价值'"

访谈日期：2022年12月23日。

关键词：快手、冬泳、冬奥、营销、故事、人群、片子、案例、品牌、媒体、梦想、力量、明星、媒体平台、公益广告、营销目标、平台特色、比赛项目。

一、公司与团队

（一）公司简介

Q：公司现在的主要工作方向是什么？

A：先是第一个问题——公司的主要工作方向，我先介绍一下我们部门。我们这次申报的案例的主体是快手磁力引擎。快手其实大家都很熟悉，是一款应用程序，但是快手其实设有一个部门叫商业化营销服务平台。用户在快手上有时候会刷到广告，刷到有一些品牌通过达人做营销，这些人是怎么在快手上开展这些营销活动的？快手的商业化部门营销服务平台就叫磁力引擎。这个部门的名字对标字节跳动的巨量引擎。像B站、小红书，他们都有自己的商业化服务平台。所以我们部门就是这样一个部门，会帮助品牌在快手上开展营销服务活动。

（二）团队初衷

Q：团队是如何想到这个选题的？

A：快手作为东京奥运会和北京冬奥会的转播商，拥有相关赛事版权，像是这种大的营销节点，比如奥运会、世界杯、亚运会，如果平台买了版权，或者是没有买版权，都会做很多的营销活动。所以在营销节点即将来临的时候，我们就会想到我们要在冬奥上做一个和快手有关的，能体现出快手特色的冬奥营销的项目。

Q：团队拍这个视频的初衷是什么？是希望冬泳可以进入奥运会吗？

A：大家就会提前想到，我们为什么要做。因为在冬奥的节点我们可以平时看到，比如刚刚过去的世界杯，也是体育营销的一个经典选题，大家通常可能就会选择大的项目或人，比如去冠名、合作非常有潜力的冬奥明星，比如和谷爱凌这样的冬奥明星合作。又或者是买了冬奥的版权，在版权内容上做一些发力，这是大家常规的一些操作。但这样也有一个问题是，在整个铺天盖地的冬奥营销中，有可能会被淹没，大家可能会看不到。所以我们当时很希望能做一些取巧的、以小博大的、又有快手平台特色的营销活动。

二、团队策划

Q：团队在选题前期做了哪些准备工作？有没有预备其他选题或主角？何时了解到鲍文霞的？

A：前期的搜集资料时、在了解冬奥的过程中，我们发现了一个很好的选题。故事在过去的，相当于过去的六七十年间，在中国民间有很多喜欢冬奥，又喜欢冬泳的人，他们长期以来非常希望冬奥舞台上能有冬泳项目。甚至在去年的2021年，有一位阿姨叫冯玉琴，她非常希望把冬泳送到冬奥舞台上。她在全国就开启了千张巡游的活动，她走到了济南，走到了张家界，走到了各地的游泳协会，号召大家一起签下自己的名字。

Q：在策划环节，如何确定该微电影的风格？灵感来源是什么呢？

A：我是冬泳人，我要上冬奥。他希望通过这样一个形式，把这样的一个集齐的签名送到奥组委，让他看到中国冬泳人的决心，然后希望能够把这个项目送上冬奥会的舞台，不管它是一个比赛项目，还是一个表演项目。我们当时觉得这个新闻真的特别特别的感人，因为阿姨已经70多岁了，但是她非常想做这件事情，就在当时那样一个很艰难的时段，她还是自己飞了全国，收集大家的签名，希望做成这样一件事情。而这样的一个故事，它其实非常有快手的特色。因为我们经常会在快手上看到一些很感人的小人物的故事，所以基于这样的一则新闻，我们就想把这样的一个故事搬到荧幕上，通过快手的力量，让更多的人看到冬泳这项运动。因为其实有的时候可能大家对冬泳有一些误解，觉得冬泳好像好多老头老太太，在大冬天闲着没事出去运动，但其实不是的，好多人其实也有一腔热血，有梦想，希望能让自己的喜欢的项目站到冬奥会的舞台上。基于这样的原因，我们就选择了这样的一个小人物，选择了属于小切口又符合快手特色的这样的一个故事，希望把它送到奥运会的舞台上。希望传递这些小人物的梦想，如果最后能够实现奥运会的立项，那肯定是更好的。关于前期做了哪些准备的工作？有没有预选？其他主题就是我刚刚说的。其实这个新闻的主角是一个叫冯玉琴的大姐，但是这个大姐她已经70多岁了，我们当时很希望她来做这个故事的主角，但考虑到身体原因和各方面的条件，大姐就婉拒了。她很难配合整个拍摄的流程，在沟通这个过程中，大姐就推荐了鲍文霞，她50多岁，是齐齐哈尔冬泳协会的一位副会长，她当时也参与了冬泳签章助力的活动，长期支持冬泳进冬奥这样的一个运动。所以最后我们就选择了这位阿姨来作为我们的主角。

Q：在策划环节，如何确定该微电影的信息风格？灵感来源是什么呢？

A：其实我们当时有一个片子，不知道你有没有看过，叫《小猪佩奇》。啥是佩奇？前几年张大鹏有一个特别火的片子，就是讲小猪佩奇的，电影拍得特别朴实，有一种纪录片的感觉。所以我们希望还原这样的一个故事，整体的故事片营造了一种公路电影的感觉，其中还有大妈带着她的女儿去层层闯关，与“四大泳王”互动这样一个情节。

这个故事其实在真实的新闻里，有一些苦情。因为冬泳阿姨真的是特别不容易。在环游千川的过程中，周围的人可能都不太理解，但是她还是克服困难来做。我们把它变成电影的时候，可能更希望有那种公路片的幽默感，传递东北人的喜剧感，层层闯关，所以尽量让它的可看性更强一些。

Q：为什么称主角为“冬泳妈妈”而不是“冬泳爱好者”？妈妈这个身份让主角有什么特别之处吗？

A：“冬泳妈妈”其实是我们在故事里的角色，有真实的故事原型。我们在跟冯大姐聊天的故事中，她自己在做这件事情的时候，她的家人可能不是特别理解。我们在做故事编排的时候，其实有明暗的两条线，明显就是这位妈妈，她和“四大泳王”交手，然后寻求签章助力；暗线是其实她的女儿一直陪伴着她，从一开始的不理解，觉得她这么大年纪为什么要做这件事情，到最后女儿也支持她，理解她。我们把这种明暗两条线一起在设置里面也取材自真实人物的经历，让这个故事更丰满，所以将主角称为“冬泳妈妈”。

三、策划执行

Q：这个视频拍摄多久，经历了哪些阶段？短片里的人物是如何进行选择的？团队是如何协调的？

A：视频拍摄了4天，经历了前中后期，前期拍摄团队要在那边做勘景，就和拍电影、拍电视剧是一样的，要做勘景，要做演员的选曲，我们要打磨故事的脚本。中期可能就是辗转齐齐哈尔和长春这些地方不同的取景地进行拍摄。后期就是涉及影片的制作、音乐、编曲各个方面，大概就是这样的三个节点。

Q：短片中的其他人物是怎么选的？

A：短片中的人物大多数都是来自齐齐哈尔和冬泳协会。当时我们还与邯郸游泳协会、威海游泳协会沟通，那些下水的演员其实都是真实的冬泳爱好者，因为冬泳其实门槛还蛮高的，如果没有游过冬泳，其实是真的完全难以下水。短片中的女儿的扮演者是演员，她在冬天稍微地穿了一下泳装，真的冷得受不了。阿姨们是真的跳下水，还拍了两轮下水的经历。过程中一些围观的人群也都是当时的那些当地的冬泳爱好者扮演的。

四、受众、传播渠道与传播效果

Q：这个选题的具体营销目标和目标人群是什么？

A：我们就这样聊拍摄的具体营销目标和目标人群。其实我们这个项目不是那种带强转化KPI的，你可以看到如果是卖一个新品，可能有特定的营销人群，像这种它是基于一个平台讲述一个人物的梦想，它的营销目标其实比较广泛，包括营销圈层，甚至是泛体育垂类爱好者，或者是关注快手平台整个的人群。所以可能就比较难以用数字量化，如果一定要用数字量化，可能就要进行模糊处理。

Q：在策划环节，该项目是否做了市场调研，是否先明晰了该类公益短片的具体定位，与其他冬奥公益短片进行差异化设计？

A：在策划的环节，其实我们也做了很多的市场调研，也看了一下同期的竞品或者其他的媒体平台。快手和抖音、小红书、B站都是同属于媒体平台类，伊利是品牌类，这对应两类不同人群，但大家都会做这种节点营销，其实会有一些差异化设计。就像刚刚说的，小红书的冬奥营销应该是绑定了谷爱凌来做，伊利应该也是找了一些大明星，比如徐龙堂。所以我们用这种公益短片，从冬泳阿姨这样一个特定的人群来做切入，力求从情感共鸣上、故事选择上都让大家耳目一新，做一次有效的冬奥营销。

Q：这个作品在投放渠道和后续活动上有过哪些构思？签章助力活动是一开始就想到的吗？

A：后续的投放我们主要是基于在快手平台上，以及全网的媒体平台，与《三联生活周刊》联合投放。签章助力是一开始就想到的，其实我刚刚给你讲这个故事，你应该能感受到，这就是阿姨的真实经历，她在线下做了这样的一个签章活动，所以我们把助力活动也搬到了线上，这也是快手平台基于平台非常好发散的一个活动。我们曾经做过一个逆光行动的活动，是在过年的时候，我们在快手站内要送大家回家，“老铁”们点赞助力。助力值可能达到多少可以解锁权益，可以帮助城市里的农民工、务工者回家。所以我们经常会采用这种助力，集平台的力量，集“老铁”的爱心一起扩大活动影响力。因为我们在助力的过程中也会给用户一些奖品，所以大家也会积极地参与。

Q：团队拍这个视频希望达到一个什么样的效果？

A：其实还有一个很好的案例，我们很希望能达到那样的效果。不知道你有没有看过，也是快手的一个案例叫《哪样是村BA》，在贵州的农村，有很多普通的老百姓，他们会打篮球，他们的奖品可能最后就是一头牛。你搜新闻也会看到很多报道。最后新闻就引起了外交部的关注。赵立坚，还有姚明都对这个案例非常关注。还有另一个公益案例，叫《一个人的球队》，有一个小朋友叫叶沙，他去世后，器官捐给了很多人，包括肺、肝、心脏、眼睛都捐献了。这些人后来也组成了一支篮球队，被姚明看到了。当时还跟中国的篮球协会打了一场比赛。所以我们当时希望能通过这样的一个冬泳妈妈的故事，被奥组委看到，得到奥组委官方的反馈。但基于种种的原因，最后可能没有达到一定的量级，但也受到了很多人的关注，能看到热爱冬泳这样的一群特殊的人。后续其实我们跟阿姨也保持着联系，阿姨也会在快手继续更新。

Q：后续有没有考虑继续跟踪冬泳妈妈的动态？有初步的想法吗？

A：如果有一些很好的体育赛事的节点，也可以长期地建立联系，因为在我们的平台上，快手的这种体育垂类也有非常多活跃的爱好者。

Q：您认为团队的作品受到公众青睐的原因是什么？

A：团队的作品体现了鸭鸭品牌和磁力引擎的主张。快手是整个冬奥营销的冬奥会的持权转播商，鸭鸭及厦门很多品牌都是我们整个冬奥会的一些合作伙伴，所以这个项目的机遇刚好，我们就邀请鸭鸭也一起来玩。

Q：这次的微电影体现了磁力引擎的哪些主张？

A：一个是刚刚所说的快手平台，它一直是支持这种不被看见的，不是每个人都可能从事的一种体育运动，能够在这样的一个节点被大家看到，有很多可能默默无闻的小人物，他们也有喜欢的运动，他们的运动同样充满热血，甚至没有机会站到冬奥会的舞台上。快手就提供了这样的一个机会，让不被看见的大多数被看到，所以希望能够体现这样的圆梦的价值。

Q：该项目与鸭鸭、加多宝、昆仑山、美团、盼盼食品等品牌，以及@琪怪儿、@DADA与她的船长等快手达人联合助力。为何选择这些品牌和达人，可否告知和这些品牌之间具体的合作形式和过程？《冲鸭！冬泳妈妈》为什么选择《三联生活周刊》作为联动发布的媒体？

A：磁力引擎是一个商业的平台，我们也联合自己的品牌伙伴，在这样的一个节点一起来帮助普通人圆梦，让我们的品牌客户也被看到，提升他们的好感度，或者是在用户心中的认知。一是帮助普通人，一个是与合作伙伴来共建。在签章助力的环节，大家参与签章助力就可以解锁到抽奖的机会。我们的合作品牌提供了很多奖品。奖章助力达人们也是通过发拍摄快手短视频，然后一起为冬泳妈妈的梦想助力。为什么会选《三联生活周刊》？《三联生活周刊》其实是一个很好的社会人文类的媒体，当时我们通过《三联生活周刊》，如果我们仅仅拍摄这样的一个故事片，可能会让大家知道有好多人想让冬泳上奥运，大妈也有这样一个机会通过快手拍了一个片子。但是通过《三联生活周刊》的一起联合助力，我们就能挖掘出冬泳背后非常多的故事。当时《三联生活周刊》就出了一篇报道关注到了冬泳群体故事。比如在邯郸有一个四世同堂的家庭，他们这一家几十年以来都非常喜欢冬泳，也希望把冬泳送到冬奥会。又比如在威海，冬泳协会的人和当地的红十字会组成了相当于蓝天救援团的组织。如果有人落水或者是打捞尸体，这些冬泳的人就可以帮助到当地的救援协会。

除了包文霞大姐，在邯郸还有一位冬泳协会会长名叫王小红，也是长期致力于冬泳进冬奥的。所以我们就会发现，冬泳人不仅是要把冬泳送到冬奥上，同时也可能是一个家族梦想的延续，也有可能为社会公益发挥着很多力量。冬泳群体其实是不被大家看到，但发挥着很大作用的一个群体。我们把这个故事通过《三联生活周刊》报道出来，其实评论都非常感人，你会看到全国各地的人讲述自己的父亲、爷爷是什么样的冬泳爱好者。在快手上还有一个“奥利给大叔”，他前几年做了一支跟快手的片子还挺“出圈”的。这个大叔叫“冬泳怪鸽大叔”。所以你就会看到通过《三联生活周刊》的报道，更多的冬泳人群的力量蓬勃涌现出来。

Q：我们注意到各个不同平台的发布时间有时间差，为何这样规划，宣发的时间序列是什么？为了达到怎样的传播效果？

A：我们会优先选择来快手作为媒体的首发，这样产生力量可能会更强大一些。快手平台上的很多的账号也都在陆续地跟转，《三联生活周刊》也进行了分层次的报道。再做一个全网的扩散，一般我们做这种营销活动的扩散，大概都会有一个矩阵式的安排，比如首发媒体、联动媒体、二次轮转的媒体，这样可以达到持续的效果。

五、反思

Q：在整个营销过程中，有没有哪些策划设计或者初始想法最终没有落实或者很好地实现？您对此的想法和态度是什么？您认为整个策划中最成功的一点是什么？

A：其实我们会有。后来我们自己在项目复盘中会有一些遗憾。当时冬奥会是2022年2月4日开幕，我们的片子选择在2月3日发布。后来我们想了一下，其实冬奥会是第一次在中国举办。中国人对冬奥会的认知，其实没有夏季奥运会那么强。那个时候冬奥会的热度其实还不是特别高，不管是冬奥会的关注，还是那种民族自豪感、热议度都没有起来。我们后来想，如果放在中间，或者是临近尾声，大家对奖牌榜的关注，比如对谷爱凌、苏翊鸣，对这种运动员的关注度更高，过程中我们更多地和体育明星的联动，是不是会更好？这可能是一种遗憾。

其实我们觉得选冬泳人来做这件事情，有利有弊。我们选了素人演员来做这件事情，你会发现他们的演技有的时候太有颗粒感了，很素，拍得可能会有点像纪录片，但是这种真实特别有力量。我们平时会说"真实自有万钧之力"，大概就是这种感觉，他们演出来的东西，冬泳的时候下水的感觉对影片来说，整体传递的感情还是非常不一样的。

Q：那么如何衡量商业向善的传播效果？对于品牌形象的维护和提升效果如何？

A：我们确定营销目标，量化营销数据，但这可能不会直接带销售转化，它对于品牌形象的维护提升，也是一个长期的过程。可能你会想起来在冬奥会，快手做了这样一件事情，又或者是在一个项目中，快手又挖掘了一个什么故事。这是一种长期建设，直至大众可能对品牌和平台形成一些比较好的印象，制作视频内容的时候会追逐热点，因为我们毕竟是一个品牌营销的部门，借势热点来做一些事情。

Q：团队在制作视频内容的时候会特意紧跟时下热点吗？您觉得这

与注重内容有冲突吗？

A：品牌策划、广告策划中的一个必不可少的环节。比如在三八妇女节这样的一个节点，我们可能会做一些展现女性力量的营销活动，它势必要结合一些营销节点。这种热点其实跟内容，不会产生很大的冲突，甚至是内容商业，它们可以更有机地结合。

Q：快手上面发布的时候都是快手 × 鸭鸭 ×《三联生活周刊》，但是《三联生活周刊》和快手的受众群体差异很大。所以团队选择在《三联生活周刊》上做宣发，是不是想把这个项目触达更多的人群？

A：其实是这样的。首先快手上有这样的一个人群，当一个平台能够做到月活达到了5亿的级别，它其实基本上覆盖了全中国大多数会上网的人，你在快手上能看到形形色色的人，和《三联生活周刊》的读者群体相比，有点像我们以前学的子集母集的概念，它就是一个很大的圈子。《三联生活周刊》的读者群体，比如《三联生活周刊》，它可能更多的是像我们这种城市中可能会关注这种社会话题的人，他们可以帮我们的话题产生一个很好的扩圈效应，形成社会议题层面的讨论，而不单单就是在快手上拍了一个故事，大家在交流，在讨论《三联生活周刊》后续的那篇文章报道。《三联生活周刊》可能更多地聚焦在冬泳爱好者这样一群特殊的人，他们究竟是一个什么样的人群。《三联生活周刊》主要关注的是人群的力量。像刚刚所说的，它可能是一个家族的梦想，可能是一个社会公益组织层面，它不仅仅聚焦于一个“我是冬泳人，我要上冬奥”的梦想。他可能会把这个话题扩大，我们通常将它称为扩圈概念，扩到另一个圈子里将其上升到一个一级层面的社会讨论。

Q：您可以谈一下对公益广告的看法吗？您认为怎样才能创造出好的作品？

A：在对公益广告的看法上，中国的人体器官捐献机构常年面临着没有人来捐献器官的情况。很多中国人都会对器官捐献避而不谈，或者是宣传得不是很到位。

有一个男孩子在要离开人世的时候，把自己的器官捐出去了，可能会使五六个人受益。他们获得叶沙的肺，他们是叶沙的眼睛。这些人最后组成了一支球队，和中国的一个顶级球队打了比赛，最后虽然是打得很差劲，但是所有人都被这个故事感动到了。这个男孩虽然离开了，但是他的眼睛、肺，他的其他器官可以以更好的形式在不同人的生命中去延续，发光发热。中国人体器官协会因为这样的一个广告片被更多的人看到，有更多的人愿意去签器官捐献的这样的一个协议。所以我觉得这就是一个公益广告的价值，它通过这样一个公益广告，真的能够在社会上产生好的宣导价值。

阿里巴巴的张勇之前就做过一个关于环境、社会和公司治理（ESG）的公益广告，他其实可能不单单是做公益、拍一条片子。在企业层面上，我们更多地可能会把它落到环境、ESG的层面。他说我们希望大家能通过两份报告认识阿里巴巴，一份是财报，一份就是关于环境、社会和公司治理的报告。财报通常体现的是业务的健康度。环境、ESG报告体现的是可持续性和价值。无论是在阿里还是快手这样的公司，我们其实更多地会关注平台的环境、ESG层面，就是关心社会的可持续发展治理。像今年快手有一个很好的案例，也是之前我们做的一个案例，即快手的快招工平台，大家通过快手平台就可以找工作，快手在这里更多的是作为一个互联网平台。在营销层面，我们可能更多地关注到社会发展、乡村振兴、共同富裕。大家可能会更多地会从这个方面来看，不仅仅是公益广告，可能更多地上升到这样的一个层面。

Q：现在的媒介环境错综复杂，您如何看待抖音、小红书等这些新媒体或者传播渠道？

A：当下媒介环境错综复杂，每个品牌都有它自己的价值，比如对于品牌来说，有的时候你可能是种草，有的时候你关注效果的转化，有的时候你想推一个新品，有的时候你更关注一波小众的、二次元的年轻人群。大家会根据不同的平台来选择不同的营销渠道。

Q：您从实践层面是如何理解“新市井营销”的？

A：快手这个平台会更加综合一点，这种传统的平台，因为它的用户比较多，平台上有5亿多的用户，抖音这种比较泛大众的平台可能基于中国大量的乡村城市人口，发展是很深入的。所以品牌可以在我们这样的平台上获得更多的成长，在各方面都可以实现新市井营销。

其实“新市井商业”这个概念刚好是我们部门在商业大会上提出的快手商业的一个营销的新主张与品牌的全新定位。快手对自己的定位是新市井。在实践层面如何理解？其实这个命题有一点大，我也就是一个执行层面的人员，将这个命题放到整个业务层面非常复杂。对你们来说，怎么做广告，可以写一篇论文那么长，但如果要简单地回答一下，最关键的是新市井中的人。我们快手平台的用户可能跟其他的平台还不太一样。比如你提到小红书，你会想到很多漂亮的小姐姐做美妆、做种草；你提到B站，可能会想到很多二次元的博主；提到快手，你可能更多地会想到人间烟火，很多整活的“老铁”，他们的关系非常好，喊麦或者其他的爱好者，他们有自己的一套生态的语系在里面。

所以这些多元的、有烟火气的“老铁们”，他们就是快手上最核心最宝贵的财富，也是新市井商业中最重要的“人的价值”。所以之后我们可能会更多地关注到新市井中的人，发挥这些人的价值，帮助达人们与品牌产生更多有趣的化学反应，做出更多好玩的案例。因为在快手上做品牌营销，基本上也离不开新市井中的这些人，大家会通过这些人来讲故事，或者通过这些人来种草，通过这些人来做品牌的转化、曝光，都离不开人群。

（访谈人：刘薇、丁超逸、宋坤、王修平、徐冰清、袁一诺、朱文欣）

Chapter 8

第八章

菜鸟 × 赞意："不可拒收的海洋包裹"

2021年3月至6月，菜鸟联合赞意传播，携手中华环境保护基金会、阿里巴巴公益基金会等多方力量，共同发起了"不可拒收的海洋包裹"高校减塑公益活动。这一活动创新性地融合了线上互动、线下体验与社交传播元素，以"菜鸟海洋"互动减塑平台为依托，开启了一场聚焦海洋保护的特色公益战役。随着海洋塑料污染问题日益严峻，公众对海洋生态保护的关注度不断提升，企业在环保领域的社会责任实践也愈发受到重视。在此背景下，菜鸟作为物流行业的领军者，长期深耕绿色物流领域，从"菜鸟绿色行动"到"回箱计划"，持续践行环保承诺。而赞意传播凭借丰富的营销经验和创意能力，为活动的广泛传播提供了有力支撑。该活动围绕"不可拒收的包裹"核心事件、通过高校二创挑战、公益歌曲发布等多元形式，将海洋减塑理念以年轻化、趣味化的方式传递给大众。从充满讽刺意味的"鱼人大开箱"视频，到高校学生积极参与的"养鱼舞"挑战，都生动展现了全民参与海洋减塑的可能性。最终活动实现了微博主话题破3700万、多话题登上热搜榜的传播效果，成功覆盖高校群体并辐射至更广泛圈层，有效提升了"菜鸟海洋"平台的知晓度和公众的海洋减塑意识。本章全面梳理了该项目的策划背景、执行过程和传播策略，并基于SIPS模型对本次公益营销活动的运作模式进行深入分析，通过总结活动以创新视角转换引发情感共鸣、依托多平台联动扩大传播声量、结合高校场景精准触达目标群体等成功经验，为相关公益项目在海洋环保议题的创意策划、受众触达及影响力扩散等方面提供实践借鉴，助力推动海洋环保事业的深入发展与社会共识的广泛凝聚。

第一节　案例复盘：“菜鸟海洋”——高校推广的整合传播方案

海洋塑料污染已经成为当前最受关注的全球性问题之一。每年超过800万吨塑料垃圾进入海洋，造成上百万海洋生物的死亡，严重危害着海洋生态和破坏了生物多样性。更需要关注的危险是，微塑料广泛留存于海洋动物的体内，通过食物链对人类的影响还不可准确预知。

菜鸟关注到生活中的塑料垃圾对海洋的影响，并开始依托已有的“菜鸟海洋”线上互动平台，引导和激励高校群体通过线上清理虚拟海洋，积累能量净化真实海滩。2021年，菜鸟海洋联合中华环境保护基金会和阿里巴巴公益基金会在全国超过3 000家高校中无偿放置回收箱，共同发起全国高校减塑倡导活动，号召学生参与减塑回收，为海洋减塑。

基于这样的公益背景，赞意传播做了一次全新的内容尝试，变换视角，把目光集中在海洋生物本身，提出“为鱼生减塑”的核心主题，并围绕“不可拒收的海洋包裹”核心创意事件进行了一系列针对高校学生群体的内容辐射影响更为广泛的多个圈层。这场为菜鸟海洋打造的、行之有效的品牌公益战役，为我们赖以生存的自然环境带来积极改变。

一、同期竞品

菜鸟海洋高校减塑活动运营期为2021年3月10日至4月初。从横向来看，同期并没有其他大型的同类海洋公益活动举办，这为本次活动营造了得天独厚的时间优势。从纵向上看，支付宝旗下的蚂蚁森林是本次菜鸟海洋高校减塑活动的有力竞品。

与菜鸟海洋的玩法类似，蚂蚁森林通过为用户设定目标（种植一棵虚拟树），加入互动（相互浇水、能量收集、线下消费等）以积攒绿色能量，最终实现真树种植或保护权益认领，以此来不断强化用户践行环保的意识。

早在2021年初，蚂蚁森林就联合大润发推出联名环保购物袋，号召“美好生活不加塑”。但从垂直分类上看，菜鸟海洋与蚂蚁森林分属于两个不同的环保细分领域：蚂蚁森林旨在激励公众参与低碳减排活动，维护绿色生态，并在国内拥有庞大的用户基数；而菜鸟海洋则聚焦于“海洋保护”这一国内相对小众的领域，号召大众践行实际的减塑行为，维护海洋生态环境，但作为一个新近上线的项目，其品牌声量暂时不及蚂蚁森林，且菜鸟App及其支付宝小程序使用场景的相对受限，菜鸟海洋初期的影响力和辐射力有限。因而，提高菜鸟海洋的声量，号召公众关注海洋保护领域，实现高校减塑活动在社交网络的大范围传播是本次公益活动的重要目的。

图1 蚂蚁森林 × 大润发联名环保购物袋

（图源：数英网）

二、行业背景

（一）菜鸟的绿色业务布局

菜鸟成立于2013年。作为一家集物流产业运营、场景、设施和互联网技术为一体的企业，菜鸟坚持“长期主义”至上。早在2016年，菜鸟就和国内主要快递公司共同发起“菜鸟绿色行动”，这也是迄今为止中国最大的物流联合行业环保行动。其间，菜鸟率先发起“回箱计划”，在菜鸟驿站内设置绿色回收箱。次年1月，菜鸟与阿里巴巴公益基金会、中华环境保护基金会发起，联合中通、圆通、申通、百世、韵达等快递公司共同出资成立国内首个物流环保公益基金——菜鸟绿色联盟公益基金，推动物流业绿色进一步升级。截至2019年，菜鸟累计节约2亿个塑料编织袋。

如今，菜鸟已实现了“绿色包装—绿色智能—绿色回收—绿色仓配—绿色城市—绿色森林”的产业布局。作为行业内绿色物流的领军者，菜鸟拥有组织环保公益的强大前置基础，这也为其2020年将目光转向海洋环保领域，布局“菜鸟海洋”做铺垫。

图2　菜鸟绿色行动之“回箱计划”
（图源：数英网）

（二）中国海洋公益活动现状

长期以来，海洋资源开发力度的加大及沿海地区城市化进程的加速，我国海洋生态环境日趋恶化，海洋污染、海洋生物数量锐减等问题尤为严重。因而在这一背景下，保护海洋生态环境显得极为迫切。虽然海洋保护是我国环保工作中的一个至关重要的领域，但囿于专业人员的稀缺性等因素，国内关注海洋保护的社会组织数量相对较少。根据海洋垃圾治理的环保公益机构“仁渡海洋”的统计，截至2018年，国内海洋环保组织共计202家。

随着海洋环境问题的日益严峻，越来越多的企业也逐步将眼光转向海洋环保公益事业的布局。如2018年闲鱼发起"海洋生物保卫战"，组建"闲鱼家园"，通过组织用户参与线上互动共同展开净化海洋，拯救海洋生物的公益行动；2021年6月LA MER携手腾讯共同发起"蔚蓝行动·修护海岸线"挑战，以"公益+科技"为核心战略，通过线上"轻互动"，线下"真行动"的方式号召大众参与海洋减塑行动；2020年末"菜鸟海洋"的上线，并于2021年3月联动高校组织减塑行动。由此可见，随着时间的推移，国内部分企业的加入为我国海洋环保公益事业注入新鲜血液，当下我国海洋公益事业也呈现出一片向好的态势。

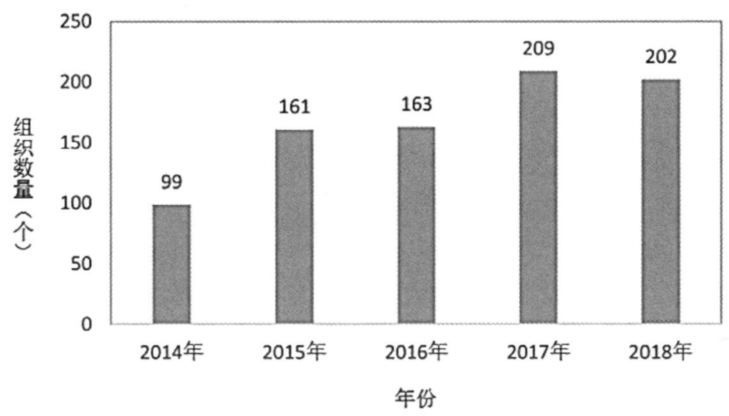

图3　2014—2018年中国海洋环保组织数量年际变化
（图源：上海仁渡海洋公益发展中心《中国民间海洋环保组织发展报告》）

三、市场定位

菜鸟海洋高校减塑项目是菜鸟与中华环境保护基金会、阿里巴巴公益基金会共同牵头组织，并与高校联动开展的一个公益项目。不同于国内其他现存的以线下实地参与为主的海洋公益活动，本次公益项目的活动以"线上+线下"双线结合的形式推进，活动的主阵地以国内高校为主阵地展开。除此之外，赞意也在活动策划中巧妙地融入甲方的特质，量身打造了"不可拒收的包裹"这一核心立意。

项目推进主要分为三个阶段：首先在活动预热期通过"不可拒收的包

裹”这一线下活动策划打响本次公益事件的社会声量；活动爆发期联动高校KOL，以B站为核心阵地之一，组建以罗翔、李雪琴、老番茄为首的“海王天团”，并号召各大高校对公益舞曲《我是一只鱼》进行内容二次创作；此外，联合高校师生及社团，在抖音开展“养鱼舞”挑战接力；在活动长尾期，联合小石头乐团举办《海的“塑”说》海岸演奏会，引爆话题讨论。通过对传播圈层的逐步击破，最终实现面向高校，辐射全域广泛的传播效果。

图4 B站“海王天团”
（图源：赞意）

四、目标受众

“年轻”是菜鸟海洋高校减塑活动目标受众的关键词。因此，高校减塑活动的直接受众是高校大学生群体，并以此为核心，借由高校学生强大的传播力与表达欲向外辐射至其他人群。

赞意对“高校减塑”目标受众的划定主要基于以下两个方面。一方面，高校大学生是国内快递业务的核心受众群，并且菜鸟驿站广泛分布于国内各大高校的校园内，这为本次“高校减塑”活动提供了天然的前置基础；另一方面，高校大学生作为Z时代的主力军，“乐于传播”“包容”是他们的重要特征，此次“高校减塑”项目作为一个极富正向意义的公益活动，无疑能够激发他们的分享“新事物”热情，从而触发公益事件的二次传播。二次传播的方式主要包括两种：学生在收到包裹后将包裹转寄他人，或是在微博、小红书、B站等社交平台分享自己的“开箱”感触。但无论是哪一种传播方式，都能够在一定程度上促进话题的发酵，有助于受众范围从作为“直接受众”的高校大学生群体向泛受众延伸，从而提高本次活动的热度，促进口碑的传播，引起人们对当前不容乐观的海洋生态环境的重视，激发人们践行减塑行动的决心。

图5 “不可拒收的包裹”热度直达微博热搜榜第一
（图源：微博热搜）

五、营销目标

此次菜鸟海洋高校减塑公益活动主要聚焦于以下三个目标。

（一）提升菜鸟海洋在高校的知晓率和渗透率

“菜鸟海洋”是菜鸟裹裹于2020年末上线的一个大型公益互动项目，这也是阿里巴巴继“蚂蚁森林”后的又一项公益实践。该项目通过更多元、丰富的生活减塑场景接入，专注于“减塑”这一大众较为容易忽视的现实问题，旨在鼓励更多的人投身环保实践，参与减塑行动。用户通过实际的减塑行为（如参与“绿色寄件”“回箱计划”等）或在完成线上小任务（如清理虚拟海洋、喂养鱼苗等），获得虚拟“蓝色能量”，并通过能量兑换直接助力真实公益（如净化海滩、海洋垃圾拦截等）。除此之外，菜鸟海洋还推出了“海洋寻宝”活动，用户通过参与“海洋寻宝大作战”，即可参与抽奖活动，并且有概率抽到实物礼品。

而作为一个新上线的公益项目，菜鸟海洋亟须初期流量与关注度的累积。因此，提升菜鸟海洋在高校的知晓率和渗透率是本次公益活动的要达成的目标之一。与高校联动，共同组织大型减塑公益活动能够在高校内庞大的青年学生群体中形成强大的传播力和辐射力，从而提升项目知名度。

图6 菜鸟海洋“高校减塑”公益活动
（图源：中华环境保护基金会）

（二）高校人群对菜鸟App和校园驿站好感度提升

菜鸟海洋本身隶属于菜鸟，因此建立菜鸟海洋的声誉以提升高校人群对菜鸟App和菜鸟校园驿站的好感度也是此次减塑公益活动的目标之一。一方面，这项公益活动的成功组织能够展现菜鸟作为一家全球化产业互联网公司的社会责任感与使命感，同时也是对其2016年开展至今的"绿色行动"项目的再深入和延展；另一方面，相比其他个体快递站，菜鸟驿站本身便具有取件方便，通知及时的特点，加之校园菜鸟驿站作为本次公益活动的承接方，"重视环保"的加成或能间接放大菜鸟驿站的自身优势，提升驿站形象，进而提升高校人群对菜鸟驿站的好感度。

（三）建立减塑心智，倡导减塑日常行为

倡导减塑行为是本次活动想要达成的重要目标。用户通过完成菜鸟海洋中预设的任务，并付出切实的减塑行动，便能换取虚拟能量，进而参与到保护海洋生态环境的公益活动中。因此，通过上述良性循环以促进用户环保意识的树立和减塑行为的践行是本次公益项目的主要目标之一。

六、创意概念

"不可回收的海洋包裹"是此次菜鸟海洋高校减塑公益项目的核心创意概念。

快递包裹，人们再也熟悉不过的事物。从早年间线上购物平台的勃兴，再到近年来直播带货的火热，"包裹"已然成为大多数国人日常生活中重要的组成部分。人们享受线上购物的快感，沉浸于商品物流状态变更为"已发货"时的愉悦，欢喜于划开快递包裹的时刻。可如若包裹的收件者不是人类，而是蓝色星球的原住民（即海洋生物），又会是怎样的一番情形？

相较于人类收到商品包裹后的期待与喜悦，蓝色星球的原住民们对周遭出现的新事物（海洋垃圾）同样充满着好奇心与探索欲。毕竟在人类工业文明尚未兴起的时代，与族群为伴、与汪洋嬉戏构成了它们生活的全部，单调却也静好。直到某一天，这种与世隔绝的安宁被外来入侵者（海洋垃圾）打破：彼时，工业化、城市化进程的跃进使无数的工厂、高楼在绿色星球上拔地而起，但随之而来的却是工业、生活垃圾的无序排放。因而，

“精明”的人类便把目光转向海洋。

于是，无尽的垃圾流向海洋。对于海洋的原住民们而言，面对众多新加入的成员（海洋垃圾）无疑是一种类似于“拆快递盲盒”的体验：它们并不知道这些新成员的来头，同时它们也并未意识到，这些跟随洋流漂游到它们面前的“包裹”并不是它们的食物或朋友，而是威胁它们日后生存的罪魁祸首。遗憾的是，这些“包裹”不可拒收，这也就意味着海洋生物无力阻止人类的行为，更无从申冤，只能被动地与海洋垃圾共处，甚至面临着误食海洋垃圾而一命呜呼的风险。或许它们至死也无从得知，这份人类寄往海洋的“快递”盲盒是威胁自己生存的致命杀手，而对这份包裹好奇最终断送了自己的生命。

但如若这份快递包裹的收件人是人类呢？这也正是菜鸟海洋高校减塑公益项目核心创意的着眼点：将主体视角从人类转换为海洋生物。如若作为人类的我们收到一份来自海洋的快递盲盒，抱着好奇心拆开包裹后发现满心期待的盲盒竟是一堆于我们毫无用处，甚至如果处理不当将威胁人类生存的废弃垃圾，我们又是何种心情？更让人脊背发凉的是，这些废弃垃圾极有可能通过食物链最终反噬给人类。

因此，这种全新的视角转换是菜鸟海洋高校减塑公益项目创意概念的立足点。通过让人类体验海洋生物在面对“不可拒收”的包裹时无可奈何却又无能为力的困境，呼吁大众关注海洋塑料污染问题，并期以点滴之力为满目疮痍的海洋带来改变。

七、项目执行

赞意为菜鸟海洋策划的“不可拒收的海洋包裹”公益事件是一场基于高校推广而进行的“病毒式”整合传播事件，整个公益事件的策划和传播时间线从3月份一直持续到了6月份。而整个公益事件的发展可以划分为预热期、集中发酵期和收尾期三大阶段。赞意在初期主要进行了线上的病毒式营销，并在话题热度上升后以高校驿站为基地策划线下事件来进一步提升影响力和传播力。可以说，在不同的阶段中，赞意为“不可拒收的海洋包裹”公益事件的传播设立了不同的阶段目标，打造了不同的核心亮点，并利用了不同的传播营销渠道，从“鱼的视角”“人的视角”“人类对海洋的表达”三个不同的角度进行宣传。

（一）预热期：主打话题炒作（3月24日至3月25日）

预热期是“不可拒收的海洋包裹”公益事件整合营销传播的第一阶段。相较而言，由于海洋环境保护议题对于中国大众而言是一个陌生的话题，所以在这一传播过程中，赞意主打话题炒作，借助微博、微信、B站、抖音等触达渠道，以鱼人这一非人类视角的开箱视频为核心，并辅以外围话题的发酵为公益事件的广泛讨论和传播铺垫造势。

1. 预热海报：打通“养鱼减塑”线上线下

此次“不可拒收的海洋包裹”公益事件有两大重点。一是“海洋减塑”话题是此次事件的主要议题；二是高校学生这一年轻群体是此次推广的重点人群。所以为了提升菜鸟海洋在高校学生中知晓度和渗透率，提倡减塑日常行为，赞意需要将“海洋减塑”这一抽象概念具象化，以提高该话题在年轻群体中的话题度和传播度。

鉴于此，赞意在该公益事件的预热初期，就围绕“海洋减塑”这一主题绘制了海报，以二次元的画风呈现人类和海洋生物和谐共生的画面，用年轻人感兴趣的画风强势吸睛。在这一过程中，赞意还通过制作“自

图7　“海洋减塑”系列海报
（图源：赞意）

备餐具吃外卖，不给海洋送塑料外卖”“塑料回收多一点，海洋负担少一点”“做少塑生活家，还海洋生物一个美丽的家”等标语来强化“净海、养鱼、收能量，来菜鸟海洋，为鱼生减塑”，同时，赞意还联动菜鸟驿站全国1.5万多个柜屏对KV进行集中曝光，将该公益事件的影响从线上延伸到线下，实现高校学生中潜在群体的转化。

2.“病毒视频”：海洋生物的开箱视频

开箱视频既是当下年轻人喜闻乐见的视频形式，也符合“不可拒收的海洋包裹”公益事件期望的寓教于乐的传播目标。所以，在预热阶段，赞意还创新性地配合“阿里动物园”向年轻人群推出了一档前所未有的开箱vlog——《鱼人大开箱》。而这一创意作为该事件的核心亮点之一，是预热期。

在“鱼人大开箱”的开箱vlog中，两位戴鱼头套“非人类”的海洋开箱主播打开从人类世界送出的神秘包裹并疯狂“安利”，每一样都是时尚爆款、人气单品。在vlog中，主播看似每一句都在夸赞人送来的塑料“礼物”“百年不坏”“身边的人都在用”等诸多优点，实际上却是一种极具讽刺性的行为。在抖音微博等平台，多位“鱼人博主”发出的系列极具讽刺性的开箱视频，不仅旨在以反讽的语言宣传塑料对海洋的危害，还在结尾处引出“菜鸟海洋”的活动信息。

图8 《鱼人大开箱》视频

3. 联动KOL：不断炒作话题

为了提升"不可拒收的海洋包裹"公益事件的话题度和讨论度，与KOL联动是被营销方经常选择的一种方式。在该事件的预热期，赞意聚焦于高校资源，在多平台发布视频。

一方面，该公益事件联动了以清南师兄、思想聚焦为代表的公知类博主，以"人类寄给海洋生活的快递"这个话题为舆论切入点，借助公知类博主的流量和影响力，将海洋减塑话题推至大众面前，提升预热期及其之后阶段时间话题的热度；另一方面，该公益事件还特别整合高校资源（如上海交通大学、中国海洋大学官方微博），以及学生关注的校园类自媒体号（如"学长来了哦"等）在微信、微博等多平台全面发力，配合阿里系蓝V共同传播鱼人开箱视频，聚焦并打通学生群体，提倡环保减塑。

（二）集中发酵期：主打高校和社会声量（3月29日至3月30日）

集中发酵期是"不可拒收的海洋包裹"公益事件整合营销传播的第二阶段。在预热期将"海洋减塑"这一核心话题的热度炒高之后，赞意趁热打铁，瞄准此次公益事件的核心目标人群——高校学生，借助微博、抖音、微信等触达渠道，以高校驿站线下活动为核心事件，并将活动现场的事件拍摄为一条活动纪录片和一条新闻篇，来记录和包装此次公益事件。

1. 高校驿站大事件：吸引目标群体关注

在校园中，有趣的、好玩的、容易模仿的内容更能吸引高校学生参与其中。真实接受一份来自海洋的"塑料快件"所带来的感情冲击，远胜于一切说教。赞意在公益事件的集中发酵期，着重制造了"不可拒收的海洋快件"这一破圈事件，旨在深入传播目标人群的日常生活，吸引高校学生群体对于"海洋减塑"和菜鸟海洋互动减塑平台的关注。

3月底，赞意联合菜鸟在上海财经大学的校园驿站内举办了一次特别的活动。当天取件的同学们有机会收到一个"额外的包裹"，里面有高校学生日常中随处可见的塑料制品。而这些塑料制品正是海洋每天都会收到的包裹，来自人类社会且海洋无法拒收的包裹。可以说，"不可拒收的海洋快件"这一破圈事件中的这份"不可拒收的包裹"不仅完成了一次震撼人心

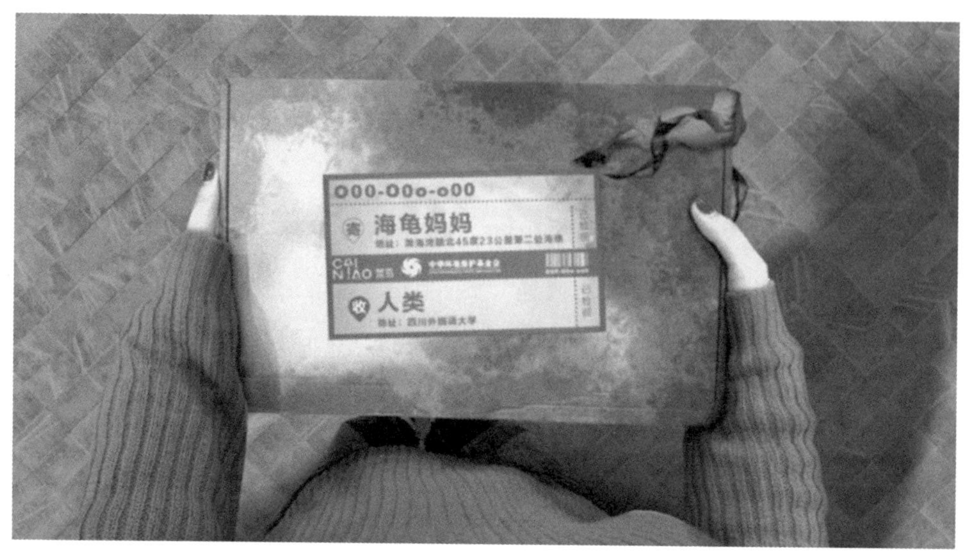

图9 “不可拒收的海洋快件”设计图
（图源：赞意）

的公益教育，同时也揭示了“海洋减塑”与此次公益事件的关联。

2. 热搜霸屏：事件新闻以小搏大

微博是当下话题营销的主要阵地。在“不可拒收的海洋包裹”公益事件的预热期，赞意已经借助微博与KOL联动的方式来炒作话题，以提高该公益事件的关注度和讨论度。

而在此次事件的集中发酵阶段，赞意还联合上海地区头部垂直KOL“@上海身边的那些事儿”首发“上海一高校300多学生拿错快递”这一新闻话题，同时配合校园类、娱乐类账号集中助力新闻事件本身大规模发酵。在共同加持之下，话题一经出现就迅速占据了上海同城热搜榜第一名，阅读量高达1 530万，并持续24小时在榜打响社交声量。

通过发动高校用户原创内容（UGC），让以学生为核心的年轻人自发参与传播，传递“养鱼=减塑”的观念。在校园中，有趣的、好玩的、容易模仿的内容能吸引到同学参与，产生自发UGC，最终引爆全网。

3. 跨界联动：扩大事件关注圈层

在此次公益事件中，赞意联合明星打造公益话题，并带动粉丝圈层共同扩散，话题累计阅读量3 000万以上，高居当日娱乐明星日榜第五名。同时，赞意把海洋包裹寄到董又霖、白若溪等各领域KOL以及130多个高校社团手中，拥有不同标签的人类代表集中晒包裹留下海洋减塑倡议，打造良好正面口碑。而全国各地的高校生和各领域KOL在收到赞意寄出的海洋包裹后，集中发布开箱内容晒包裹，留下自己对海洋减塑的反思与倡议，持续影响着身边的更多人。

通过跨界联动，“不可拒收的海洋包裹”公益事件通过扩展多圈层触达，达成了全网都在晒海洋包，口碑公益双丰收的效果，明星、KOL、高校社团接力发声一起为鱼生减塑。

（三）收尾期：主打“海洋减塑”态度（6月）

收尾期是“不可拒收的海洋包裹”公益事件整合营销传播的最后一个阶段。在集中发酵期完成倡导与激励公众海洋减速行动后，赞意通过举办绿色音乐会分享、邀请合唱团演唱环保主题曲等互动，完成了人类对于“海洋减塑”的表达。

1.《简单的鱼》MV：唤醒“减塑”心智

赞意以一首动听的海洋环保歌曲《简单的鱼》作为此次“不可拒收的

图10 《简单的鱼》MV
（图源：B站）

海洋包裹”公益事件的重磅收官活动。该公益事件通过这一极具仪式感的收官活动包装并推动口碑持续发酵，进而再次提升了全网热度。

具体而言，在6月，赞意深度联手“小石头和孩子们”，合作改编了一首公益歌曲——《简单的鱼》，通过孩子们的纯净的歌声，以鱼的视角诉说在海中的遭遇，希望以此唤醒大众对“海洋减塑”的关注。该活动旨在用歌声唤醒大众的“海洋减塑”心智，用点滴行动改变海洋环境。

2. 海洋盲盒（未落实）

在赞意为菜鸟海洋策划的高校推广整合传播方案中，赞意还为菜鸟海洋设想了未来进一步推广“海洋减塑”的具体方案。“海洋盲盒”这一创意从大学生的喜好出发，将当下最新潮的“盲盒经济”和此次公益活动“海洋减塑”的核心概念相结合，旨在让海洋减塑更有趣，吸引更多人关注和参与。

具体而言，赞意在策划案中拟联合设计师，将塑料垃圾设计成精致的潮玩手办，通过菜鸟海洋积分进行兑换，在寓教于乐的同时，进一步为产品的宣传。这种将“海洋垃圾”以“盲盒形式”投放至全国高校的方式，

图11　校园潮玩贩卖机示意图

（图源：赞意）

不仅能让高校学生切实感受到海洋所面临的环境危机，同时海洋盲盒也具有一定的收藏价值。

八、营销效果

总的来说，"不可拒收的海洋包裹"公益事件在营销传播的过程中，从项目落地、活动发酵、高校响应、口碑出圈，赞意采用了人群击穿策略，在跨平台中设置不同玩法以触达高校人群，以期渗透年轻群体，最终取得了较好的营销传播效果。

首先，关于该公益事件的微博主话题阅读量破3 700万，其中有超过2万的年轻人一起参与了为此次公益事件设置的#为鱼生减塑#这一话题的讨论。其次，关于该公益事件的新闻事件话题阅读量破1 520万，而其中"上海一高校300多学生拿错快递"这一话题更是荣登上海同城热搜第一，并持续24小时在榜。最后，关于该公益事件的娱乐话题突破了3 300万。

表1 营销效果一览

微博内容	微博类型	传播效果
海洋减塑主题预热海报	发布官方微博2条	互动量180+
"鱼人大开箱"vlog	发布官方微博1条	总互动量4.6万
	发布KOL微博25条	视频播放量487万
明星造势	发布官方微博2条	总互动量5.3万 话题阅读量破3 300万
	发布KOL微博7条	
包裹开箱	KOL微博/朋友圈21条	总互动量近20万
	高校抖音近130条	
给做环保的人加鸡腿	发布KOL微博6条	总互动量3.3万 话题阅读量破1 770万

第二节 案例分析："不可拒收的海洋快递"活动的 SIPS 模型解析

一、SIPS模型

2011年，日本广告公司电通株式会社提出了社交媒体时代用户消费行为分析的工具"SIPS模型"。该模型认为用户的消费行为经历了四个阶段：第一个阶段是共鸣（Sympathize），产品信息只有引起消费者的共鸣才会与企业进一步产生交流和互动；第二个阶段是确认（Identify），消费者通过外界确认引发自己共鸣的产品信息是否有价值，消除用户对产品的不信任感；第三个阶段是参与（Participate），消费者通过一系列参与行动极有可能产生购买行为；第四个阶段是共享和扩散（Share & Spread），良好的消费体验促使消费者自发进行社交化分享，产生二次推广。

SIPS模型可以做到：以情感营销激发用户"共鸣"，打造优质产品，引发内容共鸣。注重形象塑造，触发品牌共鸣，以精准营销引导用户"确认"。精准定位目标群体，满足用户需求。精确识别KOL，扩大群体影响。以互动营销促成用户"参与"，搭建线上互动平台，培养用户信赖感，延伸线下消费服务。强化用户忠诚度，以口碑营销实现用户"共享"。跨平台整合营销，促成用户扩散，还需建立效果评价机制，重视用户反馈。

（一）SIPS对消费行为的影响

SIPS模型深刻地展示了社交媒体时代消费者行为的新特点，它打破了传统单向消费模式，格外注重消费者与企业、消费者和消费者之间的双向互动，强调用户的意见和行为受到聚合特定人群的影响，从而产生独特的内在规律。

在社交媒体时代，无论是传统的搜索电商时代的淘宝、京东，还是在直播电商领域的抖音、快手，都在强调用户的体验感。

（二）SIPS适用模式

三种不同的营销环境诞生了三种不同的营销模型，AIDMA模型（传统时代、纯线下场景）、AISAS模型（互联网时代、线上场景）、SIPS模型（社交媒体时代）。但是，SIPS模型并不会完全取代AIDMA理论、AISAS理论，它的价值性局限于私域流量中，没有前两种模式的导流，SIPS模型就会大打折扣。适应SIPS理论模型的社群营销策略模式有以下三个要求：① 目标应该是共创共享的；② 在媒介方面，应该具有跨媒体策略（触点布局+互动）；③ 在结果评估上，应该具有精准绩效。

二、案例分析：基于SIPS模型的"不可拒收的海洋包裹"解读

（一）共鸣阶段

伴随着社交媒体工具的发展、生活节奏加快，信息的传播趋向于以碎片化方式呈现。零星半点的信息透过社交媒体传输给用户，在海量内容中往往缺乏记忆点，因而不少品牌趋向于以情动人，用情感营销将品牌推进公众事业，以破圈大事件吸引用户注意力。情感营销用感性化内容来表达品牌核心价值，能触碰人的心智，最大限度地与消费者产生共鸣、进行沟通。美国教授巴里·菲格提出，一个品牌想要长久占据稳固市场份额，就必须将其产品与情感利益牢牢挂钩。

在共鸣阶段，菜鸟秉持"内容为王"的策略，策划了一系列事件，主要目的是在信息传播碎片化、即时化的时候，以情感营销为核心，通过优质内容抓住用户注意力，建立菜鸟海洋在目标人群中的高知晓度和渗透率。引发用户情绪共鸣一般包含两个部分，一是对于事件本身的共鸣，即菜鸟策划的一系列事件具有价值性与趣味性，能够透过表象激活用户深层次的情感触动；二是由事件内容延伸至对品牌的共鸣，事件营销最后的落点还要在品牌上，即提升高校人群对菜鸟App和校园驿站的好感度。

1. 事件共鸣

首先是对于事件本身的共鸣，菜鸟通过"公益"这一切入点，巧妙将内容本身价值性彰显出来，形成价值观共建与认同感。我们已经进入了

“风格化”“符号化”的消费社会，营销的价值主张从“功能与情感的差异化”被深化至“精神与价值观的响应”，营销方式正从价值提供向价值共建转变。菜鸟以“云养鱼，海减塑”为主题，通过菜鸟海洋的互动游戏，构建场景，与用户建立联系，深刻揭示了当前海洋塑料泛滥的危害性，并倡导减塑日常行为，呼吁人们建立减塑心智。环境保护作为生态环境建设的重要一环，承载着当前世界人民共建美好家园，营造人与自然和谐共生的良好生态美好愿景，菜鸟正是紧扣“环保”这一价值观念，形成对破圈事件的认同感，引发共鸣。

以“内容为王”为策略，不仅要求内容具有价值性，还需要具备一定的趣味性，好的内容必须借助好的渠道传播出去。菜鸟App同步上线“菜鸟海洋”，以“云养鱼”“养鱼社交”的方式传递减塑理念，打造一个有趣的互动平台，而游戏的形式具有消遣娱乐的特征，在快节奏的现代生活中也契合了人们对于趣味与休闲的需求。在事件预热时，菜鸟设置海边艺术装置，联合公知类博主，营造热点话题，以“艺术垃圾”的形式将活动主题呈现在公众平台，发人深省。此外，“不可拒收的海洋快递”以开箱视频这一喜闻乐见的形式展开，用病毒营销引爆话题，打响社会声量，而KOL通过真实的开箱内容提升传播效果，更能激发用户的好奇感。

2. 品牌共鸣

由事件本身的共鸣延伸出来的是对品牌的共鸣，这也正是情感营销的优势所在，能够将品牌推进公众视野。品牌共鸣描述的是用户与品牌在节奏和强度上非常合拍的关系，实质上体现了消费者与品牌的一种紧密的心理联系，这种联系会增强消费者对品牌的认同和依赖，从而更容易打动用户。菜鸟通过事件策划，将“海洋垃圾”与“菜鸟”连接在一起，让公众关注到菜鸟海洋公益事业，以公益事件为切口，提升品牌的美誉度，从而形成对“菜鸟”品牌的认同。

尽管呈现的是与海洋公益相关的事件，但菜鸟这一品牌是贯穿全局的。最为显著的是菜鸟IP形象的呈现，海报以蓝色系为主，其中包含菜鸟裹裹的形象；在海边艺术装置的石碑上，也明确标注了菜鸟和中华环境保护基金会的IP。其次是在一系列病毒营销的视频末尾，各大KOL的开箱视频都是以"菜鸟海洋"活动信息结尾，由此强调公益事件的策划方菜鸟。除了这些明示的内容，菜鸟作为快递驿站，本身就是一种传播媒介，很多信息的传递都需要通过菜鸟这一媒介进行，比如快递开箱视频中，各大KOL取快递的地点常在菜鸟驿站；高校驿站大事件也是借助菜鸟驿站这一媒介展开信息传递。通过或明或暗的品牌再现，菜鸟将自身海洋公益事业宣传出去，将品牌与公益成功链接，从而引发公众对品牌的认同。

（二）确认阶段

破圈事件吸引公众注意力，紧接着公众需要借助外界确认引发自我共鸣的信息，关键是要通过人格化互动增强用户对于品牌的信任感。在这一阶段，菜鸟精准识别传播环节的两个节点，一是目标群体，即高校学生；二是意见领袖，即社会类、校园类KOL。菜鸟以精准营销引导公众"确认"，进而满足用户需求，扩大群体影响力。借鉴IP营销引流策略内容，现将价值"确认"的途径分为以下四个方面。

1. 意见领袖

在社交媒体逐渐占据人们日常生活的时代，用户在社交媒体中的行为数据为精准营销提供支撑。在确认目标群体时，菜鸟将目光锁定在高校学生身上，高校学生具备的高教育素养与对公益事件的关怀能够迅速对海洋生物产生同理心。因而，在策划"不可拒收的海洋快递"这一事件时，菜鸟将事件的地点选在高校的菜鸟驿站，精准定位目标群体，增强事件可执行性。在确认意见领袖时，菜鸟联合公知类博主宣传减塑理念，不断增强理念的权威性与事件的真实性，并与校园类KOL合作发布开箱视频，这也正契合了高校学生这一目标群体的特点，因两者的相似性，高校学生更易受到KOL的鼓舞，进行价值确认。

2. 合作泛娱乐行业

在"确认"阶段，菜鸟App同步上线了"菜鸟海洋"的游戏，在游戏中用户可实现"云养鱼"自由，不断搜集能量即可提升参与公益活动的满足感，用娱乐思维重塑公众认知，促进行业间的流量传递与品牌共振。在游戏中，用户可通过不断收集能量饲养鱼苗，见证从鱼苗成长的过程，用户在这一过程中不断确认参与价值，并因投身公益事业而产生满足感。

3. 参与事件节点

在预热期，菜鸟通过塑造可持续性事件与节点不断引流，促使目标人群在策划的事件中不断“确认”，加强对菜鸟的信任感。在这一阶段，菜鸟设置的事件主要有三个节点。第一个节点是“海边艺术装置”，以“人类寄给海洋生物的垃圾”为话题，联合博主展开第一波引流宣传；第二个节点以“不可拒收的海洋快递”为话题与第一个节点相呼应，这一节点以校园类KOL为传播者，通过病毒营销的开箱视频引出第三个节点；第三个节点，即高校驿站事件，由第二节点的传播者引流，锁定高校学生这一目标人群，真正参与事件中。一环接一环的事件给人以循序渐进的探索感，逐步加深对于菜鸟的信任感。

4. 线上线下一体化

精准营销要求线上线下一体化，实现覆盖全媒体的全场景营销。菜鸟在事件预热时期兼顾线上线下活动，两者不断交融，线上平台涉及微博、抖音、菜鸟驿站等多媒体渠道，线下以“海边艺术装置”“高校驿站事件”为代表。在设置海边艺术装置后，菜鸟将线下事件变成线上事件，将活动记录成影片，扩大影响力；高校驿站事件也被记录成视频，再次由线下转变为线上，进行二次传播与教育，增强目标人群的减塑心智。

（三）参与阶段

确认阶段完成后，用户会逐渐参与到营销事件的互动过程中，当获得良好的参与体验后，便会主动进入分享和扩散阶段，对营销事件进行二次传播。参与阶段被视为SIPS模型中的重要阶段，有以下两个原因：第一，正如传播学家麦克卢汉所说，媒介是人的感觉能力的延伸或扩展。在移动互联网时代，用户每日接触的信息宛如洪流。没有用户参与，营销事件就会被淹没在这个信息过剩的时代。第二，用户参与作为一个互动指标，能为品牌方评估营销事件的到达率和接纳度提供参考。在这一阶段，菜鸟以互动营销引导公众参与。借鉴傅军民提出的短视频平台创新互动方式，现将推动“参与”的方式分为以下三种类型。

1. 文字内容的用户参与引导

在鱼人大开箱的事件预热中，菜鸟的文案指出“‘菜鸟海洋’减塑养成互动已经上线，希望你和我们一起，从身边点滴做起”。在高校驿站事件的推广中，菜鸟的文案指出“我们也希望通过这个活动提醒大家，海洋减塑与我们每个人都有关。请关注菜鸟海洋，参与更多互动，一起‘为鱼生减塑’。”文字内容为用户参与提供了直接引导。作为一个旨在保护海洋生态的公益事件，让用户参与，满足了年轻人“在场介入”的心理需求，体现了其“影响世界”的热情。

2. 评论区的用户参与

首先是菜鸟官方的评论区，菜鸟通过回复评论，既优化了品牌与用户之间的关系，又以“有倾听、有回音”的品牌媒体形象吸引了更多用户进行评论。其次是KOL及高校社团代表的评论区，在移动互联网时代，传播话语权发生转移，相比官方渠道，用户更愿意从与自己身份类似、有信任关系的人那里得到信息。善用KOL及高校社团代表评论区这些有价值的传播节点，往往能产生事半功倍的效果。在“海洋寄来的包裹”相关博文的评论区，KOL及高校社团代表代替菜鸟鼓励了用户的互动参与。

3. 话题下的用户参与

菜鸟适时推出了参与话题，如以小博大的新闻话题“上海一高校300多学生拿错快递”。菜鸟联合上海地区头部垂直KOL@上海身边的那些事儿首发此新闻话题，话题一经出现就迅速占领了上海同城热搜榜榜首，并持续24小时在榜，打响了社交声量。菜鸟还联合其他品牌设计了参与任务，鼓励用户互动参与，如@三郎动力，设计了“转发关注抽送菜鸟周边礼”活动。这种有回馈的新粉参与任务，激发了非菜鸟现有使用人群的参与热情。

（四）共享和扩散阶段

主动对营销事件进行共享和扩散，是促成用户由参与者向传播者转化的关键，也是二次传播中十分重要的环节。凭借平台的社交属性，品牌既可以为自己引流，又可以拓展受众群体，从而实现裂变式高效传播。在共享和扩散阶段，菜鸟以口碑营销实现用户共享，主要推进方式有以下两种。

1. 在各大平台整合传播

在营销事件的集中发酵期，菜鸟充分利用“两微一端一抖”（微博、微信、客户端、抖音）多重触达渠道，持续话题扩散。围绕“为鱼生减塑”这一话题，菜鸟首先利用了代言人的明星资源，打造明星公益话题，并带动粉丝圈层共同扩散，话题累计阅读量3 000万；又将海洋包裹寄到董又霖、白若溪等各领域KOL，以及130多个高校社团手中，通过不同标签人群在微博、微信、客户端、抖音的官方号、个人号上晒包裹，留下对海洋减塑的反思与倡议，多圈层唤醒减塑心智，让内容得到了最大程度的扩散。

2. 与各大媒体交流联系

菜鸟联合本地类、校园类、娱乐类账号对一连串的营销事件进行推广，加上行业号的转发扩散，打造了“PGC+UGC”的聚合内容。在各大媒体的共同宣传下，该营销事件微博主话题破3 700万，新闻事件话题破1 520万，娱乐话题破3 300万。

三、小结

在“不可拒收的海洋包裹”事件的营销过程中，用户在社交媒体平台上获取信息，对保护海洋生态和生物多样性产生共鸣。在品牌的刺激下不断强化需求后，用户“参与”到品牌在社交媒体平台搭建的交互中，积极评论、转发及参与话题讨论。用户将自身体验主动分享在社交媒体平台上，为菜鸟品牌及此次公益活动树立了良好口碑，而这又有可能成为其他用户产生共鸣的源头，如此循环往复，最终实现了对减塑日常行为的倡导，提升了菜鸟海洋在高校人群中的知晓度和渗透率，以及高校人群对菜鸟App和校园驿站的好感度提升。

第三节　案例访谈："做实打实的事，影响更多人参与到公益中来"

一、公司介绍

赞意互动广告传媒有限公司（赞意Goodidea），是一家中国领先的品牌增长赋能和孵化的公司。截至2021年底，赞意集团旗下有赞意、赞意增长、万与所有等厂牌，为客户分别提供整合营销、私域运营、视觉包装设计等专业服务。赞意与企业品牌携手打造过诸多爆款营销案例，例如与宝洁合作的《宝洁全明星学院开学啦！》、与菜鸟合作的《不可拒收的海洋包裹》，与商通合作的《人类小时行为博物馆》等，曾荣获2014最佳年度内容营销团队、2014最佳年度整合数字传播案例、4A创意金印奖（影视传播类）、第20届IAI国际广告奖（作品类）银奖、2021金瞳奖等荣誉和奖项。

二、访谈对象

Joyce（吉佳豪），赞意上海业务负责人。项目经历：菜鸟海洋《不可拒收的海洋包裹》整合营销、乐乐茶《我的快乐就在此刻》品牌TVC（电视广告）广告项目、美的空调《6·18以旧换新》事件营销。

Soyar（沈旦扬），赞意上海总经理。项目经历：菜鸟海洋《不可拒收的海洋包裹》整合营销、乐乐茶《我的快乐就在此刻》品牌TVC广告项目、美的空调《温暖到站》事件营销等。

三、访谈记录

（一）合作背景

Q：是怎样的契机促成您的团队拿下"菜鸟海洋"的营销项目？是否经历了比稿环节？

A：菜鸟属于阿里巴巴集团，我们也一直是阿里巴巴集团的供应商，当时阿里也是找了一些整合营销的公司进行不同创意的比稿。我们公司对于公益类的项目一直很感兴趣，所以当时接到这个创意简报（brief）的时候，我们团队就很有激情地希望让大家关注到海洋减塑这件事情。后来确实也是经过比稿，我们拿到了这个项目。

Q：之后的“海洋盲盒”概念现在有着手进行策划吗？还是聚焦于大学生群体吗，有没有想过拓宽目标受众的范围？

A：“海洋盲盒”这个概念我们当时其实是当作“彩蛋”提出来的，但是我们有个核心顾虑，和“海边艺术装置”一样，对于大众来说有点“虚”，不是很实在，并且大家收到以后其实也可能没那么有效。再加上，“海洋盲盒”和“高校驿站事件”其实是两个选项（option），供菜鸟选择。所以在给菜鸟送完快递以后，“海洋盲盒”这个事情我们后来就没有再做了。关于目标受众的话，我们当时为什么聚焦于大学生群体，一方面是因为他们的传播力比较强，另一方面是因为大学生群体是物流业务的密集群体，而且收到包裹的学生他们可以转寄。这个快件打开了之后，里面会有张卡片，这个卡片上会写：如果你受到了触动，你可以把它转寄给别人，让更多的人了解并关注这件事情。我记得当天是有40%—50%的转寄率，后来我也有在网上看到有一些被转寄的人说收到了这个东西，所以我们本身这个项目的受众范围其实也是有拓宽的。

（二）创意生成

Q：在前期调研过程中是如何确定此次项目的市场定位，以及目标受众的？为何会选择重点在高校人群中推广？以及上海高校的这300名“海洋包裹”的收件人是如何确定下来的？

A：第一是从业务形态出发，菜鸟海洋实际上是基于菜鸟裹裹产生的一个公益项目。这个是属于物流业务的，而高校学生群体本身就是物流业务的核心受众。第二就是全国高校的联动资源是菜鸟这边长期合作的资源。第三，我们认为年轻人是比较好的核心种子用户，从传播的角度上来说，他们在互联网上是更有分享的热情，他们愿意把这个东西进行二次传播。然后就是这300名收件人其实不是我们确认的，我们是进行随机发放的。当时的机制其实是这个样子的：我们做了300个包裹，然后我们会随机将这些包裹放到菜鸟裹裹的快递柜里面。学生来取自己的快件时就会看到这个箱子，当他们取出箱子的时候实际上就是收到了我们的海洋包裹。所以这300个收件人其实是完全随机的收件人，我们并没有指定收件人。

Q：能具体阐释一下"不可拒收的海洋快件"的概念和含义吗？这是如何构思而成的？

A：因为我们当时做这个公益项目的初衷是不想把它变成一个喊口号，而是希望能够让大家感同身受。那么"海洋减塑"其实就是人们在日常生活中随手丢弃的垃圾，流到了海洋里，然后海洋里的生物它们其实每天在被迫接受这些垃圾。那么为了让这个概念和菜鸟的业务形态相契合，我们就想到了这么一个idea。把这些垃圾当作人类寄给海洋的一个快递，它是不可拒收的也体现了海洋生物对人类垃圾的一种无奈和不可承受吧。我们这个活动其实是想让人类也体验一下海洋生物的这种无奈的境况。

Q：看到您这边的PPT上写着"不做海洋公益，做只属于菜鸟的海洋公益"，能阐述一下是如何让将海洋公益和菜鸟进行连接的吗？

A：首先我们作为一个整合营销公司，我们不能把每一个idea套用在所有客户上，这对于我们来说就不是一个合格或者优秀的答卷。我们希望这个项目它只属于菜鸟，所以我们在概念里面融入"海洋快件"，因为快递这个业务形态是只属于菜鸟的。

Q：此次营销在预热期间有很大的创新点，是如何想到"海边艺术装置"以及利用"开箱vlog"这样的反讽视频的创意的？

A："海边艺术装置"我们在提案的时候提了，但是实际执行的时候其实并没有去做。因为首先作为一个整合营销，我们当然希望有一个比较的直观的线下事件，让大家能够体会到我们的意思，但是后来我们在和客户沟通的时候，觉得这个“海边艺术装置”可能不是那么环保，后面会有一些物料的残留等等。这其实和我们项目的初衷有所违背，所以我们后来简化了这个活动，就变成了将300个海洋包裹放在学校的操场上，拍了一个素材。反讽的vlog其实就比较顺理成章。因为本身我们的海洋包裹就是一个快递的形式，开箱就比较合理，同时我们也是用拟人的方式更直观地让大家看到海洋生物在收到人类快递的时候到底在承受一些什么。再加上现在vlog这种形式在大学生群体里面也非常受欢迎，比较能够引起他们的共鸣。

Q：之后的“海洋盲盒”概念现在有着手进行策划吗？还是聚焦于大学生群体吗，有没有想过拓宽目标受众的范围？

A：这个概念我们当时其实是当作“彩蛋”提出来的，但是我们其实有点核心顾虑，就和“海边艺术装置”一样，对于大众来说有点虚，不是很实在，并且大家收到以后其实也可能没那么有效。再加上，“海洋盲盒”和“高校驿站事件”其实是两个选项，供菜鸟选择。所以在给菜鸟送完快递以后，“海洋盲盒”这个事情我们后来就没有再做了。关于目标受众的话，我们当时为什么聚焦于大学生群体，一方面是因为他们的传播力比较强，另一方面是因为业务形态在大学生群体里比较密集，而且收到的学生他们可以有一个转寄的动作。这个快件打开了之后里面会有张卡片，这个卡片上会写说如果你受到了这个的触动，你可以把它转寄给别人，让更多的人了解这件事情，关注这件事情。我记得当天的话是有40%—50%的转寄率，后来我也有在网上看到有一些被转寄的人在发说收到了这个东西，所以我们这个项目的受众范围其实也是有拓宽的。

（三）落地执行

Q：在高校驿站大事件的执行过程中有没有出现过难题或纠纷？具体是怎么解决的呢？

A：纠纷坦白讲是没有的，因为这个项目本来就是出于公益的目的，所以从校方到品牌方和菜鸟驿站都非常积极地配合，包括学校的学生对于整体的活动反馈也很好。如果说难题的话，我觉得可能是我们当时在考虑这个快件的呈现方式，如何让这个箱子看上去既普通又不普通。因为如果你拿到一个快递箱不太一样的话，可能就会引起你的警觉，但我们的目标是让大家在开箱的瞬间知道里面是什么东西。所以后来在实际执行的过程中，我们去学校里面做分发，也在旁边也看了一整天，有一些同学成功地拆开，觉得这个东西很有意义，他会让他室友也来拿快递。慢慢到后面形成了一个口碑传播的过程，所以我们觉得是渐入佳境。

Q："阿里动物园"里面包含的产品是如何与你们配合为这个项目造势的？

A："阿里动物园"更多是在传播上面的配合，因为当时我们做海洋减塑的时候是聚焦在海洋里的动物，而阿里旗下正好每个业务都是一个动物IP的形象，我们就想联动更多的IP来一起做这件事情，所以当时请各个业务线的IP来以自己的名义关注海洋里的"朋友们"。因为动物之间互相是朋友，所以阿里动物园帮助我们造势实际上是一个传播的点。

Q：在具体执行过程中可以看到本来应该是3月底进行收尾的海岸演奏会，为什么后来是6月份才举办，那么中间4月份到6月份期间，你们又做了哪些工作呢？

A：首先，因为之前提到的一些非环保的问题，海岸演奏变成了对外发布的一首歌的MV《简单的鱼》。后来6月份举办的其实是阿里巴巴自己内部的一个绿色物流峰会。当时是想有一个比较有仪式感的收尾动作，但是不想把这个事情变成一场作秀，所以就做得比较低调。关于时间是这样的，我们最开始比稿是那一年的春节前，所以当时给的时间规划比较紧凑。但是后来由于疫情的关系，包括执行上会有很多需要去洽谈的资源方案，所以我们整个落地活动晚了一些，导致周期拉长。

Q：能方便问一下你们的资金在执行过程中的资金分配比例吗？

A：资金的分配比例，我记得整体物料部分应该不超过30%，我可能不太方便透露具体的金额，但是我们在整个传播过程中，有一个比较有意思的点就是我们的基本上所有供应商都是以做公益的心态在配合我们完成这个项目，不管是做活动执行的，还是做拍摄执行的，大家都参与其中是一件很有成就感的事情。所以我们最终的资金其实在物料制作上面是花的比较少，更多的是花在传播上面，大概是三分之一这样。

（四）媒介传播策略

Q：在制定营销策略的时候是否有特意筛选平台？主要投放渠道是什么？

A：出于曝光的考量，微博一定是我们会主要选择的平台。然后因为大学生是我们的核心人群，所以B站这种偏年轻化的平台，我们也会选择。我们还选择了视频号，因为我们当时联动了将近100个高校的社团宣传这件事情，每个学校都会有自己的视频号，所以视频号也是我们主要投放的一个平台。总结起来我们对于平台的筛选准则，第一就是曝光度，让更多人知道这件事情。第二是人群考量，主要是年轻消费者以及一些泛公益人群。泛公益人群是我们自己定义的，就是对公益有感知，然后愿意去关注公益事情的这些人。

Q：能大致介绍一下在B站、抖音以及微博等平台对应的营销策略吗？

A：所谓营销策略其实也没有特定的营销策略，我们最主要的观点还是从内容出发。比如说B站上我们是做了高校的挑战赛，让大家去做一个减塑的话题挑战，然后以玩起来的方式去推广，因为B站它本身平台形式和这个氛围比较适合做这些。微博的话，我们是以话题曝光的方式去做的，效果也还挺好的。而且我们当时并没有买热搜，全部都是自然热搜。我们做彩蛋那场活动的时候，当天的话题在上海本地的热搜榜上48小时内都处于第一名的状态，然后整个话题词应该是在榜上挂了有差不多有72小时。所以我们其实并没有做任何关于热搜之类的资源采买，当然也是会配合其他KOL的一些发布。

Q：在整个营销过程中一些微博话题是根据舆论走势顺势而为的，还是最初就已经规划好的？

A：我们的舆论走势基本上就是顺势而为的自然走向，我们并没有去买一些水军之类的。我们也去一些评论区看了大家的反馈，根据以往横向的比较，这个项目整体的反馈都是比较积极的。大家对于这个创意以及我们的执行等等整体来说还是认可且鼓励的。

Q：有没有什么你们没有预测到的点，但是大家反映是特别好的？

A：第一就是B站的反应，因为之前我们在做规划的时候，没有想到有那么多的高校群体参与进来，高校参与的数量其实是超出我们预期的。第二就是发现大学生群体对于公益这件事情还是真的很有想法的，因为我现在还记得当时我们在上海财经大学采访一个女生的时候，她就在讲说她一直在寻找有没有这样的组织或者品牌。然后她看到我们在做这个事情，她非常高兴。就是这件事情对我们来说可能是一份工作，但是在工作的过程中，我们能够真实地帮助到这个社会，影响到一些人，做一些好的事情，这让我们整个项目组都非常高兴。

（五）联动策略

Q：之前提到选择的KOL都是属于之前有过合作的，除此之外，在选择他们的时候还有一些别的衡量标准吗？

A：在KOL的选择方面是这样：我们在做选择的时候，第一是选择跟品类相关的，第二是我们会日常关注的KOL内容，一些没有太符合的，我们就没再选择了。不过其实我们觉得，公益这件事情不那么分人群，比如有些KOL是搞笑博主，但同时也可以关注公益。所以在最初一轮筛选的时候，我们并没有限制特别多，而是广泛跟大家沟通，随后收到一些同意或不同意的回应。最后发出去的基本上都跟我们之前合作过，并且博主本人也对公益环保这类主题有过关注或实践，一般这种情况都会更容易达成合作。

Q：为什么会选择上海财经大学？

A：因为首先我们公司在上海，所以从执行的角度讲我们首选上海高校。毕竟距离近，如果要做事的话，我们也比较容易去调动。比如这次执行，公司里的所有的大学生实习生都去了，他们来自各个学校，就更好利用我们手头的一些资源或者朋友。另外，因为上海财经大学的站长跟菜鸟驿站有着有长期合作，他对公益这件事情很热情，所以我们就觉得既然大家一起要做一件事情，不如找一个三方或者四方，因为校方对于环保也很有热情。我们其实寻找过别的学校，但是总体而言上海财经大学对于这件事的整体反馈最积极，我们觉得大家都愿意做活动的地方开展项目达成的效果会更好，所以最终选了上海财经大学。

（六）营销时间轴安排

Q：接下来是我们想从营销时间轴的选择再来采访一下您，除了此前提及的内容，请问在活动推进节奏方面还有哪些考虑？

A：时间的话是这样的，他们当时站内有一个叫“菜鸟海洋”的游戏，它跟蚂蚁森林很像，每天去收能量，然后可以去清理海洋，所以这个游戏本身当时有一个运营期是在3月左右开始。因为本来公益环保这件事没有特别多时间点的限制，所以我们当时就定了这个时间。在活动时长方面，其实核心的爆发期就是3月底到4月初，然后后面的收尾部分其实是偏内部的一个收尾，所以大概的安排是这样的。

Q：请问我们在维持话题热度这方面，有没有进行时间线上的安排？

A：我们其实话题度最高的就是在做财大的活动的那一天和后面几天，因为我都是做广告营销的，也知道就不管这个话题有多热，在微博上能在热搜上挂个一两天了不起了，马上就会有新的话题取代它。所以我们所有的事件，都是当天拍，当天剪，第二天就发了视频，所有东西都是非常快速做出来的，就是为了去维持最高的热度。因为我们也担心时间拖太长的话会损失热度，所以我们的核心传播期就那几天，后面也没有太多，更多的是后期的跟进。

（七）风险规避

Q：我们想了解一下您和您的团队在活动的具体就是落地之前，会提前做一些舆论监测的工作吗？

A：就像刚刚我们提到说的，有很多的想法从创意层面上来讲肯定是好的，但我们后来把它砍掉了，原因就是我们觉得它可能会有一些舆论方面的风险。当然舆论风险我觉得不是主要原因，我们不是为了不让舆论发生而不做那件事情，而是我们的初衷就是不想让我们的任何做法产生和目的背道而驰的结果。所以项目组每天都在讨论这些事情。这本来就是个环保的项目，对于我们要不要做这件事情，我们也想过在包装上是否要搞一些很复杂的覆膜，因为当时想着快递纸箱如果泡了水可能会破损，就考虑说要不要把这个箱子做得好一点，外面覆层膜可能会更易于保存更好看。但有小伙伴马上跳出来说覆的膜又是一种塑料，我们本身就在做海洋减塑项目，怎么可以再去人为增加塑料垃圾，关于这一点其实我们内部经历了很多轮讨论，也不算争论，因为大家的目标是一致的，只不过大家会互相提醒说这件事情可能是会有问题的。这种讨论变多了以后，大家慢慢都达成了一致，认为我们把这个事情做成的同时，将影响减少到最小，所以后来舆论监测时我们并没有特别紧张，因为我们觉得已经考虑挺多了，所有的初衷都是好的，可能过程中有一些部分可能没那么周全，但我相信大家也都能看出来我们的用心。所以后面其实舆论还挺好的，并没有受到什么冲击。

Q：整套营销方案大概是从什么时候开始准备的？

A：那一年的春节好像是在2月份，我们接到方案应该是春节前的半个月左右，然后我们是在春节后的两三天提的案，所以整体差不多是半个月到20天的筹备时间。

Q：像刚刚您也在说在这个项目的推动过程中，其实内部也不断地对这个方案进行调整，那么当时有没有经过哪些可能比较重要或者比较重大的调整？

A：其实我们最后落地的那些想法基本上都是在前期提案里面提过的，只不过有一些东西被简化了，有一些资源部分有变化，比如我们最早是想跟厦门六中做那首歌，但后来因为客观情况的影响，也可能是由于一些报批的原因，和厦门六中没能合作成功，所以后来找了小石头和孩子们乐团。大部分变化就是类似于这种执行里面的细节变化，没有整体大的改动，方向上都是完全一致的，包括我们提案中最早那个方向跟“不可拒收的海洋包裹”一模一样，后续也得到了执行。

Q：回顾整个方案的推进过程，您对整套方案的落地还有没有别的遗憾？

A：我个人的遗憾可能是觉得这件事情本身可以做得更大。我们本来想要把快递做一个全国的推广，想放到全国各高校的快递驿站里做这个事情，但是后来，一方面是客观情况导致当时没有办法出去，另一方面是考虑到，如果要去，会消耗挺多的人力、物力、财力，所以后来我们并没有做这件事情。但我觉得也有好有坏，我们确实是坚守了初衷，但只是想说从纯广告创意或者广告营销的角度来讲，如果这件事情能变得更全国性的话，可能会更好。

（八）项目总结

Q：和您以往做过的一些营销项目相比，您如何评价这一次的项目呢？

A：从我的角度上来讲，因为我扮演的是客户经理这个角色，所以我会直接对接客户，我是觉得这会是我做得比较尽兴的一个项目。因为在我们整个执行过程中，客户并没有对创意的任何部分有什么阻拦或者提一些不太纯粹的指导性意见，对我们更多的讨论和商量都是基于如何让这个项目更好。然后我们的初衷也都是保持一致的，客户本人也非常好，所以这在执行过程中做得非常尽兴，这是第一点。第二点是这个结果对我来说蛮好的。因为其实我们的物料看上去挺多，但性价比很高。我们思考了很多，找到了最契合的人和渠道去做这件事，所以我觉得最终结果是好的。然后我觉得对于公益本身来说还是那句话，我们组本身对于公益这个事很有热情，公益这个事最后没有变味对我们来说很重要。

Q：在您看来，您觉得整合营销策划对于一个公益宣传项目来说，它的价值在哪里？

A：这个点可能也是很多客户在思考的，因为说实话现在做公益的品牌或者客户还挺多的，环境、社会和公司治理（ESG）这块也是这两年国家的要求。但是到底要不要做整合营销，或者要不要做宣传，对于这个事情可能不是所有客户都有一致的观点的。从我们的角度来讲，我们要做这个事情，目标很明确，是做了实打实的事，让更多人被影响到，然后让更多人参与进来。我觉得这个是整合营销对于公益的意义，我们希望能够通过我们的力量让每一个实际的公益项目发挥更大的影响力。哪怕是一个消费者看到这件事，第一次看到他没有什么触动，但他在第二次、第三次、第四次看到的时候，也许就慢慢会把这件事情记住了。所以虽然一个人的力量是微小的，但如果把所有人都聚在一起的话，我们觉得这个事才能成立，或者说能发挥更大的价值。

Q：您认为一个成功的营销项目应当具备哪些特点？比如您会比较关注那些KPI的转化等较为直观的数据成果，还是有更为看重的部分？

A：如果跳脱开公益环保项目的话，其实每个项目的客户都会有自己的关注点。假设我们今天面对一个纯转化销售为导向的项目，我们肯定是看销售数据。作为一家整合营销公司，我们最大的特点就是离客户的生意还很近。今天如果大家要做一个偏生意导向的事，我们会非常直接地关注KPI，不管是销售金额也好，或者一些别的，比如点击量。但如果今天是做一个环保项目的话，我当时并没有关注那些直观的成果了。对我来说还是回到初衷——让更多人知道。它的曝光对我来说很重要，互动也很重要。因为我想看到大家对于这个案例的反馈，以及我们有哪些不足后续可以改进，这个是我更关注的。

（访谈人：从缪佳、杜雨晴、胡羽麒、覃键鸣、许文嫣、严佳婕、尹梦奇）

Chapter 9

第九章

宏碁 Vero× 站酷："未来地球守卫者"计划

在全球生态环境问题日趋严峻，可持续发展理念深入人心的时代背景下，2021年10月，站酷与宏碁共同发起的"宏碁Vero未来地球守卫者计划"，成为设计、艺术与环保公益深度融合的一次典型实践。宏碁作为电子行业内的重要企业，长期致力于可持续发展实践，积极推动环保理念在产品设计、生产及运营环节的贯彻落实。站酷则是设计创意领域的关键平台，汇聚了海量创作者资源，具备强大的行业号召力与广泛的社会影响力。二者基于共同的价值追求，联合阿拉善SEE华北项目中心、摩登天空视觉创意厂牌MVM等多元主体，以宏碁Vero蜂鸟•未来环保版笔记本为核心载体，精心构建了"宏碁Vero未来地球守卫者计划"。该计划通过知名艺术家与设计师的跨界共创、面向全站设计师的环保作品征集，以及线上线下展览的协同举办等活动，以艺术化的表达与创新性的形式，将环保理念具象化、生动化，有效触达并影响了广泛的社会群体。在创作过程中，参与者运用宏碁废弃电脑器材打造大型艺术装置，充分展现了循环再生与创意设计的有机结合；设计师们提交的众多环保创意作品，从不同角度诠释了对环保的理解与思考，体现出高度的创新精神与社会责任感。在传播效果上，"宏碁Vero未来地球守卫者计划"成果显著，实现了全网1亿次曝光，覆盖人群超5 000万的传播规模，成功跨越多个圈层，在环保志愿者、年轻消费群体、设计行业从业者等群体中引发积极反响，有效提升了公众对环保议题的关注度与参与热情。

第一节　案例复盘：守卫地球，提倡环保，引领参与——环保理念下的艺术行动

作为一站式创意营销解决方案的共创平台，站酷充分发扬自身的“共创”传统，最大限度联动设计师+艺术家+环保人士群体共创“未来地球守卫者”计划这一环保盛事。高少康、黑一烊、熊超三位艺术家作为环保招募官、四位共创设计师作为环保守卫者，历经2个月的共创打磨和调整，分别利用宏碁废弃电脑器材，运用艺术手法和环保理念，共创出立体画作《星星细语》、拼贴雕塑《海底新物》、新媒体装置《呼吸》三组大型艺术装置，并以视频的形式，纪录共创过程，向大众讲述环保艺术共创的态度和思考。各合作伙伴发出态度宣言，形成规模矩阵效应，提升曝光度，共同传达出“守卫地球、提倡环保，引领参与”的核心理念。各合作伙伴通过在官网、微博官方账号、微博蓝V联合、微信社群、微信订阅号、微信视频号、微信服务号、B站账号、QQ社群、小红书、抖音等平台发出宣言号召，扩大话语声量。站酷发起环保作品线上展，征集原创环保作品。与此同时，站酷在北京朝阳大悦城4楼摩登天空MVM聚能场“UNI_JOY”潮流街区举办环保线下展，将设计成果进行线下落地辐射，扩大接触点，提升影响力。“宏碁Vero未来地球守卫者计划”自2021年10月15日上线，传播一直延续到2022年1月20日，共计97天。在全网共获得1亿次曝光，覆盖人群超5 000万，内容互动超240万，以大悦城为代表的线下活动吸引人群超3万人次，传播效果显著，收获各圈层的一致好评和点赞，唤醒更多受众的环保使命感和品牌好感度。

一、公司介绍

宏碁成立于1976年，是一个国际化的自有品牌公司，主要从事于智能手机、平板电脑、个人电脑、显示产品与服务器的研发、设计、销售及服

务，也结合物联网积极发展云端技术与解决方案，是一个整合软件、硬件与服务的企业。随着产业的发展及生活形态的转变，宏碁将在消费和商用市场开辟契机，建立全新生态圈，推出更多结合硬件、软件和服务整合性应用与产品。宏碁一直以打破人与科技的藩篱为企业使命，全球约有超过7 500名员工致力于研发、设计、营销、销售、产品服务和各种解决方案，业务横跨160个国家。

站酷（ZCOOL），2006年8月创立于北京，深耕设计领域15年，聚集了1 500万设计师、摄影师、插画师、艺术家、创意人，在设计创意群体中具有一定的影响力与号召力。站酷在创立之初，就以"让设计更有价值"为自身使命，15年来，站酷一直致力于打造以原创设计为核心的"站酷原创版权生态体系"。站酷旗下除拥有主站设计师互动平台站酷网之外，还重点打磨了一站式正版视觉内容交易平台——站酷海洛、艺术设计在线教育平台——站酷学习、知识产权服务平台——站酷知产。站酷的这一系列生态布局，为设计创意从业者在学习、展示、交流、就业、交易、创业各个环节提供了优质的专业服务，为设计师和企业的成长之路提供了高效的版权解决方案和立体的视觉服务。

站酷共创，是站酷旗下为全球客户提供一站式创意营销解决方案的共创平台，包括"赛事共创"——引领行业标准的创意征集金牌赛事，提供专业的赛制策划和流程管理，帮助企业收获最优方案，以视觉助力品牌传播；"设计共创"——从单项设计服务到年度设计解决方案，从创意生产到灵感落地一站式把握；"艺术家共创"——联动全球艺术家资源，整合垂直领域私域流量，集评测代言、活动出席、艺术演绎、作品授权于一体的全方位价值加持；"生态共创"——打通设计与商业完整闭环，共建设计生态；"公益共创"——艺术融合公益，塑造公益之美，共创影响力。从创意策划、精准匹配、高效组织到全程品控，站酷共创可以为企业提供创作者组织、内容生产、场景创造、渠道流量聚合等全方位的创意营销服务。

基于站酷共创优势，宏碁和站酷达成了多次项目合作。早在2021年4月，站酷就携手宏碁ConceptD设计电脑联合征集毕业设计作品，开启

“ConceptD青春共创营”，通过毕业设计作品的征集，选出8位潜力毕业生与4位站酷特约知名艺术家导师共创公益作品。经过三个月的招募、师生共创，最终诞生了7组优秀公益作品并在线下落地迷你展览和毕业生分享会，以家居产品设计、动图海报、三维动画、互动滤镜、平面插画等不同形式诠释宏碁ConceptD所倡导的“科技绿色环保”理念。本次共创营前后历时3个月，通过毕业设计征集、师生共创、迷你展、线下沙龙等环节层层推进，实现了在毕业生这一特定人群里推广的目标，也将企业科技绿色环保理念与作品深度绑定，深入人心。

二、项目和产品介绍

自2008年起，宏碁加入了CDP（原碳揭露计划）供应链系统，管理供应链造成的环境影响，甚至已将该管理系统扩展至一级与二级供应商；自2012年开始，通过能源管理及绿色能源的使用，以2009年为基准年，设定2020年的减碳目标。通过持续努力和推动，截至2020年底，宏碁集团（含全球业务及其所有子公司）也顺利达成全球总碳排量减少60%的目标。

2021年5月27日，宏碁集团宣布加入RE100倡议，承诺于2035年实现使用100%再生能源。RE100是一个全球企业使用再生能源的倡议行动，汇集全球数百家致力达成100%使用再生电力的企业。早在2013年起，宏碁旗下就有许多业务开始采用绿色能源，甚至在有些地区安装太阳能板发电。截至2020年，宏碁集团的可再生能源使用率已达44%。

宏碁同时发表Earthion永续平台，希冀能解决环境挑战。“Earthion”这一名称由“earth”（地球）和“mission”（使命）两个词组合而成，通过创新及整合性解决方案应对环境的挑战，通过Earthion进一步履行对环境的承诺，同时代表保护环境的使命。Earthion背后的力量来自每位成员的信念，Earthion平台汇聚供应链伙伴、消费者（通路商）及全体员工，深信相互合作能为环境带来正面影响。

Aspire Vero是Earthion平台推出的第一款产品，以全新的方向重新构思计算机制作程序。不仅机身及键帽大量采用消费后回收（PCR）塑料，包装更全面使用环保设计，外盒以80%至85%的再生纸浆制成，电源转换器上的塑胶保护套也以纸制品代替。此外，保护袋及键盘与荧幕间的隔离膜也均由100%的工业再生塑料制成。

基于宏碁Vero蜂鸟·未来环保版笔记本，宏碁和站酷启动第二次合作，也就是宏碁Vero未来地球守卫者计划，项目营销升级，涵盖艺术家共创、设计共创、公益共创三种共创模式。

三、行业分析

（一）国际市场分析

咨询机构IDC发布的报告显示，2021年全年PC（personal computer，个人计算机）总出货量达到3.49亿台，同比增长14.8%，自2012年以来PC市场年出货量达到新高。

从市场格局来看，联想（Lenovo）位居第一名，出货年增长14.1%，至8 190万台，市场占有率达23.5%；第二名美国惠普（HP），出货年增长9.3%，至7 410万台，市场占有率为21.2%；戴尔（Dell）居第三名，出货年增长17.9%，至5 930万台，市场占有率为17%；苹果（Apple）年增长率高达22.1%，出货量2 780万台，市场占有率为8%；宏碁出货年增长16.5%，至2 390万台，市场占有率为6.9%。

表1 2021年全球五大电脑公司传统PC出货量、市场占有率及年增长率

2021年全球五大电脑公司传统PC出货量、市场份额及同比增长率前五大公司（初步统计结果、出货量（以千为单位））					
公 司	2021 出货量	2021 市场份额	2020 出货量	2020 市场份额	2021/2020 年增长率
联 想	81 935	23.5%	71 832	23.6%	14.1%
惠 普	74 104	21.2%	67 782	22.3%	9.3%
戴 尔	59 303	17.0%	50 297	16.6%	17.9%

（续表）

公司	2021 出货量	2021 市场份额	2020 出货量	2020 市场份额	2021/2020 年增长率
苹 果	27 775	8.0%	22 754	7.5%	22.1%
宏 碁	23 906	6.9%	20 977	6.9%	14.0%
其 他	81 777	23.4%	70 218	23.1%	16.5%
合 计	**348 800**	100.0%	**303 860**	100.0%	14.8%
国际数据公司（IDC）个人设备季度追踪报告，2022年1月12日					

（二）国内市场分析

市场调研机构Canalys发布的数据显示，2021年中国个人电脑出货量为5 710万台，同比增长10.1%。联想2021年出货量最高，达2 280万台，市场份额达到了39.9%。2021年中国PC出货量排名第二的是戴尔，出货量为720万台，市场份额占比12.6%。排名第三的是惠普，出货量为530万台，市场份额占比9.2%。宏碁排在第五位，出货量为350万台，市场份额6.2%。

表2　中国内地(大陆)台式机和笔记本出货量(市场份额和年增长率)

中国（大陆）台式机和笔记本出货量（市场份额和年增长率）					
厂商（公司）	2021 年出货量	2021 年市场份额	2020 年出货量	2020 年市场份额	年增长率
联 想	22.8	39.9%	18.7	36.2%	21.5%
戴 尔	7.2	12.6%	6.1	11.8%	17.7%
惠 普	5.3	9.2%	4.6	8.9%	13.8%
华 硕	4.9	8.6%	5.3	10.2%	-6.8%
宏 碁	3.5	6.2%	2.6	5.0%	36.4%

（续表）

厂商（公司）	2021年出货量	2021年市场份额	2020年出货量	2020年市场份额	年增长率
其 他	13.4	23.5%	14.5	28.0%	-7.7%
合 计	57.1	100.0%	51.8	100.0%	10.1%

注：出货量单位为“百万台”。由于四舍五入的关系，百分比合计可能不等于100%。
来源：Canalys个人电脑分析（出货量），2022年2月

（三）PC行业趋势分析

智能手机快速普及之后，人们使用PC电脑的时间大幅缩短，对电脑的需求也有所降低。然而受全球公共卫生事件的影响，在线教育、居家办公及应对企业升级等需求导致PC电脑的需求也随之增加，PC电脑在2020年和2021年也迎来了市场的回暖，居家远程办公使得PC电脑的需求大幅扩张，带动了PC电脑的市场出货量的提升。

目前中国的电脑渗透率只有20%左右，美国等发达国家的电脑渗透率普遍在90%以上，反映出中国市场存在明显的渗透率提升机会。全球电脑市场逻辑正经历由“一家一台”向“一人一台”升级，中国市场的长期增长空间有望进一步打开。

表3 2021–2025年中国PC电脑出货量预测（单位：万台）

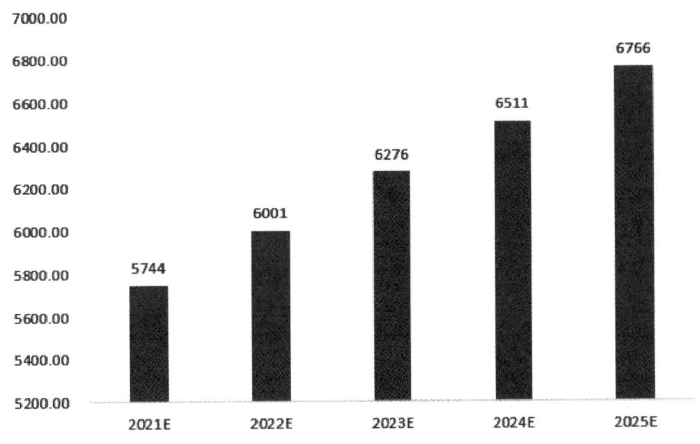

IDC中国助理副总裁王吉平先生认为，K12、智慧办公，以及政府行业将成为中国PC市场增长的主要动因。当然市场中依然存在诸多不确定因素，如疫情、配件缺货等。PC作为一个相对比较成熟的市场，正在面临一系列新的颠覆。未来这个成熟的市场将面临更多的颠覆——产品形态、客户群，甚至在架构上都有可能出现新的变化。

四、目标受众

随着消费的升级换代，电脑市场也出现了不同的消费需求。以“千禧一代”为代表的新兴用户需要在更为复杂的使用场景中追寻自我实现，用户对于PC也有了新的诉求。多年前分析人士就认为，细分是PC市场的出路。

而在众多PC品牌和系列当中，Acer宏碁多年来一直深耕细分领域，在产品的设计性、功能性、生产高效性等方面都有独到的技术和设计理念。无论是轻薄本中长期占据重要地位的宏碁Swift系列、风靡电竞玩家的掠夺者Predator系列，还是拥有全球最完整的设计品类的ConceptD系列，都获得了口碑与销量的双丰收。

Aspire Vero在中国内地（大陆）被称作“蜂鸟未来系列”，其主打环保主题，可以满足办公、娱乐、学习等多种需求。环保理念的注入是市场差异化竞争的一个重要方向，也是这款机型主要的卖点。

表4 宏碁各产品线型号及产品亮点

产品线	型号	看点概括
家用轻薄（Swift/非凡）	Swift 3 OLED、Spin 3/Spin5	非凡SE（Pro）提供标压、H45、OLED四面窄边框； Spin 5升级2.5K屏窄边框
家用经典（Aspire/蜂鸟）	Aspire Vero（蜂鸟未来）、 Aspire 5（蜂鸟Fun）	主流家用本更新12代酷睿； 蜂鸟未来主打环保噱头
高端游戏（Predator/掠夺者）	Helios 300 SpatialLabs Edition（战斧300）、 Helio 300 SE（刀锋300）	刀锋300 SE轻薄游戏本12代酷睿新品； 战斧300新增裸眼3D版本

（续表）

产 品 线	型　　号	看 点 概 括
创作本（ConceptD）	ConceptD 5/ConceptD 5 Pro	轻薄创作本12代酷睿新品（刀锋300 SE换壳）
商务本（TravelMate/航海家）	TravelMate P2/P4/Spin P4	中低端商务本12代酷睿新品，P4升级16：10屏

基于产品特征，确定本次营销活动目标受众主要包括：① 环保志愿者，公益爱好者。② 时刻有新想法、有态度的年轻的Z世代。③ 具有环保理念的企业和个人。④ 时尚环保潮流追随者。

五、绿色营销

近年来，气候变化为全世界带来了巨大威胁，极端天气频发，由此产生的次生灾害更甚，地球似乎在借此警告人类——气候问题已经到了不得不采取行动的地步。电脑在生产、消费等环节，都会耗费大量资源，造成环境污染和破坏。电脑制造过程中会耗费大量的水资源和化学原料；在销售过程中，又涉及过度包装、运输等问题；消费者使用过程中存在大量耗电的情况；伴随着产品的迅速更新换代，产生的电子垃圾带来了巨大的处理难题。这一系列的问题，将这些电子产品企业推上了风口浪尖，如何可持续发展成为企业面临的问题。

绿色营销是承载企业、公众价值沟通的高效载体。品牌与用户的关系不再是曾经的买卖关系，而是交朋友般的价值认同关系。用户是否认可品牌的价值观、世界观，在很大程度上影响着这种关系。在全球气候问题与中国双碳政策的背景下，中国消费者的社会责任意识和对可持续发展的敏感度也呈现阶梯式攀升。

联想、惠普、戴尔等主要的电脑品牌的官网上都可以看到独立的板块来介绍企业在环境保护方面所做的努力，同时许多电脑企业也举办了各种环保活动。例如，惠普在第52个"世界地球日"，发布了"惠普气候行动

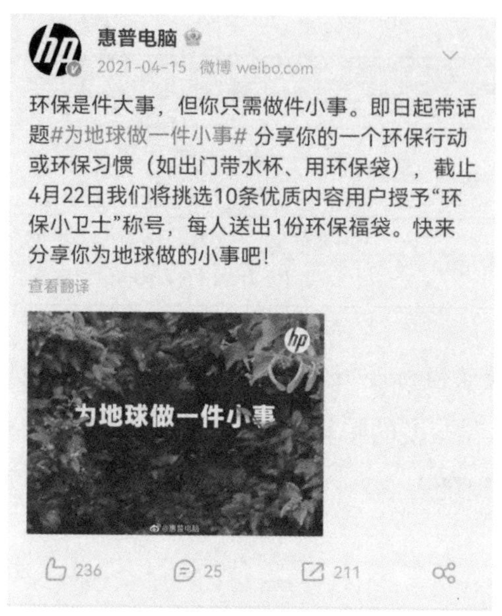

图1　惠普电脑相关环保活动
（图源：惠普微博官方账号）

目标”。在2021年的“世界地球日”，惠普发起了“为地球做一件小事”的倡议，开展了一场线上线下联动的植树活动。消费者通过在线上种植虚拟小树来兑换真实树苗，惠普则以其名义在线下栽种。活动发起仅7天，已有超过4 000人踊跃参与线上植树活动。另外，惠普也利用微博为此次活动扩大影响力，网友通过带“为地球做一件小事”的标签分享环保行动或习惯就有机会获得环保福袋。品牌方通过这种形式唤起人们的环保意识，鼓励更多的人参与环保行动。

绿色营销要想“出圈”，就需要有良好的创意。站酷联合宏碁、永续平台Earthion、阿拉善SEE华北项目中心、摩登天空视觉创意厂牌MVM，携手三位知名设计师、艺术家——高少康、黑一烊、熊超，面向广大设计师发起活动。以联合发声、环保作品征集、环保共创营、环保作品线下展、共创纪录视频等创新营销方案，联合艺术家、设计圈、设计类高校，在设计圈层打造品牌传播事件，以设计的力量广泛传播，引发关注，传递环保意识，增加公众人群对Vero电脑“首款永续环保概念笔记本”品牌理念及产品认知。这种合作与艺术家、时尚品牌、企业、环保平台、环保组织等多个类别的组织合作，既是整个传播方案“破圈”传播的要因，又是一场企业社会责任感的同频共振。

绿色营销是企业对消费者和社会的承诺，这并非一蹴而就的事，需要经年累月的持续努力不断塑造企业负责任的形象。“未来地球保护计划”的营销呼应宏碁长期以来的环保努力，对企业形象的塑造起到了很大的作用。

第二节　案例分析："共创未来地球守卫者"5A 模型解读

一、项目亮点

1. 联合发声号召，提升项目能见度

作为中国最具影响力的原创设计生态平台，站酷也是最活跃的设计师平台，集结艺术家高少康、黑一烊、熊超；环保机构阿拉善SEE华北项目中心、时尚品牌摩登天空MVM，联合合作伙伴阿拉善SEE生态协会、辐射合作伙伴摩登天空、朝阳大悦城多方力量，跨界联动一起为项目发声，有效提升项目关注度。

高少康、黑一烊、熊超三位艺术家以采访短片的形式强调循环再生，低碳环保的核心理念。高少康，香港著名设计师，靳刘高合伙人，其操刀的设计作品，从平面到空间，多维度跨越，曾获得诸多设计奖项。深圳机场标的志与形象、覔书店的空间设计等，均出自他之手。他认为，做设计创意要从情感出发挖掘故事，才能打动人心。高少康也经常参与公益活动，比如此前的"与星星孩子同画画"关爱孤独症艺术共创展活动中，他作为共创艺术家，一起分享艺术之美，传递温暖和力量；黑一烊，先锋艺术家、创意人，是当今中国最活跃的文化交流先锋之一。他是极具才华的新晋艺术家，创作风格自由灵活、充满乐趣、画意和时尚气息。其设计及艺术创作在海内外屡获奖项。他关注社会、公益环保等问题，认为设计与艺术都是为解决问题而存在的。其创办的SenseTeam感观体，与深圳市大鹏新区珊瑚保育志愿联合会共同出品的海洋环保纪录片《DIVE4LOVE潜爱》也正在筹备中；熊超，华语区最具突破性、最具创作力的艺术指导及创意总监之一。2020年，*CampaignBrief Asia*将其评为亚洲前20位得奖最多的创意领军人物，中国得奖最多的创意总监位列第二。他囊括全球300多项创意设计奖与荣誉，包括中国第一座法国戛纳创意节设计类金狮奖、大英自然博物馆颁发的绿色环保GREEN AWARD全场大奖等。他曾创作《隔离的键盘》装置艺术，以唤醒沉迷网络虚拟世界的人们去感受现实世界和关爱身边人。其号召大家绿色环保的互动艺术作品《绿色步行》，引发中央电视台及全球范围内权威媒体的报道。

各合作伙伴发出态度宣言，形成了规模矩阵效应，提升了曝光度。作为中国最具影响力的原创设计生态平台，站酷发出“环保是件很赞很酷的事儿”的态度宣言，作为中国首屈一指的原创音乐厂牌旗下的视觉创意厂牌MVM表示“保护地球很摩登”：作为中国首家社会责任为己任、以企业家为主体的生态保护社会团体旗下最大的项目中心阿拉善SEE华北项目中心提倡“守卫地球企业家先行”；知名环保平台EARTHION呼吁“更多的伙伴，更好的地球”；以打破科技与人的藩篱为使命，作为全球第四大个人电脑品牌、第二大笔记本电脑品牌的宏碁强调“保护地球是最宏伟的一步棋”。尽管口号形式各异，但都与各自的原有品牌调性和企业形象高度匹配，都传达出“守卫地球、提倡环保，引领参与”的核心理念，通过在官网、微博官方账号、微博蓝V账号、微信社群、微信订阅号、微信视频号、微信服务、B站账号、QQ社群、小红书、抖音等平台发出宣言号召，扩大话语声量。

2. 线上线下耦合，扩大项目影响力

站酷 × 宏碁Vero未来地球守卫者计划，一方面，通过发起环保作品线上展，集结设计力量，激发创新活力，强化项目吸引力；另一方面，通过线下落地辐射增进感染力。线上线下相耦合，扩大了项目影响力范围。

站酷发起环保作品线上展，以“宏碁Vero·未来地球守卫者计划”专题页为落地页，面向全站1 300万设计师用户，发出环保设计邀请，征集原创环保作品。同时召集环保共创营学员，从中优选设计新秀可以获得环保共创基金，有机会与3位知名艺术家发起人组成的战队，共创艺术装置。此举创新性地激发了站内蓬勃的环保艺术热情。设计师们共自发上传了289组环保公益类艺术设计作品，并在环保作品线上展亮相，通过艺术设计、行为艺术、影视动画、实物产品、创意摄影等多种载体，有效传播了地球守卫者的理念。

与此同时，站酷在北京朝阳大悦城4楼摩登天空MVM聚能场"UNI_JOY"潮流街区设置环保线下展，将设计成果进行线下落地辐射，扩大接触点，提升影响力。

环保作品线下展从2021年12月21日开始进行了持续18天的展示，横跨圣诞和元旦两大高人流节点，以产品区、静态艺术装置区、动态艺术装置区、共创作品展示区四大区域，共同展示项目艺术作品成果和项目记录TVC视频。线上同时向全网邀请更多的球守卫者线下打卡，共同为地球集结。在朝阳大悦城外立面大屏幕、MVM场地3块大屏幕，分别播放项目记录TVC视频，完整呈现宏碁环保品牌理念和项目艺术环保感染力，最终汇集为项目视频作为总结展示。

站酷通过将线下展落地北京朝阳大悦城，对艺术装置、征集环保作品、宏碁Vero产品进行综合策展展出，构建起线上为线下引流、线上线下协同传播的闭环联动传播，形成持续影响。

3. 优质内容产出，提升项目好感度

活动全程给予设计师和艺术家们较高的创作自由度。在作品收集阶段，只设定环保这个大主题，激发大家的创造力。在共创阶段，通过设定三个与宏碁Vero蜂鸟·未来环保版笔记本特点相一致的主题，即"低碳节能"：VeroSense调控将生态+环保模式发挥到极致，时刻保持节能省电；"减塑止塑"：机身采用30%可回收PCR塑料制成；"循环再生"：外包装不仅荣获红点设计大奖，更是采用100%的可回收再生纸，与循环再生的观念不谋而合。四名共创设计师与三位艺术家分别组成战队，围绕三个环保议题进行艺术设计、行为艺术、影视动画、创意摄影、新媒体艺术、再生雕塑、立体画作等多种载体的创作，在创作元素会带入宏碁电脑的废弃零件的同时，输出高品质传播物料，提升作品好感度。

高少康、黑一烊、熊超三位艺术家作为环保招募官、四位共创设计师作为环保守卫者，历经2个月的共创打磨和调整，分别利用宏碁废弃电脑器材，运用艺术技艺和环保理念，共创出立体画作《星星细语》、拼贴雕塑

《海底新物》、新媒体装置《呼吸》三组大型艺术装置，并以视频的形式，录制纪录共创过程，向大众讲述环保艺术共创的态度和思考。

其中由“风之涌动”战队的邹耀然、邸翩、高少康共同创作的低碳节能命题作品——《星星细语》令人印象深刻。艺术家高少康和设计师邸翩以及孤独症星星孩子邹耀然，根据低碳节能命题进行艺术综合材料绘画的创作。作品以100%环保再生塑料制成的宏碁Vero蜂鸟·未来环保版A盖为画板，以低碳节能减排为主题，表达环境友好的生态可以带来感官和心灵上的宁静。呼吁人们从自己做起，关注低碳生活、节能环保，让人和自然共融，使得项目的核心理念更加深入人心。

而“地之觉醒”战队跨界设计师谢建平和艺术家黑一烊合作完成的循环再生命题《海底新物》，根据循环再生的命题，用赋予无机物“生命”的创作方式回应对消费塑料回收再造（PCR）的环保理念。通过潜爱公益组织提供的海洋浮球、探照灯、轮子、水管和宏碁提供的电脑芯片、电脑键盘等“废弃物”的拼贴，模仿若干万年后垃圾和废弃物也随着自然的演变重新成为“全新的海底物种”。作品通过由海洋浸泡过的天然腐蚀的破旧质感与精细的科技感材质之间带来的“冲突”感，传达废弃海洋垃圾对未来生物演变的影响，强调人类与海洋密不可分的关系，以及可持续生活与生态的主题对人类发展的重要性。

“水之生灵战队”则聚焦于减塑止塑命题创作名为《呼吸》的新媒体艺术装置。艺术家熊超和设计师刘立宁利用电脑与废弃塑料包装进行空间布置，3台电脑屏幕循环播放故障效果，营造未来废弃电子塑料垃圾场。同时利用投影装置将一个舞者投射到一个随风飘荡置于塑料垃圾环境上空的塑料气球上。气球跟着风的节奏感飘荡，仿佛正在呼吸一般。塑料袋膨胀时舞者自由的舞姿表达着当代人对塑料危害的漠不关心的态度，而塑料收缩时舞者狰狞的舞姿和表情则表达未来塑料已经危害到人类性命的时候人类紧张的情绪，突显环境保护的必要性。

三组战队用优质作品，有效传递了项目低碳节能、循环再生、减塑止塑、绿色环保的重要理念，以具象的作品展示和宏碁材料的应用提升受众对于品牌的好感度。

4. 号召学生共创，提升用户参与度

站酷发起艺术高校毕业设计展，鼓励高校学生与艺术家利用宏碁相关产品包装进行再创作，通过组织高校设计活动和线上投票评选，在提升曝光度和丰富传播物料的同时，也有效激励学生与网民参与，极大提升用户参与度。

其中学生品《飞鸟逐玉福禄钟》利用宏碁Vero产品外包装，以敦煌藻井的设计美学风格，在参考敦煌藻井构图、配色、花纹元素的基础上，以环保为主题，融合莲花纹、蜂鸟、环保标志、回形纹联想等元素，构建出具有装饰画风格包装画面，传达宏碁产品的环保理念，帮助构建品牌形象塑造。

站酷以艺术共创的形式和公益创意线下空间的构建，向人们传递环保行动力量，形成与用户的深度互动，力图唤醒年轻一代的环保意识，启发环保思路；号召人群以更加低碳可循环的生活方式践行环保理念，促进用户参与创意活动与环保行动，守卫未来地球。

二、传播效果

1. 时间线分析

“宏碁Vero未来地球守卫者计划”自2021年10月15日上线，传播一直延续到2022年1月20日，共计97天。整体传播分为以下几个主要时间段：2021年10月15日—10月28日—11月28日，12月21日—2022年1月8日。

（1）2021年10月15日—10月28日为活动预热造势阶段。第一时间段历时一周，宏碁＆站酷＆环保＆品牌四大合作伙伴和艺术家们同步宣发，在这一周内，口播视频和人物海报等物料作为载体，在各合作方的微博、微信公众号等进行发布传播和转发互动为宏碁Vero笔记本电脑活动预热造势。一周时间通过相关艺术家背书传播，公众和设计师有充分时间对品牌活动深入了解，活动物料可达到最大化传播覆盖，同时为下一阶段共创行动做好铺垫。

（2）2021年10月28日—11月28日为设计师艺术家共创阶段。在共创阶段，4名共创设计师与3位艺术家一起，围绕“环保艺术装置”主题历时一个月完成艺术装置共创，并记录共创过程和作品，以真实的艺术创作感染力，向公众传递环保与艺术的碰撞火花和行动可能。产出共创活动海报、共创视频花絮海报各3套。并在艺术家和合作伙伴的微博、微信等平台进行发布传播和转发互动。宏碁Vero笔记本电脑活动宣传KOL人数增加，圈层突破，艺术家与设计师共同将品牌环保理念落地，制造艺术作品并记录过程。宏碁还与12位抖音、小红书、B站的KOL合作，发布体现环保生活方式态度的视频，宣传“未来地球守卫者计划”共创活动及宏碁本次新品。并同步将视频发布在抖音、小红书、B站、微信、微博、西瓜视频等平台上。这一阶段延续艺术家造势阶段发起的号召，同时将传播量级扩大，影响力扩至关注环保领域的目标群体，在一个月时间内持续保持活动热度，营造公众对于宏碁Vero笔记本电脑的环保印象。自媒体平台众多KOL的发声也为品牌宣传计划破圈传播提供可能。

（3）2021年12月21日—2022年1月8日为线下落地辐射引爆阶段。12月21日至1月8日期间，合作伙伴和艺术家们，共同举办落展作品投票、线下打卡等活动，吸引公众去到现场，向公众传递活动态度。以三组环保共创营队伍共创记录的记录视频、创作专访视频及其混剪视频（共7支）以及线下展作品投票活动、线下展邀请函海报、集结打卡活动为载体，在所有合作伙伴和艺术家的各大社交平台上进行发布、传播和转发互动。2021年12月21日至2022年1月5日间，宏碁联合伙伴在北京市朝阳区大悦城举办线下展览，线上活动的落地既能让原本关注“未来地球守卫者计划”的公众实地参加、体验这一计划，又能让线下现场持续为活动带来关注度。

（4）2022年1月8日后为完美收官阶段。活动收尾期，合作伙伴们通过各自官媒，在微信微博上发布活动完美收官总结以及线上活动相关公示信息。收官的合作伙伴官媒内容仍有较长时间的口碑发酵，收官后的传播在时间上得到延续。

（5）2021年10月15日—2022年1月8日为站内持续传播阶段。2021年

10月15日，站酷pc端和站酷App端同时上线"宏碁Vero未来地球守卫者计划"落地页，展示3位艺术家的招募视频，并开启招募及征集活动。随后，随着共创营组队集结、共创作品亮相两大节点，分别对页面更新。同时，站酷全站广告告位全期配合，助力项目进程传播。

2. 传播渠道分析

从传播的形式上看，站酷综合打出了一套宣传组合拳：从投放渠道上来讲视频这一形式更适用于新媒体平台、短视频平台或者户外大屏的投放，对大众传播很友好；设计师的作品海报主要作用于线下展作品展示，搭建场景，呈现视觉冲击力；而活动照片以及创作艺术家海报，更多作用于活动发起和自媒体内容传播。

在招募阶段，KOL、艺术家自媒体发声，号召志同道合的设计师加入自己的战队。在共创阶段，除艺术家和设计师的个人微博、微信平台的活动宣传，除了吸引关注艺术、设计领域的消费者外，抖音、小红书、B站多位生活方式领域的KOL也参与进来，利用不同平台特点达到消费者多重覆盖，这一活动贯穿始终。前期的宣传还有意为后期的线下引流：通过大众线上投票的形式，让大众决定想要落地的线下作品；并在约定时间范围内，邀请大众至线下环保展现场观看环保艺术展；身临其境，现场打卡自己选中的环保艺术作品。

在不同平台的特点上，小红书平台媒介传播形式多为图文传播，活动策划内容符合小红书平台生活向、年轻精致的特点，将环保理念和机器特点融合传播；抖音平台上的传播为视频形式，画面注重突出绿色环保，并在视频标题中带上"宏碁"相关话题；B站发布则为站酷官方账号进行视频传播，形式为对话中长视频，区别于抖音平台的短视频传播，传递更多内容量。

特别需要提出的是，长视频的形式，一方面，可以从创作层面，记录艺术家和创作者们为环保做出的每一份努力，真切地做到通过艺术唤醒人们对环保的认知；另一方面，从传播层面，激发大众的情绪共鸣，需要一定的时间代入；长视频的形式，更容易带动大众情绪，通过美妙的创作过程，吸引大众更透彻地了解到环保这件事，让更多人感同身受，加入环保行动。

线下落地辐射引爆阶段，线上线下相结合的联动辐射，让“未来地球守卫者计划”活动关注度持续提升，且能覆盖更多人群。通过海报、视频预热、现场打卡照返图等形式，吸引现场打卡的环保爱好者们，自主进行传播，用打卡行动影响身边更多的人参与到公益环保打卡行动。

在人流量极大的朝阳大悦城传播环保理念，并引导线上关注，达到流量反哺的目的。展区的户外三块大屏播放艺术共创视频将公众关注场景从商场内转移出来，音视频的互动也多维传递艺术感染力。

在线下地点的选择上，宏碁推出的宏碁Vero蜂鸟·未来环保版笔记本是时尚的，而宏碁的核心目标受众多数又是高审美高阶人群或者Z世代。朝阳大悦城的目标受众和宏碁Vero蜂鸟·未来环保版笔记本的目标受众的重合度很高，所以选址朝阳大悦城是经过慎重思考的。

与此同时，想让年轻人感受到“环保可以是一件很潮的事儿”，最好的方式就是让年轻人面对面零距离接触环保时尚、打卡环保时尚。宏碁Vero未来地球守卫者计划线下展落地北京朝阳大悦城_摩登天空MVM聚能场“UNI_JOY”潮流街区，借助艺术家潮艺术、设计师潮环保作品、潮商圈三重潮动力，传播环保理念，近距离影响大众以及年轻群体对环保的认知。

最后，配合站内的长尾传播，“未来地球守卫者计划”在站内获取高关注度。在站酷平台活跃的设计师，也是KOL或KOC，他们的私域是可激活和有价值的，很多人会持续在朋友圈、社交网站晒作品，让活动影响力进一步提升。利用站内资源长尾传播，旨在通过持续曝光，激活私域，持续唤起和提升大家的环保意识，做到让艺术改变认知，影响大众的环保行动。

3. 传播效果分析

此次“宏碁Vero未来地球守卫者计划”活动共历时97天，集结3位知名艺术家，聚合1 500万设计师、联合宏碁Earthion永续平台、阿拉善SEE华北项目中心、摩登天空旗下视觉创意厂牌MVM、朝阳大悦城五大组织，在内容成果产出和互动传播效果方面收效显著。

在内容成果方面，本次活动以低碳节能、循环再生、减塑止塑三大环保命题为基点，共产出4组艺术装置、22支视频、40篇图文，征集作品289组。内容成果以环保产品、线上展、线下展、艺术设计、行为艺术、影视动画、实物产品、创意摄影等多种载体进行投放，将地球守卫者活动理念从产品本身用户客群深入扩展到艺术圈层、环保圈层的目标用户。

从互动和传播效果来看，本次活动实现了KOL、官方自媒体、微博、微信、B站、小红书、西瓜视频等投放平台、社交社群、户外大屏多平台多渠道的联动传播，紧随活动节奏，记录共创过程，发出环保宣言、放大活动声量。此次活动在全网共获得1亿次曝光，覆盖人群超5 000万，内容互动超240万，以大悦城为代表的线下活动触动人群超3万人次，传播效果显著。

从总体上看，"宏碁Vero未来地球守卫者计划"以优质内容和丰富的传播动作，促成环保理念、活动信息及行动力的话题扩散和破圈传播，取得了极为显著的传播成效，收获各圈层的一致好评和点赞，激发更多受众的环保使命感和提升品牌好感度。

三、内容营销5A模型

5A度量体系以"现代营销之父"菲利普·科特勒的"5A客户行为路

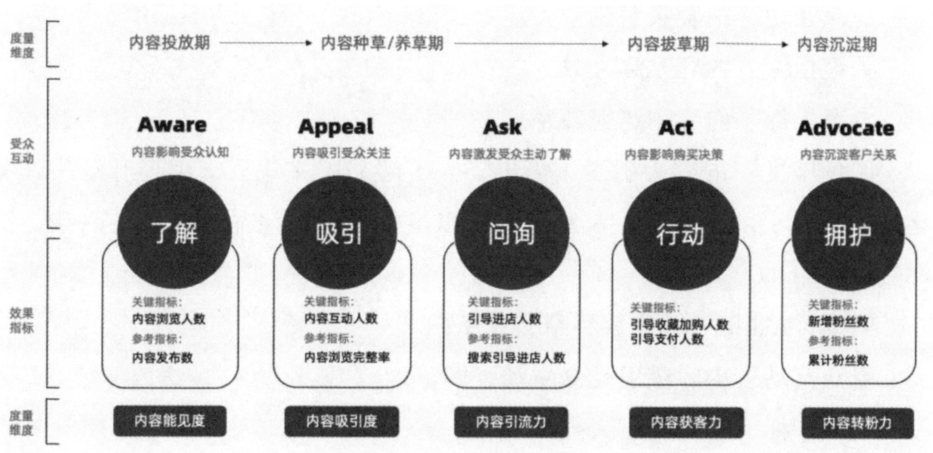

图9　5A模型示意图
（图源：公众号"营销"）

径”为理论基础，这一理论认为，品牌从用户刚刚了解一直到成为忠诚粉丝需要经过5个阶段，分别是品牌了解阶段（Aware）、品牌吸引阶段（Appeal）、品牌问询阶段（Ask）、品牌行动阶段（Act）和品牌拥护阶段（Advocate），这5个阶段是循序渐进的，而且每一个部分都是不可或缺的，有着自己的特点。

在此基础上，梳理出内容能见度、内容吸引度、内容引流力、内容获客力、内容转粉力5个衡量维度的数据指标。在不同的阶段所能够采取的策略是不一样的，企业需要利用5A理论全链路、分场景追踪内容营销效果，不断提升品牌内容，提升能见度、吸引度和获客率，从而让更多的客户成为企业的忠诚粉丝，并据此进行有针对性的优化。

了解（Aware）——内容投放期。

受众互动：内容影响受众认知。

效果指标：关键指标——内容浏览人数。

参考指标：内容发布数。

度量维度：内容能见度（企业在宣传品牌文化的过程中，可以直接提升内容能见度，并不断扩充渠道，这样就能够让更多的人能够了解品牌文化。）

吸引（Appeal）——内容种草／养草期。

受众互动：内容吸引受众关注。

关键指标：内容互动人数。

参考指标：内容浏览完整率。

度量维度：内容吸引度（当更多人了解品牌文化后，需提升该品牌文化的内容吸引度，使其更具吸引力，以增强人们对该品牌文化的兴趣，发挥吸引作用。）

问询（Ask）——内容种草／养草期。

受众互动：内容激发受众主动了解。

关键指标：引导进店人数。

参考指标：搜索引导进店人数。

度量维度：内容引流力（企业的品牌宣传文化需要具备一定的引流力

度，这样消费者们会不断对该品牌内容进行问询。）

行动（Act）——内容拔草期。

受众互动：内容影响购买决策。

关键指标：引导收藏加购人数、引导支付人数。

度量维度：内容获客力（内容获客率是指品牌所提供的营销内容能够获得客户的概率，如果概率较高，那么后期在营销的过程中就可以获得更强的行动力。）

拥护（Advocate）——内容沉淀期

受众互动：内容沉淀客户关系。

关键指标：新增粉丝数。

参考指标：累计粉丝数。

度量维度：内容转粉力（内容除了能够帮助企业的营销人员获得更多的客户，还可以帮助企业营销人员实现客户的转化，让客户能够成为企业的忠诚粉丝，当然这需要一定的营销手段才能够达到。）

现代营销大多数都是基于5A的模型展开的，它体现出消费者购买过程中的良性循环过程。而在以"环保理念"为产品的"环保公益"品牌活动中，内在的传播逻辑是一致的，因此本板块尝试在"5A模型"理论的指导下，具体分析"站酷 × 宏碁Vero未来地球守卫者计划"的营销传播策略。

四、基于5A模型的环保活动营销分析

1. 了解阶段

宏碁与站酷的合作产品是以永续环保为概念的笔记本电脑，是Earthion永续平台的开山之作，完整体现了宏碁的永续行动力，其卖点汇总重点突出设计环保、材质环保、包装环保和使用体验。

站酷联合宏碁组织设计作品展，经历85天，通过3位艺术家、6方联合、十余类平台、4组艺术装置、近300组环保作品和一场共创营、两场环保展协同合作实现曝光破亿次，覆盖了5千万人次。作品展包含了线下，落地北京朝阳大悦城，同时也有线上线下的闭环联动传播。联动传播在微

信、微博、B站、小红书、抖音、西瓜视频等平台上发布项目亮点内容，采用站酷站内S+广告位全期匹配宣传。

2. 吸引阶段

要想通过内容吸引用户阅读甚至产生转化效果，就要从用户的切身利益为出发点，主要有三个方向，分别是提供有实用价值的内容，内容具有趣味性，内容有震撼力。站酷与宏碁的推出以永续环保为概念的笔记本电脑，环保话题向来备受全球认可，环保问题已经严重到直接影响人类的健康，甚至生存。

艺术、时尚和设计也一直备受关注，站酷跨界联合面向1 300万设计师用户发起大量的设计力量召集活动，并开展环保共创营，激发了艺术家的共创灵感。同时，还号召高校学生加入共创代际力量传递善念，大学生是未来创造者，吸引了更多观众的注意力。经历85天的线上线下传播，在各种平台中互动达240万次以上。

3. 问询阶段

想要用户主动了解产品及环保活动，就要先让用户对其内容感兴趣。站酷联合宏碁与12位抖音、小红书、B站的KOL合作，通过展示环保生活方式的态度视频，宣传《未来地球守卫者计划》共创活动及宏碁新品。KOL的宣传可以直接或间接影响粉丝产生消费行为的关键人，因此在宣传的过程中可以引起更多受众的关注，并且吸引受众主动去了解该活动。

合作伙伴和艺术家们，共同以落展作品投票、线下打卡等活动，吸引公众去现场并在线上关注，向公众辐射态度。落展用了18天的时间，在北京朝阳大悦城外里用大屏幕播放项目视频，人流量大的位置，也是吸引更多受众的方式之一。以上线下活动中，宣传触达了3万多人。

4. 行动阶段

在活动获得了一定的关注后，如何吸引用户参与到环保活动中来就显得尤为重要，即站酷的环保公益共创活动到达了行动阶段。站酷选择主动邀请用户参与环保宣传的线上活动，面向1 300万设计师用户发起召集设计力量的活动，以极具创新性的内容调动站内的环保艺术热情，吸引设计师们自发上传了289组环保公益类艺术设计作品，并在环保作品线上展展出，以艺术设计、行为艺术、影视动画、实物产品、创意摄影等多种载体，传播地球守卫者信念。除了本身拥有的设计师用户群体，站酷还将目光投向高校学生，试图将环保理念以代际的方式进行传承，与宏碁合作打造艺术高校毕业设计展项目，吸引学生群体投入环保设计创造活动。

同时，站酷还将线上的成果落地，以环保线下展的形式辐射更多公众，扩大环保活动的传播范围。在北京朝阳大悦城，环保作品线下展自2021年12月21日开始进行了为期18天的展示，横跨圣诞和元旦两大高人流节点，展示项目艺术作品成果和项目记录TVC视频。线上同时向全网邀请更多的地球守卫者参与线下打卡，共同为地球集结。在朝阳大悦城内外设置的3块大屏幕，分别播放项目记录TVC视频，完整呈现出宏碁的环保品牌理念和项目艺术环保感染力，站酷联合宏碁以优质的创意内容来提升对用户参与的吸引力，完成了用户接纳环保理念的这一行动阶段。

5. 拥护阶段

成功吸引社会各界人士参与到环保活动中来并不是营销传播阶段的终点，用户的拥护阶段才是活动后续影响力不断提升和扩散的起点。站酷和宏碁联合吸引设计师产出的优质创意内容，除了帮助此次环保共创活动获得更多的公众参与者，还可以帮助实现用户的转化，让用户不仅能够成为站酷和宏碁的忠实粉丝，还可以成为环保理念的自发传承者。

参与了站酷环保作品线上展的设计师们，在设计创造的过程中会逐步加强环保意识，在站内上传作品后也会加深对站酷的归属感，他们蕴含环保理念的作品会在网络中传递给更多的用户。艺术高校的学生们在毕业设计中使用宏碁产品的包装盒进行创造，同样也会对品牌的产品及环保意识产生更加深刻的理解。参观环保线下展的公众们，会在观赏艺术作品的过程中，体会到宏碁环保品牌的理念和项目艺术环保感染力，提升对站酷和宏碁品牌的好感度与忠诚度。同时，公众们对展览内容也会通过人际传播渠道进行进一步的传播扩散，吸引更多的公众参与到新一轮的营销传播的五个阶段中，实现此次活动营销宣传的良性循环。

据统计，宏碁Vero未来地球守卫者计划共征集了289组设计作品，创作了4组艺术装置，产出了22个视频、40篇图文，覆盖人群达5 000万，其中线上的曝光数累积超一亿次，内容互动达240多万次，线下触动3万多人次。

五、小结

“站酷 × 宏碁Vero未来地球守卫者计划”吸引了很多设计师、大学生和环保人士的关注和参与，引起受众的兴趣，多种线上线下结合和平台宣传方式，再次吸引了更多的关注。本文采用5A的模型展开分析，该模型体现了用户参与此次环保共创活动过程中的良性循环进程，在以“环保理念”为核心的“环保公益”品牌活动中，具体分析了该计划的营销传播策划，得出结论：该活动的营销传播方式进行了一次成功的宣传。

第三节　案例访谈：“创意不仅是个人与商业，更关乎未来与地球”

一、公司介绍

站酷（ZCOOL），2006年8月创立于北京，聚集了1 500万设计师、摄影师、插画师、艺术家、创意人，在设计创意群体中具有一定的影响力与号召力。

站酷在创立之初，就以“让设计更有价值”为自身使命，一直致力于打造以原创设计为核心的“站酷设计创意生态体系”。目前站酷旗下除拥有主站设计师互动社区站酷网之外，还重点打磨了一站式正版视觉内容交易平台——站酷海洛、一站式创意营销解决方案共创平台——站酷共创。站酷的这一系列生态布局，为设计创意从业者在学习、展示、交流、就业、交易、创业各个环节提供了优质的专业服务，为设计师和企业的成长之路提供了高效的版权解决方案和立体的视觉营销服务。

二、访谈对象

站酷副总裁、站酷市场品牌总经理孙乐。

三、访谈记录

（一）合作背景

Q：作为一个设计师社区，是什么样的契机促成了您和宏碁的合作呢？

A：站酷是中国顶级的设计创意生态平台，深耕行业16年，聚集了1 500万专业创作者，调研数据显示，95%以上的垂直流量都聚合在这里，聚集了非常杰出的创作者。同时，站酷也是本土唯一包含13个门类的综合性创意设计平台，涵盖平面、插画、摄影、三维、影视、工业、空间等等，囊括了各大行业，是一个门类全面、作品丰富、创作者活跃的生态平台。

站酷共创，是站酷旗下为全球客户提供一站式创意营销解决方案的共创平台，包括"赛事共创"——引领行业标准的创意征集金牌赛事，提供专业的赛制策划和流程管理，帮助企业收获最优方案，以视觉助力品牌传播；"设计共创"——从单项设计服务到年度设计解决方案，从创意生产到灵感落地一站式把握；"艺术家共创"——联动全球艺术家资源，整合垂直领域私域流量，集评测代言、活动出席、艺术演绎、作品授权于一体的全方位价值加持；"生态共创"——打通设计与商业完整闭环，共建设计生态；"公益共创"——艺术融合公益，塑造公益之美，共创影响力。从创意策划、精准匹配、高效组织到全程品控，站酷共创可以为企业提供创作者组织、内容生产、场景创造、渠道流量聚合等全方位的创意营销服务。

基于站酷共创优势，宏碁和站酷达成了多次项目合作。早在2021年4月，站酷就携手宏碁ConceptD设计电脑联合征集毕设作品，开启"ConceptD青春共创营"，通过毕设作品的征集，选出8位潜力毕业生与4位站酷特约知名艺术家导师共创公益作品。经过三个月的招募、师生共创，最终诞生7组优秀公益作品并在线下落地迷你展览和毕业生分享会，以家居产品设计、动图海报、三维动画、互动滤镜、平面插画等不同形式诠释宏碁ConceptD所倡导的“科技绿色环保”理念。本次共创营前后历时3个月，通过毕设征集、师生共创、迷你展、线下沙龙层层推进，实现了在毕业生这一特定人群里推广的目标，也将企业科技绿色环保理念与作品深度绑定，深入人心。

共创营效果显著，同年10月，基于宏碁Vero蜂鸟·未来环保版笔记本，宏碁和站酷启动第二次合作，也就是宏碁Vero未来地球守卫者计划，项目营销升级，囊括艺术家共创、设计共创、公益共创三种共创模式。

Q：在主题、创意方向、方案执行上，宏碁方有什么具体的要求吗？还是只是给您一个主题，剩下的自由创作。

A：宏碁给出了一个开放性的命题，希望站酷共创基于宏碁Vero笔记本电脑的产品特点及永续环保的概念，帮助宏碁策划一个以公益为主题的营销方案。经过多轮提案和方向探讨，深挖新品产品特点的同时，结合宏碁加入RE100倡议行动，打造Earthion永续平台这一公益行为，我们进行了创意爆点突破，最终锁定了宏碁Vero未来地球守卫者计划共创玩法。

Q：据我了解，过去站酷的共创活动以单纯的服务商业目的传播为主，这一次活动的公益性质似乎更强，这是宏碁方一开始就定好的，还是您这边进行策划的呢？

A：站酷共创包括赛事共创、设计共创、艺术家共创、生态共创和公益共创五大共创模式。在公益共创服务中，站酷已有很多有益探索和成功经验。我们认为公益和商业并不冲突，我们希望通过有创意的策划、组织和执行落地，让品牌方的商业项目，不仅是品牌口碑营销动作，也能对公益有切实的助益。

基于这样的认同，宏碁和站酷经过多轮沟通，双方一拍即合，通过对需求的深度挖掘，将新品推广这一相对较商业化的行为，共同锁定了更侧重公益性质的主题策划和破圈传播。

整个创作背景源于一些社会现象，沙漠发洪水，极端天气频发，地球正在以一种越来越令人意外的形式告诉人们：保护环境，守护地球，跟我们每个人的生活息息相关。

商业领域中，"支付宝梭梭树""WWF地球一小时"等项目，不断感染着大众，号召各类环保行动。在3C行业，竞争者们在环保领域上也不断发力。主流主机厂均在供应链和产品上有环保布局动作和相应的公关传播。

长期以来，宏碁秉持永续环保的理念，2020年顺利达成了总碳排放量减少60%的目标，内部的企业活动已经循环利用了超过50吨的旧电池，宏碁笔记本电脑包装实现了全面采用再生纸，更是打造了Earthion永续平台，期望与更多合作伙伴一起，共同打造应对环境挑战的整合性解决方案。

产品层面，宏碁推出的首款环保概念笔记本宏碁Vero蜂鸟·未来环保版，从产品设计、材质使用、产品包装、使用体验等方面，充分融入环保理念，坚持科技创新，助力地球环境、人类健康、消费者体验的进步与发展，坚定地走环保路线。

此次宏碁Vero未来地球守卫者计划与宏碁的理念不谋而合，是宏碁永续环保品牌理念很好的实践之一。

站酷邀约站内知名艺术家，定向筛选环保向设计师资源，将宏碁的环保理念，从产品本身用户客群，扩展到高审美艺术圈层目标用户。助力宏碁在3C行业树立起自己的环保标杆，吸引更多志同道合的企业伙伴加入Earthion永续平台。

Q：就您的经验来说，这种具有公益性质的传播，和以往的单纯的品牌营销传播项目最大的不同点是什么？对站酷来说，构成新的挑战吗？

A：最大的不同是，创意不再只是关乎个人与商业，而是与地球、未来这样更大的命题相关。在此次的公益共创中，我们也看到了艺术的更多可能性。艺术不止可以唤醒意识、改变认知，还可以和商业携手，为环境保护遇到的困境提供一些切实的解决思路。同时，通过设计向善的公益行动，一批热衷环保的设计师、艺术家、企业、知名环保机构、潮流品牌商业空间等聚合在一起，通过强强联手，集体共创，实现了多方共赢。

这一项目中，站酷邀请了三位思想新锐、设计理念超前的知名设计师、艺术家——高少康、黑一烊、熊超作为活动发起人，选拔三位设计师新秀加入战队，接受环保共创挑战，成立了极具创新性的环保共创营。

本次活动获得了阿拉善SEE华北项目中心的鼎力支持。阿拉善SEE作为由百位企业家发起，至今已发展到近千位企业家参与环保公益的平台，已资助了全国超过800家环保公益组织开展工作，帮助了超过400家组织的新生，陪伴和推动了数十家组织成为各个细分领域的引领者，构建了污染防治、鸟类和栖息地保护、三江源保护等多个环保行业协作网络，持续的在各个环境议题中发力。

本次环保共创营的环保作品，在阿拉善SEE华北项目中心平台上进行同步宣传，用环保视觉创意，向企业家圈层扩散，唤醒更多企业家的环保使命感，促进更多企业洞悉经济效益与绿色发展的平衡性。

摩登天空视觉创意厂牌MVM也作为联合主办方支持此次活动，其长期在制作音乐、潮流等相关视觉作品的过程中，与青年文化群体达成默契，运用多媒体语言助攻艺术表达，意在联动世界多级开放艺术资源，制造新的视觉+声音的风暴中心。

本次活动中的设计师优秀作品，也于2022年初落地北京朝阳大悦城——摩登天空MVM聚能场“UNI_JOY”潮流街区，进行了为期18天的线下环保展展出，在潮流商圈传播环保理念，近距离提升大众对环保的认知。

商业环保联盟平台永续平台也是本次活动的助力平台，共同参与了此次守卫者计划。

“共创”是站酷DNA，和宏碁此次的合作，从创意内容和合作模式上，对站酷来讲，并不会构成新的挑战，反而让站酷的设计能量得到了最大的释放。我们以TOP级设计创意生态平台站酷的社会责任感，聚合各方力量，一起以设计之力、共创之法，在环保公益项目中不断实践探索，让设计更有社会价值，为自然环境的保护、社会可持续发展、社会公益事业贡献一份力量。

（二）创意生成

Q：作为公益性的环保事件，这个项目有明确的目标受众吗？

A：目标用户：① 环保志愿者，公益爱好者；② 时刻有新想法、有态度的年轻的Z世代；③ 具有环保理念的企业和个人；④ 时尚环保潮流追随者。

Q：此次项目的核心词包括“艺术、环保、时尚、设计”，是如何想到把这样跨度大的几个主题元素联系到一起的呢？是如何确定需要和艺术家、时尚品牌、企业、环保平台、环保组织等多个类别的组织或平台合作的呢？

A：谈起环保宣传，我们最常见的就是一串串冰冷的数字和一幅幅触目惊心的画面。这样的画面可能是有效的，但是又是压抑和沉重的。很多人，特别是年轻人，如果在一件事情上感受到压抑，条件反射的行为会是回避。沉重的宣传方式，反而会把年轻人越推越远。但是环保就一定是沉重的吗？其实不然，相反，现在很多环保品牌都在致力于将环保变成一件时尚和有趣的事。比如通过废瓶回收、将塑料制品做成时尚服装，又比如直接将环保材质用于实物生产，并且越来越多的年轻人在为时尚型环保行为买单。宏碁也不例外，宏碁Vero蜂鸟 · 未来环保版笔记本从产品设计、材质使用、产品包装、使用体验上，兼容可持续原材料、可升级、可循环利用等多维理念，以生态潮流ID，将环保DNA植入产品的方方面面。

机身采用30%的可回收PCR塑料制成，外包装不仅荣获红点设计大奖，更是采用100%的可回收再生纸。

小到一颗螺丝钉，都彻底贯彻易升级、易维护的可持续宣言。强大的VeroSense调控，更是将“生态+环保”这一模式的优势发挥到极致，时刻保持节能省电。

宏碁推出的宏碁Vero蜂鸟 · 未来环保版笔记本是时尚的，而宏碁的核心目标受众多数是高审美高阶人群或者Z世代，而站酷最大的优势是聚合了1 500万设计师、艺术家。所以我们很自然地将艺术、环保、时尚、设计结合起来，通过新锐、前沿的直击人心的方式与人们产生情感连接，使人们不同维度地看待、关注、思考人类活动对生态环境以及当下社会不同程度的影响。

和艺术家、时尚品牌、企业、环保平台、环保组织等多个类别的组织合作，既是整个传播案例破圈传播的关键因素，又是一场企业社会责任感的同频共振。

Q：活动中最突出的特点，也就是建立艺术家、设计师共创营，以及号召高校学生参与，是基于什么考虑采用这些形式的呢？有达到您预计的效果吗？

A：其实前面有提到，宏碁Vero未来地球守卫者计划的启动是基于前序“ConceptD青春共创营”而来。“ConceptD青春共创营”仅仅基于校园玩法，就已经在业内释放出了极大能量，那么如果将1 500万艺术家、设计师，以及知名品牌、企业、机构、高校联合在一起，将会产生什么样的灵感聚能和碰撞？

这一次，我们联合宏碁、永续平台Earthion、阿拉善SEE华北项目中心、摩登天空视觉创意厂牌MVM，携手3位知名设计师、艺术家——高少康、黑一烊、熊超，面向广大设计师发起活动。以联合发声、环保作品征集、环保共创营、环保作品线下展、共创纪录视频等创新营销方案，链接艺术家、设计圈、设计类高校，在设计圈层打造品牌传播事件，以设计的力量广泛传播引发关注，传递环保意识，增加公众人群对Vero电脑“首款永续环保概念笔记本”品牌理念及产品认知。

最终共征集到289组作品，打造了4组艺术装置，产出22支视频、40余篇图文、实现内容互动240万次以上，覆盖5 000万以上人次，全网曝光1亿次以上。以卓越内容和丰富的传播动作，将信息及行动力充分破圈影响至各圈层乃至公众视野中，效果是相当超预期的，并且收获了内外圈层的一致好评和点赞。

Q：那是基于什么考虑邀请了这三位艺术家呢？

A：前面有提到艺术不止可以唤醒意识、改变认知，还可以为环境保护的困境，提供一些切实的解决思路。所邀请的这三位艺术家，都曾用自己的创意作品影响大众认知，用艺术践行环保，并引发了大众思考，推动了一些改变。

高少康，香港著名设计师，靳刘高合伙人，其操刀的设计作品，从平面到空间，多维度跨越，曾获得诸多设计奖项。深圳机场标志与形象、覔书店空间设计等，均出自他之手。他认为，做设计创意要从情感出发挖掘故事，才能打动人心。高少康也经常参与公益活动，比如此前的"与星星孩子同画画"关爱孤独症艺术共创展活动中，他作为共创艺术家，一起分享艺术之美，传递温暖和力量。

黑一烊，先锋艺术家、创意人，是当今中国最活跃的文化交流先锋之一。他是极具才华的新晋艺术家，创作风格自由灵活、充满乐趣、画意和时尚气息。其设计及艺术创作在海内外屡获奖项。他关注社会、公益环保等问题，认为设计与艺术都是为解决问题而存在的。其创办的SenseTeam感观体，和深圳市大鹏新区珊瑚保育志愿联合会共同出品的海洋环保纪录片《DIVE4LOVE潜爱》也正在筹备中。

熊超，华语区最具突破性、最具创作力的艺术指导及创意总监之一。2020年*CampaignBrief Asia*将其评为亚洲前20位得奖最多的创意领军人物，中国得奖最多的创意总监位列第二。囊括全球300多项创意设计奖与荣誉，包括中国第一座法国戛纳创意节设计类金狮奖、大英自然博物馆颁发的绿色环保GREEN AWARD全场大奖等。他曾创作《隔离的键盘》装置艺术，以唤醒沉迷网络虚拟世界的人们，去感受现实世界和关爱身边人。其号召大家绿色环保的互动艺术作品《绿色步行》，引发央视及全球范围内权威媒体的报道。

Q：共创营的三个主题——低碳节能、循环再生、减塑止塑，这三个主题是如何敲定的呢？

A：低碳节能、循环再生、减塑止塑是我们的环保命题，也是宏碁

Vero蜂鸟·未来环保版笔记本的特点。

VeroSense调控——将生态+环保模式发挥到极致，时刻保持节能省电，和低碳节能的计划步调一致；机身——采用30%可回收PCR塑料制成，和减塑止塑的主题环环相扣；外包装——不仅荣获红点设计大奖，更是采用100%的可回收再生纸，与循环再生的观念不谋而合。

Q：我们留意到很多其他电脑品牌也有在打环保的理念，形式也非常多样。我们是如何将宏碁的环保理念同其他品牌区分开来呢？我们又是如何在活动中体现这种差异的呢？

A：环保理念也好，环保行为也好，大家最终的目的都是一样的，即倡导大家爱护我们身边的环境，守护地球美好家园。所以当时策划宏碁Vero未来地球守卫者计划时，从理念上并没有特意想要和其他品牌做出什么特殊区分，更注重的反而是如何将理念转化为实际行动，真正通过实践，让大家真正地参与到环保行动中来。本身宏碁的新产品，已经足够把环保、永续再生落实到产品设计、生产、功能、外包装等方面，是实实在在的环保践行者。

所以，我们重磅邀请了三位热爱公益、关注环保的知名艺术家——高少康、黑一烊、熊超，联合了作为商业环保代表的—宏碁Earthion永续平台、中国TOP级的设计创意生态平台——站酷，还有作为时尚领域代表的—登天空旗下视觉创意厂牌MVM，以及环保领域领袖——阿拉善SEE生态机构旗下最大的阿拉善SEE华北项目中心，以自身环保行动为核心纽带，多方一起从各自的角度发出环保宣言，并真正落实到实实在在的环保作品或者环保行为中，以环保产品、线上展、线下展、艺术设计、行为艺术、影视动画、实物产品、创意摄影等多种载体，传播地球守卫者行动和信念。

（三）落地执行

Q：本项目在预热期其实有很大的响应的，收集了很多环保作品，是怎么激励设计师来参与我们的活动的？

A：不想当艺术家的设计师不是好设计爱好者。在此次活动中，我们邀请了高少康、黑一烊、熊超三位在艺术和环保方面极其有建树的艺术家担纲环保招募官，并发起"海、陆、空三支战队"，全网招募设计师加入战队，给设计师一个和自己崇拜的艺术家联合共创的机会。

加入环保共创营，不仅可以与艺术家发起人组成战队，还可获得环保共创基金，获得与艺术家共同拍摄环保宣传片的机会。

与此同时，我们更是联系上一届站酷青春共创营优秀学员，邀约高校学生加入共创，代际力量传递环保善念。最终，上一届优秀高校学生以宏碁环保外包装为材料，打造了互动装置"飞鸟逐玉福禄钟"，并以视频的形式，记录了共创过程，向大众表达了环保艺术共创的态度。

为了激励全站酷设计师参加本次活动，我们更是为设计师争取到了作品落地北京朝阳大悦城线下展的机会，参与活动的优秀设计师，可凭优秀作品通过线上投票，获得参与为期18天的线下环保公益展机会。

在各个环节的设置上，我们希望这些商业 × 艺术 × 公益的共创活动，不仅能够践行环保理念，也能为优秀的设计师带来更多自我成长、作品曝光、同行交流的机会。

Q：设计某种程度上是一个很开放很自我的东西，因此在前期收集作品的过程中，我们的标准是什么？

A：设计师是一群很可爱的群体，也是一群非常有自驱力的群体，对于创作，他们往往对自己有一套很高的标准。而我们对于他们的要求，更多的是设定主题和流程，以半开放命题，激发大家的创造力，这也是站酷共创受到品牌认可的原因之一，大众需要有想象力、可能性和创意空间的作品。就像站酷共创提倡的理念——美美与共，创造不同。大众只需要基于"环保"这一大命题，充分发挥自己的创作灵感，把自己认为好的作品上传到我们的活动页面就好了。也正因如此，我们才收获了这么大一批优秀的、生动、有创造力的环保作品。

Q：在具体的共创营阶段，我们会去引导或者限定艺术家和设计师们的创作方向吗？会有相关的规定吗？如果有，是基于什么考虑的呢？

A：创作方向不会做任何限制，但是创作元素会带入宏碁电脑的废弃零件。活动是半开放命题，我们希望把商业和公益进行有机平衡。商业是我们身边的衣、食、住、行、娱各种产品和服务，公益活动通过商业，可以形成更大影响力，切实影响到每个人的生活。我们也想借此机会，向大众以及商业品牌，传递低碳节能、循环再生、减塑止塑的环保理念。

Q：环保创造营阶段的宣传形式也是很丰富的，包括视频、海报、照片等，你们在执行的过程中是如何确定不同形式的选择的呢，以及在具体布局上都是如何安排的呢？

A：每一种传播形式，都有它的特性，我们打出了一套宣传组合拳。从投放渠道上来看视频形式更适用于新媒体平台、短视频平台或者户外大屏的投放，对大众传播很友好；设计师的作品海报主要作用于线下展作品展示，搭建场景，呈现视觉冲击力；而活动照片以及创作艺术家海报，更多地作用于活动发起和自媒体内容传播。

Q：我们了解到在线上的传播上，长视频是主要形式之一。想问这是因为看中了长视频这种形式的哪些特长呢？

A：环保不是一件一蹴而就的事儿，需要我们以身作则，先让大众看到改变，才有可能影响他们改变。长视频的形式，一方面，可以从创作层面，记录艺术家和创作者们为环保做出的每一分努力，真切地做到通过艺术唤醒人们对环保的认知；另一方面，从传播层面，激发大众的情绪共鸣，需要一定的时间代入；长视频的形式，更容易带动大众的情绪，通过美妙的创作过程，吸引大众更透彻地了解到环保这件事儿，让更多人感同身受，加入环保行动。

Q：成果线下展览选址为北京朝阳大悦城，我们也了解到朝阳大悦城是北京青年甚至是全国青年出入频率较高的一个场所，你们当初定这个选址是有这方面的考虑还是出于别的原因呢？

A：从目标受众层面上，宏碁推出的宏碁Vero蜂鸟·未来环保版笔记本是时尚的，而宏碁的核心目标受众多数又是高审美高阶人群或者Z世代。朝阳大悦城的目标受众和宏碁Vero蜂鸟·未来环保版笔记本的目标受众的重合度很高，所以选址朝阳大悦城是经过慎重思考的。

与此同时，想让年轻人感受到"环保可以是一件很潮的事儿"，最好的方式就是让年轻人面对面、零距离，接触环保时尚、打卡环保时尚。宏碁Vero未来地球守卫者计划线下展落地北京朝阳大悦城_摩登天空MVM聚能场"UNI_JOY"潮流街区，借助艺术家潮艺术+设计师潮环保作品+潮商圈三重潮动力，传播环保理念，近距离影响大众以及年轻群体对环保的认知。

Q：您的资料中提到，通过打卡投票等方式，实现线上引流线下，线上传播线下的闭环联动传播，这种投票打卡、线上线下互动的方式是怎么确定下来的，具体过程方便透露吗？

A：打卡投票主要集中在前期，通过大众线上投票的形式，让大众决定想要落地的线下作品；并在约定时间范围内，邀请大众至线下环保展现场参观环保艺术展；身临其境，现场打卡自己选中的环保艺术作品。

线上传播引流线下的行为主要集中在线下展落展前后，通过海报、视频预热，现场打卡照返图等形式，吸引现场的环保爱好者们，自主进行传播，用打卡行动影响身边更多的人参与公益环保打卡行动。

（四）媒介传播策略

Q：您在方案中提到"优质内容—设计圈层—环保圈层—潮流圈层—公众视野"这样的破圈传播的思路，想问具体在每个圈层的传播上有什么特别的安排和侧重点吗？

A：因为环保是一件想要传播到人人的事，其实本质上并没有什么侧重。只不过艺术创作是由设计圈层发起的，并且相继有潮流艺术家、企业、知名环保机构、潮流品牌商业空间等加入，基于已有的合作资源进行媒介传播策略整合，继而梳理了设计圈层、环保圈层、潮流圈层、公众视野这一传播顺序。

Q：这样传播思路的设计是我们前期就设计安排好，还是在项目的推进过程中不断完善确定下来的呢？

A：90%的传播内容和渠道都是安排好的。后续设计师自主传播、KOL的自发传播、网红打卡和大众传播是不在计划内但是在预期内的。

Q："KOL发声 × 官方自媒体 × 社交社群 × 户外大屏"这样线上线下结合的全渠道传播矩阵具体是怎么规划的呢？效果如何呢？

A：先盘合作资源，再做具体规划。

KOL发声是在活动招募阶段进行的，艺术家自媒体发声，号召志同道合的设计师加入自己的战队；

官方自媒体发声主要联合站酷自媒体、宏碁自媒体、阿拉善SEE华北项目中心自媒体、MVM&摩登天空自媒体联合发声，活动热度贯穿活动始终。

社交社群&户外大屏主要分布在站酷&MVM两大核心阵地，线下展时期渐进式向公众传递艺术环保力量。

最终全网曝光1亿次以上，覆盖5 000万以上的人群，线下展触达人群3万以上。

Q：您的方案中提到利用站内资源进行长尾传播。是怎么想到这个方式的呢？具体的目的是什么？辐射站内的设计师吗？

A：虽然长尾传播的核心阵地在站酷站内，但目标受众却是全网人群。在站酷平台活跃的设计师，也是KOL/KOC，他们的私域是可激活的和有价值的，很多人会持续在朋友圈、社交网站晒作品，让活动影响力进一步提升。利用站内资源长尾传播，目的是希望通过持续曝光，激活私域，持续建立和唤起大家的环保意识，做到让艺术改变认知，影响大众的环保行动。

（五）联动策略

Q：具体合作伙伴的选择是怎么确定下来的呢？是特意选择在环保领域有话语权的机构合作吗？

A：这是双向选择的结果，最初先确定了环保的整个方向，整合资源的时候，我们率先邀请了摩登天空旗下视觉创意厂牌MVM、阿拉善SEE生态机构旗下最大的阿拉善SEE华北项目中心媒体，以及我们的三位新锐艺术家、宏碁Earthion永续平台，多方一拍即合，迅速确定了此次环保合作。

Q：在感染阶段，你们特意选择了要投放的平台吗？有考虑不同平台间的互动效果吗？有相应的侧重吗？

A：在互动和传播方面，侧重的平台主要是微博和微信。

微博更利于实时互动，以自身环保行动为核心纽带，多方一起从各自的角度提出环保宣言，放大环保声量，进行话题扩散和破圈传播；微信更利于深度挖掘并记录共创过程，向大众传达环保艺术共创的态度和思考。

Q：对KOL的选择有特别的选择标准吗？是偏生活这一垂类吗？为什么？

A：环保是一件人人可做的事，对于KOL的选择其实并没有特殊的指向，只是希望各个类别的KOL都能自主加入，通过KOL的影响力影响到各行各业，加入地球守卫行动中。

（六）营销时间轴选择

Q：本项是按照一定的节奏进行的，包括前期的联合发声阶段—中期的招募、共创营的创作、后期的线上线下成果展等，想问一下这个时间点的安排是有特别的用意吗？

A：它是一个前后承接的关系。先有前期的发声，才会中期的招募、共创营的创作。拥有了共创营的创作和招募作品，才会产出后期的优秀作品。这是一套站酷共创经过与数千知名品牌合作各类项目实践出来的“传播组合拳”，有经验逻辑在里面，也有针对项目个性化的设置。

Q：哪个阶段您在时间和预算上的投入更多一点？重心放在创作阶段是基于什么考虑的呢？

A：好的内容可以激发出观看者内心的隐藏情绪。想要真正号召大家参与到环保行动中来，就需要作品中有深深打动大家的内容，激发大家的环保热情，也需要内容给大家在情绪上的冲击。所以将重心放在创作阶段很重要。

（七）风险规避

Q：有没有担心过这比较小众的艺术类、环保类话题会对于受众形成传播隔阂呢？

A：对于这方面其实是不需要太过担心的。艺术无隔阂，环保无国界。好的环保作品不仅可以跨圈层、跨国界对话，更有可能跨时空对话，艺术的语言密码在全世界都是相通的。好的环保艺术作品，无论何时何地，被何人看到，都会点燃他们内心的环保热情，吸引全民自发加入环保行为中来。重要的是如何通过策划、组织、落地，让环保主题以艺术的、美的、亲民的、时尚的、年轻的方式，触达和影响受众，这正是站酷共创一直在探索的。

Q：这种公益性质的事件营销，会担心被公众质疑以环保作为噱头吗？具体是怎么规避的呢？

A：在内容安全方面，我们有专业的内容审核部门，会在传播过程中预判可能性的风险，并及时规避。

在事件营销层面，其实最好的规避方式就是将事件本身打造成实实在在的环保行动，在宏碁之前，我们做过很多商业和非商业领域的环保公益项目，有“抗灾”主题、“海洋环境保护”主题等。当出现商业行为和环保行动之间需要平衡和取舍时，一般商业行为会适当为环保行为让步。

（八）项目总结

Q：和您以往做过的一些营销项目相比，您怎么评价这一次的项目呢？

A：这是具有特殊意义的、与众不同的、我非常荣幸可以操盘的、很成功的一次环保行动。

Q：这一次项目会给平台内的创作开拓新的设计方向，以及给我们站酷带来一些新的思路吗？

A：会的，里面的很多玩法都给其他很多公益项目带来了很多新的启发，为公益共创的商业模式，提供了不少新思路。

Q：你会关注哪些KPI的转化，或者是这些比较数据化的东西吗？

A：数据化的东西是最好统计的，我们也是超出很多倍完成了KPI，但是这些都不是我们最关注的。我们最关注的就是有多少人真正参与到线下打卡中去，线上讨论中来；最想看到的评论就是通过这个活动，他们真正的、身体力行地做出了那些改变；我们希望这次活动可以真正影响到很多人，把活动真切转化为环保行动。

Q：您觉得营销传播对于一个设计行业来说，它的价值在哪里？会反向影响创作吗？

A：我们一直在讲设计创意赋能商业，这是创意营销对商业的价值。反过来讲，商业营销传播，对设计创作者的激励也是直接和巨大的。除了非常实际的赛事奖金外，对于个人商业价值、作品传播度、能力提升等各个层面，都是有助益的。

站酷共创是站酷旗下一站式创意营销解决方案共创平台，在服务商业品牌的同时，又一直在坚守重要的原则。站酷成立的初衷和行业使命，就是"让设计更有价值"，16年里，无论是哪条业务支线，都在坚持这一使命。对于站酷共创的角色，我们将其定义为"桥梁"，是内容共创的组织者，连接艺术家、创意人、品牌等合作方，为大家搭建起更加高效的商业桥梁。

尤其是我们看到整个市场上，除了稀缺的头部创作者，二三线城市里的设计师、创意人，或者是一些准艺术家的生存状态其实是欠佳的，他们获得商业机会很难。所以站酷共创的一个重要价值点是在内容生产的组织者身份里，去发挥好真正的、高效的商业桥梁作用，更大范围地沟通创作者和商业机会。

Q：如何在创作和商业传播中进行平衡？

A：“术”的层面有很多方法，是根据个性化案例来制定策略的，没有行之皆准的锦囊。但是我们在“道”的层面，已经探索出了一套底层逻辑。我们用“共创”的思路，来平衡创作和商业，是很有效的。创作是“各美其美”，加上商业命题，通过创作者组织、内容生产、场景创造、渠道流量聚合，能够实现“美美与共，创造不同”，这正是站酷共创正在做的事。

以宏碁Vero未来地球守卫者计划案例为例，创作者产出的内容，是丰富多元的，但是这些都紧紧围绕“环保”这一命题，既平衡商业命题，又不影响个性化创作。站酷在发挥平台创意策划、组织生产、全程品控等价值的基础上，把更多的创作权和自由空间给了站内的设计师与艺术家，共创的前提就是要保持多样性，在短时间内尊重、激发和聚合所有创意人的灵感。很多品牌之所以携手站酷共创，也是因为他们希望解决短时间内产出的需求，且希望这些创意作品是有想象空间的，而不是拘泥于执行，那样也许内容结果也能被管理得很好，但会失去了更大的创意空间和可能性，也会削弱宏碁与我们合作的部分意义。

Q：最后，您觉得这种公益类的项目，怎么才能在传播中平衡好公益和品牌营销呢？二者可以做到互补吗？

A：当然可以。这是站酷公益共创一直在探索实践的。好的公益项目就是一种高级的品牌营销，是品牌公益理念的传达。平衡公益和营销最重要的一条是，品牌做公益营销的初衷和行动指南，都应该是以人为本，公益向善。

（访谈人：王佳森、周文芳、李嘉菲、王紫薇、郝子薇、余萍萍、岑家瑜）

Chapter 10

第十章

微信支付 × 同玺广告：“特别的人，究竟特别在哪？”

在社会多元化发展进程中，残障群体的权益保障与创业支持成为备受关注的议题，而数字技术的发展为解决此类社会问题带来了新的思路与模式。微信支付联合同玺广告，敏锐捕捉到残障人士创业的需求与挑战，携手广东省残联共同发起“自立小店”公益活动。微信支付作为广泛使用的数字化支付平台，拥有庞大的用户基础和强大的技术支持；同玺广告则凭借在广告创意领域的专业能力，擅长挖掘独特视角、打造有影响力的传播内容。二者强强联合，聚焦残障人士创业这一社会议题，旨在为残障小店主提供切实帮助，改善他们的经营环境，助力其实现自立梦想。“自立小店”项目通过一系列创新举措，如拍摄展现残障店主积极生活与专业技能的广告影片、借助数字化工具优化经营流程等，打破大众对残障群体的刻板印象，引导社会以“平视”的角度看待残障人士，鼓励健全消费者消除心理负担，自然地与残障店主建立正常的消费关系。该项目成果斐然，已为众多残障小店提供实质性帮助，项目影响力不断扩大，不仅改善了残障小店的经营状况，还引发了社会各界对残障群体创业的广泛关注和深入思考。本章将深入复盘“自立小店”项目，从项目策划、创意构思、执行细节到效果评估进行全方位梳理，并基于ADMAS理论模型剖析其公益传播策略。同时，通过对项目团队的访谈，挖掘项目背后的故事与思考。旨在总结项目成功经验，为公益与商业融合解决社会问题提供可借鉴的范例，推动社会在关爱残障群体、促进就业创业等方面取得更大进展。

第一节　案例复盘：“自立小店”——微信支付和广东省残联联合推出的公益活动

一、企业和团队概况

（一）公司简介

同玺广告，成立于2016年。优质的核心创意内容及品牌顶层的视觉形象构建是公司的核心能力。从品牌、视觉、产品、传播等维度为品牌助推。先后为微信支付、携程旅行、京东家居、欧派家居、方太厨电、添可电器、今麦郎、梦之蓝、HIPHI汽车等提供多维度的品牌服务。2023年，在领域内各大奖项的角逐中，获得包括全场大奖及评审团大奖在内的诸多奖项。并双获数英年度品牌和广告门指数年度广告代理商TOP 100。

图1　同玺广告logo

（二）主创团队背景自述

“挺住，并不意味着一切。”

即便做足了心理建设，事态的发展仍超乎想象，路显得并不好走。三年间，圈子里的故事几乎齐刷刷地围绕着同一个线索展开，身边最常听到的声音就是“有活儿干就不错了”。回头看，“挺住意味着一切”，像是缓解阵痛的一剂麻药，也是人们要认清现实，放弃无谓抵抗的强烈暗示。这种论调，让我们以及和我们处境相同的友司们背负着空前的压力，人人自危。只能借相较以往更高频的走动缓解这种不安，并在这种不安之下，努力寻求类似“是大环境不好，不是你们不行”带来的心理平衡。

比上不足，比下有余，是亘古不变的中庸智慧。但事实证明，这三年，好公司依旧是好公司，照样拿大项目，出好东西。"小公司"的处境几近无路可退，早已不是活得好不好的问题，而是活不活得下去的问题。

抱团哀号只能换来片刻宽慰，不解决根本，自寻出路，才有活路。老话说，不进则退，没有谁会老老实实地坐以待毙，还都是勒紧腰带挖空心思削尖脑袋地找出路，同玺也是如此。所幸，身边有这样一群人。

不怕有敌人，但得有朋友。

我们从来不缺敌人。在广义上讲，未知的市场走势是敌人，低迷的消费环境是敌人；在狭义上讲，和你同时竞标的他厂是敌人，在创作过程中的未解难题也是敌人；在特定情景下，甚至客户都成了敌人。在这种敌众我寡的局面下，能有几个和你站在一起的朋友，显得尤为重要。

"一起扛事"的战友。2022年初，公司做了结构性调整，常态业务和人力都发生了很大变化，不得不重新考虑公司的业务形态和经营走向，就这么跌跌撞撞，饥一顿饱一顿地扛到了年底。尤其这两年，对于"小公司"来说，所谓年底的年会，大概率是一顿"打肿脸充胖子"的聚餐。为表心意，我破天荒喝了点儿，借着气氛，也推心置腹地聊了不少。具体的记不清了，但一直记得一个词——"一起"。

团队中有十年不止的老人，也有加入不久的"新兵"，大家愿意一起守着一亩三分地，春耕秋收，不辞劳苦，对此我很感激。转过年，公司开始有了点起色，做了几件还算拿得出手的作品，也陆续报了几个奖，拿了几座奖杯，这才慢慢从原本紧绷的状态中走出来。

一直想向心目中的大公司看齐，定个战略，立个人设，拟个目标，再来句响当当的口号。后来想想，小公司还是要有小公司的样子，研究来研究去，最后口号定了这句"一起做点好东西"。我想，这可能是我们面对合作机会，面对客户期待，面对自我认知，最恳切也最虔诚的态度了。

就像公司里的一位老团长说的：2022年，才是真正意义上的"同玺元年"。

“拉你一把”的老友。与此同时，为了公司生计，本着有枣没枣打三竿子的原则，开始四下寻找新的生意机会。所幸，被问到的朋友大多都很给面子，要么直接聊合作的可能，要么帮忙引荐，一来二去，手里也攒下了几个不错的客户。至于我们，态度也算端正，在我们的全力争取和维护下，慢慢变成了相对稳定的合作关系。

过日子没有锅勺不碰锅沿儿的，我们也会偶尔和客户在讨论项目时争得急赤白脸。当然，前提不是单纯为了捍卫自己的观点，而是尽可能站在“客观”的角度把事情掰开揉碎。

争归争吵归吵，从全局来看，我们的客户都还是很优质的，在这个相爱相杀的过程中，彼此愿意相向而行，逐步找到更好的沟通法则，目标也更加一致。看来很多架不白吵，很多班也没白加。在这里，要谢谢他们的信任和包容。

“给你托底”的益友。有一次和一位认识好几年却始终没正面打过交道的朋友“约饭”，聊起项目执行力的问题，他说：“绝大部分公司考虑的是项目收益，但好的伙伴是能给你托底的人。”

话很朴素，但又极精准地命中了我当下的情绪。一直以来，在寻找合作资源的过程中，受困于公司自身规模及项目预算，基本都是摸着石头过河，导致执行费用和出品素质都难以控制。

“托底”这个信号，无疑是雪中送炭。那顿晚饭有些匆忙，并未深聊，但在之后的合作中，的确给了我们莫大的支持，切身感受到有关“托底”的含义。每每遇到障碍时，身边能有一个不计代价不计后果帮你解决问题的人，都能给你一个托底的答案，这就是安全感。

一个团队的行事风格必然和决策者的人格有关，事实证明，他的态度正在感染身边的人，也吸引着同类人，很高兴能和一帮优秀又努力的人一起做事。到现在，我们还保持着有空约饭，没空“贫”几句，还有偶尔相互送一些不留名的小礼物的默契，时至中年，算难能可贵了。说真的，相似的人相就，是天与之幸。

做一个有核心能力的“腰部公司”。

从某种角度看，广告行业和人的肌体一样，发力的核心都在“腰部”，比如我们熟知的众多“头部公司”的代表作，往往都是在他们的“腰部时期”诞生，这也成了我们不断自我激励的动因。

不久前听到一句话——宁可累死自己，也要卷死别人。如果说，这三年是整个行业刮骨疗伤断臂求生的阶段，那接下来，就是新的半场，打铁还需自身硬。

本质上，我们要的并非你死我活，而是如何让自己挺直腰杆做事。行业越成熟，就越卷得厉害，时刻保持这种正视现状的自驱力，我将这种状态称为“自来卷”。毕竟，谁会甘愿做一个在行业看台上只会拍手叫好的观众呢。

外场中插：与敌为伍。

码字过半，邮箱里收到一封自荐信。扫一眼，就知道是个有意思的人，邮件里这样写道：你们要找的人，不是同伙同事同志，而是能成为“敌人”的人，要具备让你们正视甚至嫉妒的能力，话里话外一副诚诚恳恳又很难对付的架势。看完，我关掉邮件，随即加了微信。对同玺来说，眼下还不是招人最合适的时机，但对于有意思的人，谁都想认识一下吧。

如果你也是有意思的人，或者作为金主，正准备做一件有意思的事，可以找我们。倒也不急，先保持联系，等有机会，一起做点好东西。

同玺的在场证明。

作为一个没什么远大抱负的“小公司”，这三年听了太多辛酸故事，暂且先放一边。认清局面，摸透自己，放弃幻想，帮客户切实解决问题，认真做好每件事，全力抓住每一个机会，给客户的信任和期待回一份满意的答卷，也给自己一个对得起自己的交代。既然要证明自己在场，就得做出点成绩，搞出点名堂。去年开始，同玺有了个不成文的约定：每个重要项目结束后，我们会设计一个小礼物，给客户一份，自己留一份。总是想着，

图2 同玺设计的“小礼物”

一起吃过苦的我们，也能一起尝到甜。

（三）“自立小店”公益项目缘起

“自立小店”是微信支付和广东省残联联合推出的一项公益活动，旨在支持和鼓励残障人士的创业行为。据观察和研究，大部分的残障人士为了生活，会选择开设一家属于自己的小店，然而在实际运营中却面临着许多难以解决的实际问题。基于此，该项目在广东四个城市启动，帮助当地的残障店主解决经营中的困难，使其更好地实现自力更生，追求美好生活。

项目的主要目标在于让更多的残障店主了解和认同“自立小店”项目，通过具有实质性的帮助减少他们在日常经营中遇到的困难，使他们的小店能够更好地运营。加入“自立小店”项目的店铺，不仅能够得到项目方面的实质性帮助，而且也能为其未来的生意发展奠定坚实的基础。此外，“自

图3　“自立小店”项目主创团队及奖项

立小店”项目也计划从广东四城扩展至广东全境，乃至全国，以覆盖更多的残障小店，助力店主的创业梦想。

二、项目主旨

（一）“我认识一群朋友，他们很特别”

这是一个非常单纯的项目，它只是为了介绍一群朋友给你认识——开修鞋店的阿萍，技术特别高超；开理发店的溢姐，她剪出来发型，特别好看；按摩店店主阿康，他的手，特别稳、特别准、特别狠。奶茶店的河马小哥，特别幽默……

我们想要介绍给你的朋友，非常特别，但之所以特别，并不因为他们是残障人士，而是因为他们的技能特别扎实；因为他们对生活特别热爱；因为他们自立的态度特别坚定！

（二）“平视”不是一个角度，而是一种距离

我们总说，要用“平视”的角度做公益，但这个角度实际上很难把握。后来我们发现，不够“平视”，并非因为我们的目光摆得不够平，而是因为我们离他们不够近。

在生活中，我们和残障人士的距离实在太远，我们不够了解他们，因此，对他们有太多先入为主的想象。所以，在片中，我们用镜头带领观众，

在几分钟的时间里成为他们的“朋友”，凑到他们的身前，拍拍他们的肩膀，打个招呼，甚至跟他们开一个小小的玩笑。

我们用内容拉近距离，我们相信，亲近是治疗所有偏见的良药。

图4 项目视频中的残障店主

（三）他们，是自信生活的普通人

聋哑人，同样可以传递快乐；只有一只脚能使劲，同样能修好无数双鞋；身体的残障，不妨碍他们开一家小店，用自己的力量撑起一方天地。遇到更大困难的他们，却能比多数人更勇敢、更快乐地拥抱生活，热爱生活。

我们看到的他们，是自信的，我们选择在内容中，完整地记录下他们的这份信心，一方面，是想让这些从未被看见过的，专属于他们的自信姿态被更多人看见；另一方面，是因为相信寻常人热切生活的样子总是会令人动容。

（四）照顾小店生意，就是对他们最好的支持

微信支付发起的“自立小店行动”，并不是为了让某几家店成为“网红店”，而是想要通过这样的方式，给更多想开店但犹豫着的残障人士以勇气，告诉他们——自食其力的人不会被生活辜负。

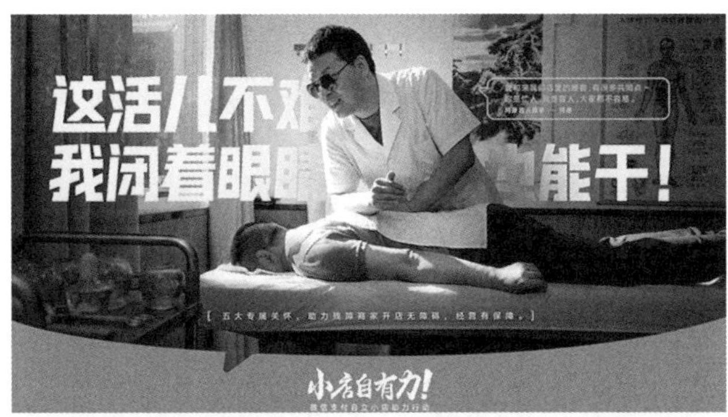

图5　短片中"自信满满"的文案

与此同时，微信还会以多种方式，给予更多的残障人士以实际的帮助，做到“开店无障碍，经营有保障”。

图6 “小店自有力”助力行动

而对于屏幕前的你我来说，其实并不需要为他们做多么特别的事，如果你碰到了这样的自立小店，他们又正巧有需要，他们随时欢迎客户的光顾。照顾小店生意，就是对他们最好的支持。

三、核心创意

（一）创意洞察

本项目的洞察是，残障小店经营上的问题，反而出现在健全人的身上。大多数人虽然有曾经光顾过残障小店的经历，但他们在消费过程中，往往面临心理的负担与不适，这导致他们在初次光顾后，难以做出再次光顾的决定。倘若我们能够改变客人的消费心态，那么无数残障小店的经营环境，必定会得到改善。

（二）创意阐述

1. 强调乐观向上

希望改变许多关于残障人士的传统成见，如大多数与残障人士相关的文章或视频，都强调"苦难"，讲述励志故事以博取同情，这实际上是忽视了残障人士自身的意愿和尊严。我们希望通过改善这种现实，让更多的人看到他们乐观向上的精神，理解他们对于独立生活的渴望，并通过文化传播的力量，消除社会对残障群体的误解和隔阂。

2. 利用偏见挑战偏见

希望通过创新的方式，挑战并改变社会的刻板印象。我们深知，"特殊"和"特别"之间有着微妙的区别，我们希望能将这种"特殊"转变为"特别"——我们关注他们身上的"特别"，如一个脚能踩缝纫机的修鞋师傅、盲人按摩师傅的精准手法、独特的幽默感和造型艺术等等。正是这种"特别"，使他们在生活和工作中独具一格，激发出无比的生命力和工作热情。

四、项目执行与效果评估

（一）公益成效

自项目发布至今，已为广东地区的374家残障小店提供了实质性的帮助，并且申请加入该项目的小店数量仍在不断增长。

（二）传播效果

线上曝光已达到1 700万次以上，线下日均曝光近千万。此外，项目也引发了新华社、《人民日报》、"学习强国"、中新社、广东新闻联播、《广州日报》《南方都市报》等主流媒体的广泛报道，累计发表相关新闻报道334篇，且成功吸引了广东省文明办、人社厅等行政部门的共同关注与支持。

（三）社会影响

由于项目的引导和帮助，广东省的残障小店生意明显改善，更多的残障商家对我们的工作给予了肯定和认可。此项目成功提振了微信支付客户的信心，使我们决定长期持续进行该项目。我们将从广东四城扩大至全省，未来还将覆盖更广泛的区域。

第二节 案例分析：微信支付小店自有力的 ADMAS 模型解读

一、ADMAS理论模型介绍

（一）ADMAS理论产生及演化

在互联网普及的背景下，信息传播方式发生了巨大变革，消费者成为信息传播的主体，并能更主动、更精确地获取信息。媒体的普及和信息的过剩导致消费者的注意力分散，消费主动性提升，从而使消费行为模式发生了重大变化。在这一背景下，广告创意设计需要以消费者心理为基础，建立与消费者的关联。广告在企业的市场营销活动中扮演着重要角色，旨在协助企业进行商品促销、市场开拓和吸引消费者。

在网络时代，社交媒体赋予用户极大的参与空间，从而使消费者对商品的诉求不断提高。因此，在商业广告创意过程中，对消费者心理的深入研究和分析变得至关重要。传统的AIDMA、AISAS和ISMAS模型在不同时代都具有其优势，但缺乏系统的整合，并未从广告创意策略的角度进行深入探讨。基于上述背景，苏云和宋书琦提出了ADMAS消费行为模型①。在对消费行为模式的相关理论进行整合后，具有创新性地提出了这一模型。ADMAS模型在考虑消费者心理的基础上，结合广告创意策略，旨在应对消费行为在数字时代所面临的挑战。ADMAS模型的提出为我们提供了一种综合性的框架，以更好地理解和应对消费者行为的变化，从而为广告创意设计和市场推广策略的制定提供指导和启示，为广告创意设计提供了新的思路和指导，有助于更准确地理解和满足消费者的需求。

1. 基于“创益+创异+创始”的USP理论

1961年，罗瑟·瑞夫斯根据其对市场和消费者的深入观察，对广告创

---

① 苏云，宋书琦. 基于ADMAS消费行为模式的广告创意策略探究［J］. 陇东学院学报，2020，31（2）：17-21.

意策略进行了全面的分析和总结，并在其著作《广告中的现实》中系统地提出了USP（Unique Selling Proposition）理论。在USP理论的指导下，对广告创意提出了三个要求：第一，每则广告必须明确向消费者传达购买产品所带来的利益，即“创益”；第二，广告所强调的主张必须具备独特性，以在品牌和创意表达上与众不同，即“创异”；第三，广告所强调的主张必须具有感染力，能够打动消费者的心灵，使其感受到舒适和愉悦，即“创怡”。

该理论的核心概念是USP，即产品或品牌在市场竞争中的独特卖点，通过强调产品的独特性和带来的独特利益，以吸引消费者的注意并促使其购买。广告创意应该巧妙地传达产品的创益，即购买产品将给消费者带来的益处，使消费者能够明确地理解和感受到产品的价值。此外，广告创意还应强调产品的创异，通过在品牌和创意表达上与众不同，产品在消费者心目中得以具备独特性和独占优势。最后，广告创意应具有创怡的特点，即能够触动消费者情感，引发共鸣，并创造出一种舒适和愉悦的感受，从而增强消费者对产品的积极态度和情感连接。USP理论的提出为广告创意设计提供了明确的指导原则。然而，随着时代的变迁和消费者行为的演变，广告创意策略也需要不断地进行调整和优化，以适应不断变化的市场环境和消费者需求。综合考虑USP理论以及其他相关理论和模型，并进行实证研究和市场验证，以确保广告创意的有效性和效果。

2. 基于“创艺+创翼+创异”的BI理论

20世纪60年代末，大卫·奥格威提出了品牌形象（Brand Imagination）理论，即BI理论，将广告创意引入了一个全新的领域。他将USP理论延伸到消费者的精神层面，强调消费选择倾向于“物质利益+心理利益”。品牌形象理论注重产品形象的塑造、情感的表达、意境的营造和品牌个性的描绘，以满足消费者的心理需求，即“创艺”和“创翼”。奥格威认为，每个广告都应该为品牌建立起良好且独特的形象，以有效且持久地吸引消费者的关注和购买，即“创异”。同时，广告应凸显产品的“正宗”和“高品质”形象，以满足消费者更高层次的心理追求。

BI理论的核心概念是品牌形象，它涵盖了消费者对产品的感知、情感和认知等方面。广告创意应注重塑造和传达产品的独特形象，以吸引消费者的情感共鸣和认同感。此外，广告还应创造具有艺术性和创新性的情感表达和意境，以创造与品牌形象相契合的消费体验。奥格威的观点强调了品牌形象在广告创意中的重要性，认为通过建立积极、独特的品牌形象，可以有效地影响消费者的购买决策和品牌偏好。然而，品牌形象的塑造和传播是一个复杂而多维度的过程，需要综合考虑产品特性、消费者心理和市场环境等因素，以打造具有持久影响力和竞争优势的品牌形象。

3. 基于艾尔·里斯和杰克·特劳特的定位（Positioning）理论

1969年，杰克·特劳特和艾尔·里斯提出了“定位”理论，该理论认为，定位并非针对商品本身，而是针对商品在消费者心中的形象地位。定位理论的目标不仅是确定商品的位置，更是确定其优势位置。这一理论与消费者大脑左半脑的抽象思维相对应，强调了广告词语的“语言的钉子”作用，却忽视了消费者右半脑的“视觉锤子”作用。因此，广告创意的目标是让消费者的左半脑与右半脑相互协作，通过广告创意的“锤子”作用将“钉子”敲入消费者的大脑。

定位理论的核心主张可以分为三个层面：首先，定位的前提是深入了解消费者，因为消费者只关注他们期望看到的事物。因此，广告应塑造消费者所期望的商品形象，以满足其心理需求，即“创翼”。其次，在信息过剩的时代，要想让信息进入消费者的脑海，就必须消除歧义，简化信息。定位传播的关键在于传递极其简明扼要的信息，即“创易”。最后，定位理论并非创造出新的、与众不同的事物，而是学会将自己的品牌与其他品牌、情感或需求相关联。这种关联能够帮助品牌在消费者心中建立连接，即“创移”。定位理论强调了广告创意在消费者心智定位中的重要性，通过精准而简明的传播方式塑造品牌形象，满足消费者的心理需求，并与其他品牌、情感或需求建立联系。

4. ADMAS理论的提出

在对消费行为模式与广告创意的相关理论进行分析的基础上，ADMAS

体现为一种创新升级的消费行为模式。该模式整合了AIDMA（Attention, Interest, Desire, Memory, Action）、AISAS（Awareness, Interest, Search, Action, Share）和ISMAS（Information, Search, Memory, Alternative, Share）消费行为模式。同时，ADMAS将广告创意的三大主流理论（USP理论、BI理论和Positioning理论）应用于广告创意设计中。

ADMAS消费行为模式的广告创意策略包括以下几个方面：首先，通过"创异+创疑+创易+创忆"的方法引起受众的注意。其次，通过"创怡+创艺+创益"进行需求评估。然后，通过"创议+创亦"的方法进行信息搜集与口碑影响。再次，通过"创翼+创移"进行消费选择。最后，通过"创宜"进行消费体验分享。这些策略的目的是将广告从简单的"广而告之"提升到"精准响应，创意升级"，以实现广告创意与消费者的消费行为模式相匹配、兴趣契合、理性共振和情感共鸣。通过将ADMAS消费行为模式与广告创意的设计相结合，能够为广告业的创意设计提供了建设性的意见。这一方法的核心在于通过创新的方式吸引受众的注意，同时评估受众的需求，并以具有创造性的方式传递信息和影响消费者的购买决策。此外，广告创意还应注重消费者的消费选择和消费体验，以提升广告的效果和影响力。

图7　ADMAS理论模型图

（二）ADMAS模型具体解释

1. Attention（引起注意）

在消费者行为过程中，引起消费者的注意是首要任务。只有具备异质性的信息才能够成功吸引消费者的关注，并进而引发其兴趣。通过广告、宣传以及包装设计等多种手段，可以激发消费者对产品或服务的兴趣。这一过程被视为消费者认知的起点，若广告等手段没有引起注意力，后续的消费行为将难以展开。

2. Desire（需求）

一旦消费者的注意力被吸引，接下来的关键是激发他们的需求。消费者通常在已知的商品信息基础上进行需求评估，判断该商品是否能为其带来价值，满足其物质或情感需求，或者提供艺术享受。基于这些评估，消费者会决策是继续搜集信息还是放弃购买。为了激发消费者的购买欲望，需要展示产品或服务的独特卖点、优势和利益。广告创作者通过情感诉求（如快乐、幸福）或理性诉求（如性价比、功能性），可以有效激发消费者的购买欲望。

3. Message & Mouth（信息与口碑）

在消费者做出购买决策之前，他们会收集和评估各种信息。这些信息包括品牌的宣传信息以及其他消费者的评价和口碑。当商品能够满足消费者的一定需求时，消费者通常会主动搜索商品的信息，以便更全面地支持他们的购买决策。相关信息可以来自广告、官方网站、社交媒体等渠道，而口碑则主要依赖于用户评论、朋友推荐和社交网络中的讨论。良好的口碑能够增强消费者对品牌的信任感，从而促进购买决策。

4. Alternative（选择）

在购买决策过程中，消费者通常会对多个替代方案进行比较。在进行信息搜索时，他们不可避免地会比较同类型的产品，以便根据比较结果选择最适合的购买方案。在这一决策阶段，影响消费者选择的因素包括产品的价格、质量、功能和品牌形象等。消费者会综合考虑这些因素，权衡利弊，并最终做出最优的决策。因此，企业在这一阶段需要为其商品增添独特的优势，而这更多地涉及商品形象的塑造。在竞争激烈的市场环境中，企业需要通过创造与竞争对手不同的品牌形象、提供独特的产品特性或功能，以及传递独特的价值主张来区别自己的商品。这样的差异化策略有助于企业在消费者心目中树立独特的地位，提高产品的吸引力和市场竞争力。

5. Share（分享）

消费行为的最后阶段是分享。为了满足社交需求，消费者会自愿分享他们的消费体验，以获得关注和认可。消费者基于他们的消费体验来进行信息分享，而高质量的信息分享源于卓越的消费体验。现代消费者常常在购买和使用产品后，通过社交媒体、评论平台等渠道分享他们的使用体验。这种分享不仅会影响其他潜在消费者的购买决策，还会为品牌带来二次传播效应和更大的市场影响力。

（三）ADMAS模型相关策略

1. Attention（引起注意），满足消费者求新、求异的心理

创异：广告的创新性在构思上应追求与众不同、新颖别致的特质，以独特的信息或信息表现形式来突破受众对信息的麻木感和拒绝态度。只有具备异质性的信息或表现形式，才能有效地引起受众的兴趣和注意，激发他们对广告的积极反应。这种具有创新性的广告呈现方式能够引发受众的思考和参与，从而提高广告的效果和影响力。

创疑：广告创意设计应充分利用消费者的好奇心，通过多种表现手法构建引人瞩目的情节，以制造疑问和紧张的情绪体验。通过在广告画面中引发消费者的猜疑和紧张心理状态，广告的内容和诉求能够深入地印刻在消费者的记忆中，并引发他们进行深入思考。这种策略有助于提高广告的持久影响力，并激发消费者更加积极地思考与参与广告所传递的信息。

创易：广告应追求简洁性，选择色彩时应以简单和舒适为原则，广告内容应简明易懂。在信息过载的环境中，广告所携带的过多信息可能会引起受众的烦躁和冷漠的情绪。因此，通过减少冗余信息、精炼表达和清晰传达广告的核心信息，能够提升广告的吸引力和可理解性，从而更有效地与受众进行沟通和互动。

创忆：广告信息的可记忆性是评价广告效果的重要尺度。广告的有效性主要表现在消费者对广告信息的记忆程度上，通过创造记忆点并与消费者已有的记忆产生联系，进而直接或间接地激发消费者的购买行为。广告的记忆性能够使广告在受众心智中留下深刻的痕迹，进而产生长期的影响。

通过与消费者现有的知识和经验相结合，广告能够在购买决策过程中发挥重要的促进作用。

2. Desire（需求），在广告中传递商品的价值，满足消费者的物质和心理需求

创怡：为受众提供一种愉悦、美好的心理体验，使其感受到舒适和满足的创意策略。通过运用情感调动、美学元素等手段，广告创造出一种积极、愉悦的情绪氛围，以激发受众的情感共鸣和积极心理状态。

创艺：为了有效地传递商品信息并激发消费者的心理欲求，广告应以创造性的方式运用艺术元素，以吸引消费者的视觉关注并产生情感刺激。通过艺术性的表现手法，广告能够在视觉、声音、情感等方面引起消费者的强烈共鸣，进而有效地传递商品信息并激发消费者内心的欲望和需求。

创益：通过满足受众的物质和情感需求来提供商品的实质功能和心理效益的创意策略。具体而言，通过突出商品的特点、功能和优势，向受众传达商品所能提供的实际效用和心理价值，通过强调商品的实际价值和心理效果，以满足受众的物质需求和情感需求，从而满足受众在物质和情感层面上的需求。

3. Message & Mouth（信息 & 口碑），能起到造势的作用，使消费者自发地进行信息搜寻和话题讨论

创议：话题性广告引发消费者的关注，创造话题成为争夺有限注意力的关键策略。通过创意手段和策略，话题性广告能够吸引消费者的注意力，引发公众关注和讨论。创造话题成为一种重要手段，用以竞争和争夺消费者有限的注意力资源。

创亦：广告创意应具备引发群体效应和偶像效应的能力的创意策略。通过创造性手段和策略，能够引起群体效应和偶像效应，从而在受众中产生广泛的影响力。

4. Alternative（选择），产品本质相差较小时消费决策很大程度上依赖于对产品的情感诉求

创翼：广告创意应塑造符合消费者期望的卓越、成功形象，以引导消

费者追求个人优秀的创意策略。通过运用创造性手段和策略，广告能够塑造优秀和成功的形象，以激发消费者对自身更高水平的追求。广告创意通过展示与消费者期望相契合的品质、成就和价值观，引发消费者对个人成长和进步的渴望。

创移：广告创意应当具备情感共鸣的能力，以满足消费者的情感需求的创意策略。通过创造性手段和策略，广告能够与消费者建立情感上的共鸣，满足他们情感层面的需求。广告创意通过触发消费者的情感反应和情感诉求，与其情感体验产生共鸣。

5. Share（分享），优质体验的分享会为商品塑造良好的口碑，消极的分享会影响其他消费者对产品的认知和购买

创宜：追求提升消费者满意度的创意策略。广告通过具有创造性的手段和策略，旨在提高消费者对产品或服务的满意度。通过突出产品或服务的独特价值、优势和质量，广告能够建立和巩固消费者对品牌的信任和忠诚，从而提升他们的满意度。

二、案例分析：基于ADMAS模型的“自立小店”公益传播策略

（一）Attention：求新求异的创作理念

创异：《自立小店》广告创意影片在构思上独辟蹊径，呈现出一种独特的创作方式。以往公益项目中对残障人士的叙事方式，往往采用卖惨的手法呈现。然而，卖惨的心态并未能真正造福残障人士群体。为此，该项目团队通过详尽的观察和调查，关注残障人士的认知、日常行为等方面，从而认识到这一群体的独特性。通过“幽默、积极、快乐”的方式展现残障人士，旨在打破受众对残障人士的刻板印象，激发观众的思考和参与，以提升《自立小店》广告创意影片传播的效果和影响力。此举有望引发观众对残障人士的新认知，并激发情感共鸣，进而促使社会对残障人士的关注和支持。

创易：《自立小店》广告创意影片以简明扼要的方式展现内容，使观众易于理解。影片通过展示自立小店中店主积极向上的生活态度，观众能够

在观看影片的同时深刻理解所传达的核心思想和内容，从而与受众建立情感联结。这种简洁易懂的创作方式有助于提高观众对影片的接受度，并加强与目标受众之间的共鸣。观众能够迅速抓住影片所传达的信息，从而更有效地吸引他们的兴趣并引发情感共鸣。

创忆：《自立小店》广告创意影片传播以幽默和积极的手法，在保证时效性的同时，使得其中的影片、广告词、画面等元素都能够产生有效的影响，引发观众的记忆，并激发他们的行为发生改变，从而促使更多人接受所宣传的产品。《自立小店》广告影片的记忆性能使广告在受众心智中留下深刻痕迹，进而产生长期的影响。这种创意传播方式通过运用幽默和积极情感的元素，使得观众在观看影片时产生积极的情绪体验，并使所传达的信息、品牌或产品得以在观众的记忆中牢固保留。这种记忆性的创意传播能够帮助提升广告的效果，提升品牌或产品的知名度，并促使观众在决策时更倾向于选择所宣传的产品。

（二）Desire：物质和心理的创作需求

创怡：《自立小店》广告创意影片呈现了残障人士积极向上、乐观豁达的生活心态，展现了他们对生活追求美好的态度，以及在面对残障现实时不屈服的精神。与以往以卖惨的呈现方式有所区别，《自立小店》创意影片传播与大众心理认知存在显著偏差，通过观看影片，观众能够感受到愉悦和美好的生活态度。这种偏差的传达方式能够震撼并感染更多的人，激发受众的情感共鸣和积极心理状态。通过展现残障人士的积极心态和乐观态度，广告影片有效地改变了观众对残障人士的刻板印象，呈现出一种令人愉悦的新视角。观众对这种积极心理状态的感知与共鸣有助于提高广告的情感吸引力和影响力，进而促使观众对产品或品牌产生更积极的态度和情感连接。

创艺：《自立小店》以一种独特的拍摄方式呈现，与以往对残障人士的拍摄风格有所不同。影片选用鲜明的色彩和具有创造性的拍摄方式，将焦点放在残障人士小店店主身上。因为大多数人，包括顾客在内，很少有机会与像小店店主这样的残疾群体进行如此近距离的接触。在日常生活中，当我们遇到一个盲人或者残疾人时，我们往往会保持一定的距离，即使他们遇到困难，我们也可能选择远离或不看。然而，该影片却选择了相反的方式来呈现这些情景。影片通过将镜头放得特别近，创造出近距离的观看体验，使观众能够更加亲近地感知残障人士的存在。这种拍摄风格与传统观念中的距离感产生对比，呈现出一种引人注目的视觉效果。影片整体传递出浓烈的烟火气息，类似于讲述着发生在现实生活中的烟火故事。这种影像风格与所希望传递的快乐情绪相契合，为创意服务，吸引观众的视觉关注并激发情感刺激。通过独特的拍摄方式，影片成功地营造出一种与观众视觉预期不同的观看体验，进而引发观众对残障人士的关注和情感共鸣。这种创意性的影像呈现不仅增强了广告的视觉吸引力，还能够加强观众对广告信息的记忆和情感连接。

（三）Message & Mouth：信息和话题的自发性讨论

创议：《自立小店》广告影片本身具备一定的社会话题性，突显了残障人士积极快乐、自信的生活面貌，成功引发了小店店主和作为消费者的观众的广泛关注，并激发了观众自发性的关注和讨论。观众围绕残障人士的传统形象的"卖惨"的形象与《自立小店》影片中所展示的自信阳光和积极生活之间展开讨论，这也是《自立小店》成功的关键所在。广告影片的社会话题性在于其对于残障人士的形象及生活态度进行积极呈现，并通过这种呈现引起了社会的关注和思考。《自立小店》广告影片成功地突破了传统的视角，展示了残障人士积极快乐、自信的一面，从而在观众中引发了对残障人士生活的关切和认识的转变。观众对于以往"卖惨"形象与《自立小店》中积极生活展示之间的对比与差异进行讨论，进一步加深了对残障人士生活态度的思考和认知。

创亦：《自立小店》采用了一项具有引发群体效应的创意策略。广告影片所采用的创意策略通过打破常规，创造性地呈现了残障小店店主积极向上的形象，以及与传统观念相悖的拍摄手法，从而在受众中引发了强烈的情感共鸣。这种非传统的表现方式吸引了受众的注意，并引起了他们的兴趣和好奇心。诙谐幽默、积极阳光的形象在视觉观看和心理感受上深刻地触动了观众，进而积极地参与了口碑传播的过程，将积极的观看体验和情感体验分享给他人。这种群体效应的产生与广告创意策略的成功密不可分。受众之间的二次传播和口碑分享扩大了广告的传播范围，使得更多的人能够接触到《自立小店》广告影片，并受到其积极的影响。这种群体效应进一步提升了广告的影响力和知名度。

（四）Alternative：一反常态的情感共鸣

创翼：《自立小店》广告影片以真情实感为核心，贯穿了整个影片的创作过程。这种真情实感并非是对某种情感的刻意挖掘，而是基于对现实观察和体验的真切感受。影片旨在展现残障人士小店店主积极乐观的心态，而非利用“感人、卖惨”的手法来赢得同情，这种创作理念强调对残障人群的真实关注和支持，旨在建立平等、包容的观念，消除对残障人士的偏见和歧视。同时，影片创作的出发点相对单纯，即真正关注和帮助残障人群。项目团队从残障人士店店主的视角出发，思考如何展现他们与正常人一样的生活和积极乐观的态度，从残障人士的视角出发，展现他们积极乐观的生活态度，传递出个人成长和进步的渴望。这种真情实感的创作方式使得广告影片更加真实可信，能够触动观众的情感共鸣，引发他们对残障人士群体的深入思考和关注。

创移：广告影片的情感共鸣能力是《自立小店》的重要特点，满足了受众对于情感需求的创作要求。因此，如何有效传递这种真情实感显得尤为关键。需意识到受众都是具有情感体验的有血有肉的个体。换句话说，创作团队需要亲自接触残障小店店主，与其建立密切的联系，展开深入的对话，以细致入微的方式了解他们的需求和情感体验，从而更好地挖掘他们的故事和真实感受。创作团队通过向他们传达所观察到的真实细节和想要表达的信息，倘若是发自内心的，他们相信他们必能感受到其中的真诚。当我们能够真实准确地表达出自己的洞察时，必然能够打动受众，并让受众明白这是一种视角的转变。通过激发受众的情感反应和情感诉求，与其情感体验产生共鸣，从而实现有效传达真情实感的目标。

（五）Share：分享体验的二次传播

创宜：从《自立小店》广告影片的受众视角来看，作为消费者，他们对小店店主们真实的手艺和工匠精神是非常令人感动的，正如影片所传达的——"愿意驱车几十公里来感受匠心手艺""小店店主们真实的手艺和工匠精神"。作为消费者，他们能够感受到店主们独特的产品质量和价值，这进一步加深了对店主们的信任，从而提升了他们对"自立小店"消费的满意度。这种满意度促使消费者愿意持续消费，并有很大可能将自立小店的体验分享给身边更多的人，从而形成有效的二次甚至多次传播。

第三节 案例访谈："创意通过对具体问题的观察和总结而产生"

一、采访对象

吴东鸣，上海同玺广告公司总经理。从业21年。立足泛家居、快消、金融旅游等领域。曾服务微信、方太、携程、万豪、中国平安、添可、今麦郎、海信、梦之蓝等众多品牌。

李鹏，上海同玺广告公司创意总监。曾任职阳狮广告、博报堂、胜加广告等创意热店。

10多年来，服务过卡尼尔、兰蔻、碧欧泉、铃木、马自达、麦当劳、德克士、宜家、佳能、大金空调、青岛啤酒、特步、美的、海信、方太等客户。亲历中国广告的繁荣和转型，坚持创意和执行并重的作业风格，热衷于不断探索广告创意和传播的新视角。

苏子衿，上海同玺广告公司创意总监，曾在奥美、字节跳动、快手等从事创意管理工作。服务过抖音、微信、快手、欧派、361°、携程旅行、伊利、良品铺子、中央电视台、友邦保险、可口可乐、卡萨帝、联想集团、车置宝、闪送、巨量引擎等公司。擅长创意核心内容创作和传播创意。

二、访谈记录

（一）作品相关

Q：“让残障人大大方方做生意，让健全人舒舒服服做顾客”，让客人消除心理距离是“自立小店”项目的策略目标，能否分享一下您在前期是如何确定了这一洞察核心，是否做过一些前期的客户调研？

A：我们的研究人群是残疾小店主，为了了解他们的真实生活态度和潜在问题，我们放弃了传统的数据调查，而选择了更接地气的方式——身临其境。通过直接接触、对话，更能感知他们的精神风貌和生活状态。这种现场的体验和观察，使我们能更真实地把握这一特殊群体的生活状况和需求。在体验中，一个肠粉店的店主给我留下了深刻的印象，他从小就没有右手，他用一只左手做着美味的肠粉，给自己的小店起了个名字，叫左撇子肠粉店。同样，一个盲人按摩店的店主也同样乐观，他们不仅面对生活的态度积极，同时他们的精神状态也能够感染到我们。因为我们面对的项目是一个公益项目，其目标不是以营利为主，而是希望建立起一个能让残障群体真正得到福利的平台。所以，我们的目标是找出一种能够实质性地帮助他们的方法，而不是沿用那些充满张扬和炒作的“卖惨”公益模式。

我们也没有完全废弃传统的数据调查，而是在尽可能地接近他们，了解他们的需要的基础上进行了改进和补充。我们从他们的角度去看问题，了解他们的需求。通过深度访谈他们身上找到了许多不同的特点和需求。总的来说，我们的调研方法主要包括两部分，一部分是尽可能地接近他们，作为消费者体验他们的服务；另一部分是深度访谈，了解他们的需求，找出能够帮助他们的方法。这是一种体验性的调研，通过直接的互动和体验，我们能更深地了解他们的生活状况和需求。

Q：您提倡通过强调“快乐”和“自信”的广告来消除残障群体与健全客人之间的隔阂，创作出了如盲人按摩小店的“这活儿不难，我闭着眼睛也能干”这种诙谐“有梗”的广告文案，您能详细解读一下这种创意方案的背后思考吗？

A：其实这些问题问得很核心了，首先快乐和自信是一种选择，他们的乐观和自信是一种态度的选择，而不只是成功人士的专属。我们通过实际与他们接触发现，尽管他们的生活面对着挑战，但他们的态度却充满乐观和自信，比如，这个片子里边有一位对我影响特别大，她就是我们的萍姐，一位特别的裁缝师傅，她只能用一只脚来踩缝纫机，但这并未影响她的乐观和积极。萍姐是被弃养的孩子，并非天生残疾，后期的一场事故导致了她的残疾。她的乐观背后，隐藏着许多不为人知的感人故事。例如，她在小店的逼仄环境里养了一只流浪猫，但我们的初衷是不过多去展示他们的困苦，而是希望强调他们的快乐和自信。制作片子的原因有两方面，一方面，我们希望更多的残障人士能有自主创业，独立承担生活的勇气；另一方面，我们希望这个片子能够激励所有看到的残障人士燃起自信，去独立承担起生活，找到自己的优势，并将其发展成专业能力。

这个项目不只是给残障人看的，也是给所有公众看的。当我们进入一个残障人开的小店，如果过于关注残障人士，我们的心理负担会变得很重，就无法真正地去享受服务。我们希望客人可以在店里消费时，减少对店主的过度关注，而是更多地欣赏他们的专业服务和手艺。消费者的开放和理解，将有利于帮助这些店主扩展他们的生意，并从根本上改善他们的经济状况。在我们接触店主们时，我们发现每个人的认知方式都是非常独特的，这使得我们更能明白他们的生活态度。就比如萍姐，在面临生活的艰难困苦时，她以积极乐观的态度去面对，确信活着不难，微笑寻找生活的乐趣。然而，对于客户群体来说，消费行为应当建立在对残障小店的产品和服务的认可上，而非出于可怜，这样才能够使他们的生意得到根本上的改善，才能够改变这个整个生态。

Q：广告故事中强调要把以往刻板印象中的"特殊"变成"特别"，您认为这种看似微小的语言选择在帮助改变公众看待残疾人士的视角上产生了怎样的影响？

A：我们接近这群残障店主，了解了他们的生活和思维方式后，才发现一个很重要的点，就是说他的认知跟我们在拍脑袋想的时候是非常不一样的。虽然我们在开始时可能都会产生这样的印象：他们看起来确实很艰难，很苦。然而，当我们真正走近他们，会发现这完全与我们原先的想象不同。他们在许多方面相当乐观，他们也会像我们之前提到的一样，认为活着并不难，甚至可以闭着眼睛生活。这其中也蕴含着一种小小的诙谐和调侃。开始时，我们也有过疑惑和担心，但在跟他们聊过之后，我们发现他们比我们想象得更乐观，更愿意开玩笑。他们不会将那些我们认为可能会伤害他们或者开玩笑的事情放在心上。因此，我们完全无须担心。他们许多的人都特别乐观，他们的情绪也非常具有感染力，他们自身的乐观情绪，可以感染到去他们的店里消费的客人。

但我们并不希望人们因为对残疾店主的怜悯，而去一次或两次地消费。你可能不是因为他们的产品好，或者他们的手艺好，而是因为觉得他们很可怜，想去做点慈善。但这样的消费方式，其实并不能从根本上帮他们，我们希望更加突出他们手艺中强者的一面，让大家真正注意到他们作为一名店主的价值，例如他们做的一碗面好不好吃，他们的手艺如何。关于公益项目，我们定位为能够实实在在地改善社会问题，并传递正面价值观。我们希望此类项目能够帮助店主改善他们的经营环境，为他们提供所需的实物援助。我们希望更多的人对待残障小店主的态度有所改变，以平等的眼光看待他们，对待他们的经营，这小小的步伐也算是社会的一个进步。我们始终在他们身上看到的，不应该是他们的残障，而应该是他们的能力和潜力。对他们应有的关注，不应该集中在他们面对的困难和挑战上，而是应该集中在他们宝贵的人格、专业技能和工作态度上。这就是我们想通过这一系列公益项目要传达给社会公众的信息。

Q：“自立小店”这个项目和微信支付的消费模式深度捆绑，您是怎么看待及使用这种数字化工具在公益广告项目中的作用的？

A：数字化工具首先在残障群体的具体的经营中，能让他们的经营变得更加顺畅，不能说完全无障碍，但是也确实能够做到障碍减少。一方面，它有助于让残障店主的经营变得更加流畅，降低他们的经营门槛，这对于他们这些身体有残疾的人群来说，是一大福音；另一方面，这些工具，如微信支付还可以提供一些具体的政策，比如教他们怎么开店、怎么缴税、提供保险等，使得他们的经营变得更为便捷。

对于消费者来说，微信支付等数字化工具的出现，使得他们在消费过程中也变得更加方便。此项目不仅仅关乎公益，也助推了数字化消费的普及。我们也提出了一些构想，如在公交站台上做一些数字化地图，显示附近的“自立小店”的位置，这样乘客就可以方便地找到小店。虽然这些构想还有待实现，但我们对于用数字化工具去解决问题既充满期待，也看到了实现它们的困难与挑战。比方说这些技术、费用是从哪里出，或者说他们怎么样做一个协调。

Q：“自立小店”项目取得的成果令人备受鼓舞，已经帮助了374家残障小店，并且影响力还在不断扩大。在面对项目的扩张计划时，您有哪些规划和期待呢？

A：“自立小店”这个公益项目的下一步计划是从深圳本地扩展到广东全境，甚至全国。对于每一位残障创业者而言，“自立小店”就像一个组织，它们都有强烈的社群感，在社群内彼此帮助，互相传播“自立小店”这个项目。然而，外部扩张的过程并非一帆风顺，需要资源、资金和政策的大力支持。对于消费者而言，“自立小店”实际上更像一种品质的保证，他们可以放心在这些店铺消费，同时也能看到残障人士的独立自强精神。同时，消费者也可以获得微信支付等数字化工具给小店铺带来的便利。

在未来，我们希望“自立小店”能变成关心残障人士的“金字招牌”。对于商家而言，期望他们能独立生活，对于消费者而言，希望他们看到的是残障者的能力，而不是身体的障碍，也希望消费者放心地在这些店铺消费。期望的最终目标是，消除“自立小店”的标识，让消费者将其视作一家普通的店铺。这就要求我们对残障群体的认知有所改变，让他们有勇气独立自强，但我们选择以更草根的方式推进我们的项目，因为我们希望消费者看到的是残障群体的自立自强精神，而不是某个大品牌背后的商业意图。

（二）“创意”相关问题

Q：在深入了解我们小店的作品之后，可以明显感知到其独特的公益风格。现在，我希望了解一下，结合过去的广告作品和当前的创意风格，您的公司如何描述其广告创意作品。是否仍然坚持公益风格，或者是否存在其他特定的偏好风格？此外，我也想了解一下在公益广告作品和其他广告作品的认知上是否存在区别？

A：我们当前的讨论基于目前的“小店”项目。该项目涵盖了一些提案，然而其中一些提案并未成功实施，即未能落地执行。在我们的广告创意过程中，我们具备一个显著的特点，即寻找独特的观点和角度。我们希望这些观点和角度要么是前所未见、前所未闻的，要么是具有挑战性的。例如，对于当前的“小店”项目成片，我们认为它具有挑战性，因为它与大多数人的常识或先前观点存在偏差，对其进行了挑战。此外，这些观点和角度往往基于事实。因此，我们渴望发现那些具备这种创意的观点和角度。因此，我们仍然追求基于其他人尚未尝试过的具有挑战性的创意，以针对不同的主题进行创作。因为在广告创意过程中，我们都无法回避几个要素，即洞察、策略和创意。

A：事实上，我认为所有广告从业者都追求着相同的目标，他们希望他们的创意变得更加磨砺和锋利。特别是在讲述这些小店的自立之时，我们希望给作品加入一些幽默元素。这种创作方式似乎是前所未有的，但幽默并非我们的终极目标，我们的最终目标是使观众留下深刻的印象。因此，我们希望我们的作品能够引起人们的注意，无论是其他项目还是各种规模的案例，我相信所有广告从业者都在努力朝着这个方向发展。我们的目标是实现即时性的效果，而不是为了追求特别而特别。我们希望活动、影片，甚至是一句广告语、一幅画面都能够产生有效的影响，让人们铭记并改变他们的行为，从而让更多人接受这个产品。

Q：在客户需求和创意生产的过程中，常常存在着一种张力和矛盾。在广告创作过程中，如何平衡这两者之间的关系是一个重要的问题。以“自立小店”为例，拍摄创作过程中，与残障人士的店主进行沟通时，他们是否提出了一些拍摄需求？他们是否对店铺的样式或风格有自己的想法？

A：在拍摄过程中，我们与残障人士的店主的合作非常融洽，没有遇到太多困难。然而，他们偶尔会提出一些非常奇特的需求，这些需求很难被满足。例如，理发师怡姐会在给客人理发时给他们披上龙袍和凤袍。尽管他们表现得比我们预期的更加乐观，我们很难通过拍摄来展现这一点，因为这样做会夺去主角的戏份，所以我们放弃了拍摄这些内容。相反，他们希望我们展现他们外在真实的生活状态，而不是他们内心深处私密的一面。同时，在拍摄过程中，我们从他们真实的生活中获得了一些灵感和镜头，他们在上班时的表现确实像我们拍摄时展现的那样。例如，我们发现了一些在剧本中无法想象的小细节，盲人按摩店店主住在盲人按摩店附近的小区，可能只有200到300米的距离，他们拄着拐杖慢慢走到店里，还一起唱着《真心英雄》。这些细节确实让我们感动并受到他们的精神鼓舞。然而，由于版权原因，我们无法完整展示这些内容。同时，还有一些感人和振奋人心的画面没有被拍摄出来，因为要突出表达我们的核心观点，以契合我们最初设定的目的。在有限的时间内展现复杂的事实确实很困难。为了更清晰地表达观点，需要在创意和客户需求之间做出精确的平衡。这并非易事，但我们仍然要围绕着创意的核心观点，并尽量满足客户的需求。

Q：是否会基于某些创作理念或框架进行广告的现实创作？您和团队是如何做创作的呢？

A：实际上，在实际操作中很少观察到人们使用具体的理论。在创意创作领域，很难提炼出一种方法论。相反，观察是至关重要的。我认为创意本身通过对具体问题的观察和总结而产生，而不是依赖于固定的套路。我认为创意产生过程是艰难的。它需要持续观察那些可能对我们来说不太熟悉的复杂现实情况，并每次对这些情况进行总结。实际上，无论是初入行的创业者还是从事广告创意工作二十年的人，他们经常会怀疑自己是否适合这个行业，每个项目都会有一瞬间的疑虑：我是否应该换个行业？好像我真的无法胜任这个工作。然而，在经历一番挣扎之后，他们往往能够找到某个问题的解决方案，有些可能非常出色，有些可能令人非常震撼，有些可能平庸。我很难说是否存在一种方法或共性。但是我所遇到的所有情况都没有共性，都是基于每个案例或具体情况进行总结和观察，具体问题具体分析，因为不同的项目面临的情况也不同。同时，我认为真实的情感是至关重要的，希望通过真实的情感去触动我们试图触达的人，并希望利用他们身上触动人的特质来感动其他人。这完全是一种真实而真切的现象。

Q：您认为好的广告的标准是什么？

A：依我之见，若一则广告能让我愿意与家人、朋友一同观看，那它便具备善良动机，超越了商业目的。此外，它还能保留人性的闪光点，或激发人们思考并改变事态，这令人深感自豪。我认为这是一则优秀的广告，强调真正倾听、真诚关怀和真实感受，它追求真心实感。鉴于当前的广告环境与以往大不相同，我们必须应对各种舆论声音。人们在微博、小红书和抖音等平台上争夺关注。无论是杰出的影视作品、音乐作品，还是那些具有很强影响力的抖音小视频，需要我们从中汲取经验，提升广告的吸引力。

Q：在您看来，优秀广告创意的标准是什么？创意与广告传播效果之间的关系如何？抛开“自立小店”公益项目之外，就之前的广告创意或其他项目而言，创意与广告传播效果之间存在怎样的关联？创意是否是最大化传播效果的关键因素？换言之，传播渠道和媒介等因素是否同样重要？在这一过程中，创意扮演着怎样的角色？

A：实际上，创意的本质在于降低成本，包括投放成本和其他相关成本。仅仅依靠创意本身并不能确保其受到广泛欢迎。实际上，创意需要与传播相结合，并且传播的规模越大越好。然而，创意的存在价值在于使传播更具价值，提高传播的效率。换句话说，通过相同的传播预算，优秀的创意能够更容易被人们记住，更容易被二次传播或以其他形式传播。这旨在提高传播效率，使其更具成效。对于公益项目和传统商业项目而言，它们在本质上存在重要的需求差异。这是因为公益项目涉及处理各种关系，无论是当前的项目还是过去从事的其他公益项目都是如此。公益项目更注重处理关系而非像传统商业广告那样特定个体推销某种产品。

Q：当今互联网时代，我们很难辨别品牌创意是真实的还是营销手段。我们不确定它们是基于真实情感还是人为制造的情感。这些品牌根据对受众的深入洞察，故意采取相应的行动来抓住受众的心理。我想知道您对这个问题持什么样的观点？

A：在营销领域，营销人员需要平衡的是在为商业服务的同时，认识到真实情感是最具感染力的。在这种情况下，我们需要在创意方面具备一些思路和见解。然而实际上表达时可能存在一些问题，语言可能不够清晰，有些观点没有被完整表达出来。然而，一些作品可能看起来具有深刻的洞察力，但实际上是虚构的，这种洞察力是否是人为塑造的？我的理解是，从用户的角度来看，比如现在国货消费，我喜欢中国风，但如果一直过分强调国货身份，可能会对我造成一些负担，这种情感可能会变得消极而非积极。消费者可能会有这样的感知，因此在进行营销时需要把握好尺度。因为传达这种情感是一件好事，但一旦出现负面新闻，它可能转变为对品牌的攻击。因为情感是流动的，大众的心态在时刻发生变化。如果给品牌贴上一个过于鲜明的标签，可能在某个时期会有好处，但在另一个时期可能会带来坏处。在营销领域，我们非常关注心态的变化，逆着大众的心态去行动肯定是不可取的。

（访谈人：王齐欣、张良悦）